SUR LES CHEMINS DE L'AMOUR

DU MÊME AUTEUR

La Baronne rentre à cinq heures, Jean-Claude Lattès, 1984
Heureuse et pas fâchée de l'être, Jean-Claude Lattès, 1987
Parlez-moi d'amour, Fixot, 1989
Le bonheur de séduire, l'art de réussir, Fixot, 1991, Robert Laffont, 2001
Natara, Fixot, 1994
Femme un jour, femme toujours, Fixot, 1997
L'Amour est affaire de femmes, Robert Laffont, 2001
Jeux heureux à Quiberon, Michel Lafon, 2002

Nadine de Rothschild

Sur les chemins de l'amour

ROBERT LAFFONT

ISBN 2-221-09836-6

À Shermine de Gramont,
mon amie

Derrière chaque histoire
il y a une femme.
Derrière chaque femme
il y a un cœur.

Introduction

Il pleut aujourd'hui sur le lac de Genève et j'ai un peu de vague à l'âme. Dans le parc du château de Pregny, les oiseaux sont silencieux et les silhouettes des arbres semblent pétrifiées. Au milieu de la pelouse, un grand vide me rend mélancolique : le cèdre de Sissi n'est plus là... Renversé par la tempête. Il y a quelques années, au mois d'août, un violent coup de vent l'a jeté à terre. Ou plutôt, devrais-je dire, sur la maison. Il a détruit le perron, les statues qui l'encadraient et il a atterri dans le salon. Au sol, un immense cratère.

Ce cèdre avait plus de trois cents ans. Il avait été rapporté du Liban dans un chapeau ! Planté devant le château, il faisait la fierté de la baronne Julie de Rothschild. Elle aimait prendre le thé sous cet arbre majestueux. Un jour elle y avait reçu sa chère amie, l'impératrice Élisabeth d'Autriche. Depuis, l'arbre était devenu le cèdre de Sissi... Je ne sais si elle s'est assise sous ses branches la dernière fois qu'elle est venue à Pregny, mais la coïncidence est troublante : l'arbre est tombé quelques jours avant le centième anniversaire de sa mort.

Le 10 septembre 1898, un jeune anarchiste la tuait

d'un coup de lime acérée. Elle venait de quitter l'hôtel Beau-Rivage et s'apprêtait à prendre le bac qui circule sur le lac de Genève. Luigi Lucheni s'est approché d'elle, l'a bousculée et lui a planté une fine lame dans la poitrine. Il savait à peine qui elle était, il voulait juste tuer quelqu'un de célèbre et crier sa haine à la face du monde. Dans ses mémoires écrits en prison, il donnera les raisons de son rejet de la société : orphelin confié à des familles d'accueil, il n'avait jamais connu aucune affection. Enfant sauvage sans repères, il était devenu un adulte sans foi ni loi.

Sissi avait déjeuné la veille au château de Pregny. Elle était accompagnée de sa fidèle dame d'honneur, la comtesse Irma Sztaray, dont on peut lire la signature sous la sienne dans le livre d'or de la maison. Nous avons conservé le menu de ce 9 septembre 1898. Le déjeuner de Sa Majesté l'impératrice se composait de petites timbales à l'impériale, d'une truite du lac du Bourget, d'un filet de bœuf jardinière, d'une mousse de volaille Périgueux, d'un chaud-froid de perdreaux en Bellevue, d'une crème glacée à la hongroise, d'une spongeade au citron et d'un marquis au chocolat... Un menu tout à fait conforme à ce qu'on servait à la fin du XIXe siècle, mais disproportionné quand on sait que Sissi était obsédée par son poids.

Ce fut son dernier véritable repas. Le soir, elle rentrait à l'hôtel Beau-Rivage et le lendemain, elle tombait sous l'arme de l'anarchiste fou. Le plus triste, c'est que la baronne Julie avait mis son bateau, l'*Athma*, à sa disposition mais Sissi, qui aimait se mêler incognito à la foule, avait refusé. Ma belle-mère me racontait que ce n'était pas l'unique raison de son refus : Sissi avait été furieuse de découvrir la signature de son fils Rodolphe dans le livre d'or. Il était venu à Pregny en juillet 1878 et elle n'en avait rien su. Elle était partie en colère. Un mouvement d'humeur qui lui a été fatal.

Aujourd'hui, sur le quai du Mont-Blanc, une plaque et une statue rappellent cet événement tragique. Et chaque fois que je passe devant, je ne peux m'empêcher de frissonner. J'imagine cette femme de soixante ans, habillée de noir, suivie de sa dame d'honneur, pressant le pas pour ne pas manquer le bac, et l'homme qui se jette sur elle. Quel destin ! Une mort improbable et extraordinaire, à l'image de sa vie.

La baronne Julie disait d'elle : « Elle ne marche pas, elle glisse comme un ange. » J'ai toujours eu une passion pour Sissi. Avant même de vivre dans cette maison où elle avait passé ses dernières heures, avant de voir sa signature dans le livre d'or, j'éprouvais pour elle plus que de l'admiration. Je ne peux pas dire qu'elle a été un modèle, car sa vie n'a pas été heureuse, mais sa sensibilité, son esprit d'indépendance, sa forte personnalité me l'ont toujours rendue très proche. Ce n'est pas par hasard que j'ai accepté il y a une dizaine d'années de cosigner avec Francis Lopez une opérette dont elle était le sujet. Elle fait partie de ces femmes hors du commun qui me fascinent. Des femmes qui ont aimé passionnément, qui ont traversé des épreuves, qui ont connu des destins exceptionnels. Des femmes qui se sont construites grâce à l'amour, mais aussi grâce à une volonté de fer.

On sait combien les femmes et l'amour sont mes sujets de prédilection. Adolescente, j'ai rêvé de Juliette et de son Roméo. Ensuite, j'ai vibré en découvrant les vies de Diane de Poitiers, de la comtesse du Barry ou de George

Sand. Plus tard, je me suis attachée à l'impératrice Joséphine, qui me proposait un bel exemple de dévouement conjugal. Certains soirs, je m'enflammais en lisant la biographie de Lola Montes ou celle de la Païva. Une soif d'exotisme et d'aventure que je calmais dans mes songes...

Comme j'aurais aimé me glisser quelques jours dans leur peau, éprouver leurs élans, leurs espoirs, connaître l'intensité des battements de leur cœur. Toutes n'ont pas fait un parcours amoureux sans faute, mais toutes ont réussi à donner à leur vie une dimension extraordinaire, unique, romanesque. Ce que je me souhaitais à moi-même.

Aujourd'hui, elles sont bien loin, mes héroïnes. Entrées dans la légende, mais presque irréelles. L'objet de tant de livres, et pourtant insaisissables. Seuls quelques lieux gardent encore dans leurs murs la marque de leur passage.

Et si je m'amusais à retrouver leurs traces ? À présent que j'ai moins d'obligations, pourquoi ne pas découvrir des endroits qui ont été le cadre des plus belles histoires d'amour ? Remontons le temps, franchissons les frontières, partons à l'aventure. Refermons les livres et allons voir sur place à quoi ressemblaient mes grandes amoureuses.

Êtes-vous du voyage ? Pas besoin de bagages et encore moins de passeport. Il vous sera juste demandé d'ouvrir votre cœur ! Car je vous invite à me suivre sur les chemins de l'amour...

Sissi et François-Joseph
Vienne

Vendredi 11 janvier

Départ pour Vienne sur les pas de Sissi. Peu de villes sont à ce point liées à une personnalité. La Vienne de Sissi est toujours là, inchangée. Les flots de touristes en altèrent un peu le charme, mais le décor n'a guère bougé et, si l'on se prend au jeu, on peut facilement s'imaginer un siècle en arrière. Je me souviens d'y être allée, il y a très longtemps, à l'occasion d'un bal des débutantes, et une autre fois avec Edmond, mon mari, pour un congrès. Enfin, durant des années, nous sommes allés chasser en Autriche. Nous avions construit un chalet à Ischgl, dans le Tyrol, au milieu de trois mille hectares de forêts et de montagnes. On y tirait le chevreuil, le cerf, et surtout le chamois. Une chasse très sportive, car il fallait se lever à quatre heures du matin et ensuite crapahuter à travers la forêt à plus de 1 800 mètres !

Aujourd'hui, j'ai rangé mon fusil et c'est pacifiquement que je pose le pied en Autriche. Comme l'objet de mon voyage est Sissi, il m'a semblé indispensable de descendre à l'hôtel Imperial de Vienne. Ouvert en 1873, fréquenté par François-Joseph, il est le cadre idéal pour se mettre tout de suite dans l'ambiance. Dès l'arrivée, le ton est donné : hall en marbre, escalier majestueux surmonté du portrait de l'empereur et, clou de l'endroit, le célèbre tableau de Winterhalter représentant Sissi... Devant mon étonnement, la réceptionniste de l'hôtel m'explique que l'artiste en a peint deux et que celui-ci est aussi authentique que l'autre, exposé à la Hofburg. Je ne demande qu'à la croire.

La toile est accrochée juste à côté de la suite royale que très aimablement on me fait visiter. C'est une débauche de dorures et d'anges joufflus, avec un lit trônant au milieu de la pièce, qui ressemble plus à un salon qu'à une chambre. Je ne fais pas de commentaires. Le rococo, ce n'est pas mon style. Et puis, moi qui n'aime que les petites chambres, ici je serais perdue. Rien n'est plus déplaisant que de courir d'un bout à l'autre pour répondre au téléphone. En plus, je ne vais jamais dans la pièce attenante. Et là, je dois dire que je n'ai pas envie d'y flâner : décorée d'un François-Joseph grisonnant, elle n'invite pas à la rêverie. La seule chose amusante, c'est d'avoir mis sur l'autre mur un tableau représentant une jeune femme ravissante. Je m'approche pour lire le titre en allemand : « Une beauté inconnue »... Est-ce bien raisonnable, vis-à-vis du vieil empereur ?

Une fois installée dans une chambre plus modeste, mais ô combien plus confortable, bien que surchauffée comme souvent en Autriche, je descends prendre un thé dans l'adorable petit café de l'hôtel. J'aime le confort des cafés viennois, les banquettes autour des longues tables en bois, la gentillesse des serveuses en costume local qui vous saluent d'un vibrant « *Grüss Gott* » ! Ce soir, je me fais servir dans ma chambre et me couche tôt. Demain, la journée sera chargée : je pars visiter les deux résidences officielles de Sissi, le château de Schönbrunn et le palais de la Hofburg.

Samedi 12 janvier

Schönbrunn se trouve un peu en dehors de la ville. Il ressemble au château de Versailles par beaucoup de côtés, sa solennité, sa magnificence, ses mille deux cents pièces, son parc. L'ancienne demeure de l'impératrice Marie-Thérèse a de quoi impressionner Sissi, lorsqu'elle y pénètre pour la première fois le 22 avril 1854. Deux jours avant son mariage, elle découvre sa future résidence... et s'inquiète déjà. Voilà un cadre qui la change de son château familial et de ses montagnes bavaroises. Bien sûr, elle sait ce que signifie la vie à la Cour, son père est le duc en Bavière et sa mère la propre sœur de l'archiduchesse Sophie. Elle n'a rien d'une Cendrillon découvrant le grand monde. Sauf que... À Possenhofen, elle a mené une vie totalement libre, presque sauvage, montant à cheval, courant dans les champs, écrivant des vers, dessinant, sous l'œil bienveillant d'un père que l'on juge très excentrique à Vienne. Sissi l'adore et ne comprend pas quand sa tante fustige leur « train de gueux ».

Sophie a une autre raison d'être hostile : dans ses calculs, c'est Hélène, la sœur aînée de Sissi, que François-Joseph devait épouser... Mais lorsqu'il a découvert la jeune fille à peine âgée de quinze ans qui l'accompagnait, il a été foudroyé par l'amour ! Et Sissi n'a pas résisté longtemps au charme de son cousin. Sanglé dans son uniforme blanc, il est, à vingt-trois ans, d'une grande beauté. Durant trois jours, ils ont vogué sur le Danube, et la traversée était merveilleusement romantique. Maintenant, les choses deviennent sérieuses : Sissi sent l'ombre de sa belle-mère lui tomber sur les épaules.

Schönbrunn est régi par des codes, un protocole, des interdits, contre lesquels Sissi va très vite découvrir qu'elle ne peut lutter. Il ne faut pas oublier qu'elle est une adolescente et sa tante, l'archiduchesse, la traite comme telle. La magnificence du décor n'aide pas la jeune fille à se sentir chez elle. Ce ne sont qu'enfilades de galeries et de salons, tous plus chargés les uns que les autres. Aucune intimité n'est possible. Je comprends qu'elle ait souhaité en occuper une toute petite partie dans une aile, mais la visite de ces pièces serre un peu le cœur. Bien sûr, la décoration est celle du XIXe siècle, parfaite illustration du style bourgeois, et sans doute est-ce plus confortable que les stucs et le bois doré, mais quelle tristesse dans le choix des couleurs ! Le bureau de François-Joseph est tendu de tissu marron et vieux rose, pas très gai, et le mobilier Biedermeier n'est pas d'une grâce folle. Ajoutons que la visite se fait les volets fermés, ce qui n'aide pas à égayer l'atmosphère.

Les cabinets de toilette en boiseries d'acajou me rappellent ceux du château d'Armainvilliers, le rendez-vous de chasse que nous avions en Seine-et-Marne. Il a été construit à peu près à la même époque. Sont exposés une balance, un nécessaire de voyage et un bouquet de violettes, trois objets qui évoquent la personnalité de Sissi. Du moins celle qu'elle allait devenir au cours des années suivantes. Pour l'instant, elle est très amoureuse et prête à tout pour réussir son mariage, comme en témoigne la chambre à coucher où se côtoient deux grands lits jumeaux en bois de palissandre. Sissi avait imposé de faire chambre commune avec François-Joseph, ce qui était révolutionnaire pour l'époque et pour sa belle-mère. Au mur, une soie bleue de Lyon, deux tableaux religieux, et devant la cheminée, un prie-dieu... Le décor n'invite pas à une grande sensualité. Et Sissi ne gardera pas un souvenir heureux de ses premiers pas de femme mariée. Au lendemain de sa nuit de noces, elle devra répondre aux questions précises et embarrassantes de l'archiduchesse Sophie. Une humiliation qu'elle ne lui pardonnera jamais.

Si l'on continue la visite du château, on retrouve la décoration du XVIIIe siècle, et bien qu'il soit sans doute difficile de vivre au quotidien dans ces pièces, je ne peux m'empêcher d'en apprécier la beauté, le raffinement : les parquets marquetés, les rideaux en tulle brodé, les porcelaines « bleus et blancs », les indiennes, les lustres en fleurs de Saxe, les panneaux de laque de deux ravissants cabinets chinois qui me rappellent ceux de ma maison à Paris. Un pastel de Liotard représentant un enfant de Marie-Thérèse me semble également familier. J'ai toujours beaucoup aimé ce peintre, dont je possédais un portrait dans ma chambre à Pregny, avant qu'Edmond ne le lègue au musée de Genève.

C'est curieux que Sissi n'ait pas apprécié ce décor, mais je peux le concevoir, il est trop somptueux. Dans la chambre à coucher de Marie-Thérèse, le lit est semblable à celui de Marie-Antoinette à Versailles ! D'autre part, il ne faut pas oublier que dans ce genre d'endroit travaille une nombreuse domesticité, et sentir cette présence constante derrière vous peut être oppressant. C'est pour cette raison que j'aime tant partir dans ma petite maison de Quiberon : parce que j'y suis seule. Contrairement à ce qu'on pourrait croire, le luxe, ce n'est pas avoir *du* personnel, mais se passer *de* personnel !

Une vitrine met justement en scène deux domestiques, l'un est le gardien des clefs, l'autre apporte les bûches, allume les bougies. Ils portent des uniformes gris, anonymes. Ils appartiennent à l'armée de l'ombre, celle qui voit tout et entend tout le long d'un couloir invisible desservant toutes les pièces, pour aller et venir de l'office. C'est le principe des grandes maisons et on est bien obligé de l'accepter. Ma belle-mère me disait toujours : « Nadine, il ne faut jamais écouter au monte-plats ! Si vous voulez être heureuse et tranquille chez vous, ne prêtez pas attention aux commentaires du personnel. » Elle avait raison et j'ai suivi ses conseils. Ma règle a toujours été d'écouter les problèmes humains, jamais les problèmes privés. Et je n'ai connu aucun drame. Plutôt des choses sympathiques, comme ce petit commis de cuisine qui mettait tous les matins une rose sur mon plateau du petit déjeuner. Ma femme de chambre n'y comprenait rien, elle l'avait préparé la veille sans une fleur. C'était le commis qui montait par l'escalier de service. Un soir de réveillon, il avait dit à Edmond : « Monsieur le baron, si vous ne voulez plus de Madame, je la prends ! » C'était un charmant garçon, mignon comme tout, mais je n'ai jamais eu le goût des amours ancillaires, je n'ai pas l'âme de Lady Chatterley ; au fond, je suis très morale !

Sissi aussi était très morale, mais dans un autre genre, et elle commençait à désespérer de sa nouvelle vie à Schönbrunn. Sophie exigeait qu'à huit heures chaque matin, toute la famille soit réunie autour de la table pour le petit déjeuner. Sissi y subissait les vexations de sa belle-mère, sans pouvoir espérer être défendue par François-Joseph. Né à Schönbrunn, le jeune homme avait l'habitude de ce château et, surtout, il n'osait jamais contredire sa mère. Ce qui est très honorable, mais pour une femme amoureuse, il n'y a rien de plus décevant que de voir l'homme qu'elle aime se comporter lâchement. François-Joseph évitait toute discussion en s'enfermant dans son bureau, où l'attendaient les affaires de l'État. Seule et blessée dans son amour, Sissi comprit, à partir du quatrième jour, que sa vie allait être un enfer.

Première échappatoire pour fuir cette atmosphère insoutenable, les promenades dans le parc du château. Sissi y passe ses journées. À côté du jardin à la française sans grand intérêt se cache un petit zoo, où elle peut approcher les animaux comme elle le faisait, enfant, dans les forêts de Possenhofen. L'illusion est encore plus grande à quelques pas de là, où une ferme tyrolienne a été construite en 1802 par un autre amoureux de la nature, l'archiduc Johann. Sissi y joue à la bergère, comme la fille de Marie-Thérèse, notre Marie-Antoinette, le faisait à Versailles ! Aujourd'hui, la ferme existe encore, et l'on y grignote du jambon et du fromage de montagne. Si l'on désire prendre un thé dans un cadre moins rustique, il faut un peu de courage et gravir un sentier qui monte vers une jolie construction au fond du parc, la gloriette. Le dimanche, des musiciens y viennent jouer à l'heure du brunch. De la musique pour adoucir les mœurs de Schönbrunn ?

Avant de repartir, je fais un tour à la boutique du château. On peut y acheter à peu près n'importe quoi orné du visage de Sissi. Du ravissant petit service à moka « Sissi » à la liqueur « Sissi », en passant par des assiettes « Sissi », des foulards « Sissi », et bien sûr toutes les cassettes des films avec Romy Schneider. Même si l'image est légèrement caricaturale, impossible de ne pas reconnaître le rôle joué par l'actrice dans la naissance du mythe. Dans son premier film sur l'impératrice, elle a l'âge, la gaieté, la fraîcheur de Sissi. L'identification est immédiate. Elle se poursuivra dans les deux films suivants, mais en laissant de côté une grande part de la personnalité de Sissi, son caractère sombre, ses drames, son errance, son désenchantement. Il faudra attendre le sublime film de Visconti consacré à Louis II de Bavière pour que Romy incarne une Élisabeth d'Autriche entière, profonde, grave et pathétique, terriblement humaine.

De retour dans le centre de Vienne, je ne résiste pas au plaisir de faire une promenade en calèche. Lovée dans mon manteau de fourrure, une toque enfoncée jusqu'aux yeux, je me laisse bercer par le trot du cheval qui déambule dans les rues. Je crois que je pourrais vivre à Vienne. D'ailleurs, je pourrais vivre n'importe où... à partir du moment où je peux m'en aller ! Même à Schönbrunn, qui n'est finalement pas si éloigné de Pregny ou d'Armainvilliers et de ses trois cent vingt pièces. Mais Armainvilliers avait un charme fou, c'était une maison chaleureuse, illustration parfaite de ce qu'on appelle le goût Rothschild qui, bien que né au XIXe siècle, n'a rien à voir avec le style Napoléon III, pompeux et ennuyeux. Cela peut être affreux le XIXe siècle, sans un choix judicieux des tissus, une recherche d'harmonie dans les couleurs, une attention particulière pour les détails. On l'a vu à Schönbrunn. Si j'avais eu à décorer ces pièces, j'aurais choisi des perses, du chintz, des fleurs, tout ce qui peut égayer et alléger ces meubles Biedermeier très beaux, mais si lourds...

Alors que j'écrivais ces mots, je ne savais pas encore ce que j'allais découvrir en pénétrant dans le palais de la Hofburg. Je comprends que Sissi se soit sentie dans une prison ! Dès l'arrivée, l'impression n'est guère favorable : la Hofburg ressemble à une caserne, avec une cour centrale et des portes voûtées par lesquelles s'engouffre un vent glacial. Le style de la façade est sévère, et ce n'est pas la statue qui se dresse au milieu de la place qui apporte un peu de fantaisie. Elle représente un empereur bénissant la foule. Quand vous vous réveillez et que vous la voyez par la fenêtre, il y a de quoi être déprimé ! D'ailleurs, Sissi n'en contemplait que le dos, ses appartements se trouvant derrière. C'est une cour pour les soldats, les chevaux, les parades, pas pour une jeune femme.

Comme à Schönbrunn, les appartements privés occupent à peine quelques pièces sur les centaines qui composent le palais. Je commence la visite par la chambre et le bureau de François-Joseph. La disposition est fidèle, car elle avait été photographiée en 1900, et tout a été respecté. Ainsi, le lit poussé contre un mur, comme dans une chambre d'étudiant, ou le grand portrait de Sissi accolé à son bureau. Visiblement, l'empereur aimait travailler sous son regard, et c'est d'autant plus touchant qu'en 1900, Sissi est morte depuis deux ans... J'ai toujours été persuadée qu'il n'avait pas cessé de l'aimer, malgré leur séparation, ses infidélités, sa liaison avec Catherine Schratt. La veille de l'assassinat de son épouse, il lui envoyait une lettre qu'il terminait ainsi : « Je te confie à Dieu, mon cher ange, et je t'embrasse de tout mon cœur. Ton petit. » Hélas, Sissi ne lira jamais ces mots pleins de tendresse.

Pétri de principes et très conscient de ses responsabilités, François-Joseph a toujours fait passer le devoir avant le plaisir. Sans aucun doute, son histoire d'amour en a pâti, mais l'homme est intelligent. Il voit l'amour pur, entier, généreux de son épouse et il ne peut que se blâmer d'y répondre si mal. Il sait combien sa femme est exceptionnelle, hors du commun, estimable. Quand elle commencera à s'éloigner, il l'acceptera. Non pas parce que cela lui permet de mener sa vie comme il l'entend, mais parce que au fond de son cœur une petite blessure ne cicatrise pas : il n'a pas su aimer Sissi comme elle l'aimait.

Est-ce pour cette raison qu'il s'est entouré de tant de portraits de sa femme ? Aux murs tendus de tissu bordeaux, deux autres tableaux, les plus célèbres, tous deux signés Winterhalter. Je retrouve celui de l'hôtel Imperial, avec une Sissi rayonnante, en robe de bal, un éventail à la main et des diamants dans les cheveux. Peint en 1865, il montre la jeune femme à l'âge de vingt-sept ans, et plus maîtresse d'elle-même. Sa beauté a perdu les rondeurs de l'enfance, elle a gagné en plénitude et en assurance. Et que dire de l'autre toile ! Même si la jeune impératrice ne regarde pas le spectateur, elle lui offre une vision d'une grande sensualité : épaule dénudée, cheveux défaits jusqu'en bas du dos, la petite Bavaroise façon Heidi s'est métamorphosée.

Sur le tableau, les plis de la robe ne permettent pas d'apprécier la taille de Sissi, mais en poursuivant la visite, j'en ai une idée plus précise : au bout de l'enfilade des salons apparaît, comme un spectre blanc, une statue de Sissi. Elle semble attendre que j'aie fini ma promenade, les mains croisées, le regard ailleurs une nouvelle fois. Arrivé à quelques pas d'elle, on ne peut qu'être fasciné par son tour de taille. Je réalise alors à quoi servait ce que je viens de dépasser : les deux anneaux de gymnastique accrochés au milieu du couloir, sous les lambris dorés !

Si ce n'est pas un pied de nez, qu'est-ce que c'est ? Sissi faisait des exercices de culture physique et voulait que cela se sache. J'imagine la tête de sa belle-mère découvrant les deux anneaux incongrus dans la vénérable demeure des Habsbourg... Mais, preuve de la force de caractère de Sissi, ils y sont restés. Mieux : à côté de sa chambre, au mur du cabinet de toilette, sont fixées des barres d'agrès. Bien avant Jane Fonda, Sissi travaillait ses abdominaux. Je réalise maintenant pourquoi elle pesait cinquante kilos et faisait quarante-sept centimètres de tour de taille. Obsédée par son poids, elle l'était aussi par l'hygiène et prenait un bain quotidien, une pratique tout à fait inhabituelle pour l'époque. La baignoire est toujours là. Autre meuble fétiche, la coiffeuse. « Je prends deux heures pour mes cheveux », avouait-elle, mais ce n'était pas uniquement par coquetterie, car elle ajoutait : « Quand je me coiffe, mon esprit est ailleurs. » Une chose me frappe dans ce cabinet de toilette : il est couvert de reproductions de chevaux, mais pas une photo de ses enfants. Alors que c'est dans un endroit intime comme celui-là qu'une mère pense aux siens...

Surtout quand on voit sa chambre : un salon dans lequel chaque soir on apporte un lit de fer, qui est escamoté au matin ! Est-ce parce qu'elle ne se sent pas chez elle ? Veut-elle montrer qu'elle est de passage ? Sans doute. Cela révèle que depuis longtemps ils ne faisaient plus chambre commune. Une femme de ménage est là et astique un buste en bois de Sissi avec la même vigueur qu'une casserole en cuivre. Je n'y attache pas d'importance et m'apprête à prendre une photo quand elle bondit sur moi ! Elle m'insulte et veut m'arracher l'appareil des mains. J'ai dû commettre un sacrilège, elle est la gardienne du temple, la vestale qui a fini par s'identifier à sa déesse... avec cent vingt kilos et le cheveu sale ! Elle n'a pas dû bien lire l'histoire de Sissi. Elle devrait faire un peu d'exercice aux agrès et se plonger dans la baignoire de son idole.

Cet épisode me rappelle une anecdote : un jour à Pregny, alors que j'étais jeune mariée, Paul, l'employé pour le ménage, casse un superbe céladon XVIIIe. Je ne dis rien, simplement je lui demande de tout mettre dans un papier journal, et surtout de ne pas oublier le moindre petit morceau, pour le faire restaurer. Il s'exécute, plie le journal et me dit avec un grand sourire : « Madame a bien raison de jeter toutes ces vieilleries ! » La baronne douairière, ma belle-mère, en aurait eu une syncope !

Pour fuir l'horrible furie qui me surveille du coin de l'œil, je presse le pas. À côté, je découvre une pièce où Sissi prenait son petit déjeuner. À nouveau, un bouquet de violettes est posé sur la table. Sur un panneau d'information, je lis qu'elle avait l'habitude de prendre sa collation en compagnie de ses énormes chiens et, durant une courte période, d'un singe macaque ! C'était sans doute plus distrayant que la compagnie de l'archiduchesse. Mais l'animal ne pouvait rester dans une pièce où se tenaient des dames, parce qu'il se comportait de façon indécente... Finalement, le malheureux a été expédié au zoo de Schönbrunn.

Un autre texte, plus sérieux, attire mon attention : appelé l'ultimatum d'Ischl, il illustre le très relatif pouvoir dont jouissait Sissi. Dans cette lettre écrite le 27 août 1865, elle demande à être libre de choisir l'éducation de ses enfants jusqu'à leur majorité et, pour elle, d'avoir le droit de déterminer seule ses affaires personnelles et son environnement social. Ce n'était donc pas une évidence. À cette date, son fils Rodolphe a six ans et, comme précédemment à la naissance de ses filles Sophie et Gisèle, l'enfant lui a été retiré. L'héritier de l'empire doit suivre une éducation propre à son rang. Mais entre-temps, la petite Sophie est décédée... Ce drame a anéanti Sissi et l'a rendue plus inflexible encore : elle veut voir grandir Gisèle et Rodolphe auprès d'elle.

La visite se termine par la grande salle à manger, où la table est dressée pour vingt-quatre convives. Un décor blanc et or, sur lequel se détachent les dossiers des fauteuils bordeaux. Curiosité intéressante : tous les couverts sont placés à droite de l'assiette, selon l'étiquette espagnole de l'Escurial alors en vigueur. Je remarque que le couteau à poisson avait déjà fait son apparition et qu'on a disposé une carafe à vin et une carafe à eau devant chaque personne. Je faisais la même chose pour les grands dîners à Pregny. Au centre de la table, une décoration florale gigantesque bouche un peu l'horizon, mais de toute façon, dans ces dîners de gala, vous ne parlez qu'à vos deux voisins immédiats. Une nouvelle fois, je songe aux régimes de Sissi, à son anorexie... J'imagine qu'elle ne devait guère s'attarder ici.

Sortant de la Hofburg, on peut se rendre à pied dans un joli jardin public, situé juste à côté du palais. Au bout d'une allée se dresse une autre statue de Sissi, celle-là beaucoup plus imposante. J'enjambe une petite chaîne pour m'approcher. Elle est représentée assise, impériale : c'est « Élisabeth impératrice d'Autriche » qu'on a immortalisée ici. Oubliée, la reine de Hongrie ! Les Autrichiens ne lui ont jamais pardonné de leur avoir préféré les Hongrois. À sa mort, elle avait souhaité être enterrée là-bas, dans son château de Gödöllö, mais il n'en était pas question. Elle repose à Vienne, dans la crypte où sont inhumés tous les Habsbourg. Est-ce cela qui la rend si mélancolique ? Une nouvelle fois, son regard est lointain, elle paraît intouchable, et d'ailleurs je me fais cette réflexion : il existe des dizaines de photos d'elle, mais sur aucune on ne la voit sourire. Année après année, son visage reste le même : un regard droit qui vous fixe dans les yeux, des sourcils bien dessinés mais épais, une bouche fine et pincée. Faut-il y voir l'expression de son caractère entier et fier, ou est-ce par coquetterie ? On raconte qu'elle ne voulait pas sourire parce qu'elle avait les dents jaunes...

Je reviens sur mes pas. L'endroit est très beau dans ce soleil d'hiver, il y a un canard sur la pièce d'eau, un temple romain en arrière-plan, des couples d'amoureux qui s'enlacent sur les bancs. Sous le regard de Sissi ! Elle doit les inspirer, mais connaissent-ils la réalité de sa vie, ou n'ont-ils en tête que les valses dans les bras de François-Joseph ? Ils retiennent sans doute l'histoire d'amour, le prince charmant, les facéties d'une Sissi pétillante et primesautière, incarnée par Romy. Pourtant, à la voir ainsi, pensive et grave, on peut s'interroger. Elle semble contempler sa vie passée. Et brusquement, j'ai une vision : ce n'est plus Sissi que je vois, mais Diana ! Elles ont le même regard triste et vague. Leurs parcours ne sont pas si éloignés : enfance aristocratique et campagnarde, sensibilité très fleur bleue, forte personnalité... Toutes les deux ont passionnément aimé leur mari, d'un amour pur et sincère, et ont été déçues. Toutes les deux vont bousculer les traditions, refuser l'étiquette, affronter une méchante belle-mère, vouloir leur indépendance, bâtir un semblant de vie sur fond d'errance, mourir dans des conditions tragiques... Sissi, Diana, même combat ! Elles ont eu tort de croire que l'on peut changer les choses, mais on ne change jamais rien. J'en sais quelque chose. Si vous acceptez une vie officielle, il faut avoir pleinement conscience des contraintes que cela suppose et les accepter une bonne fois pour toutes. Car prendre de la hauteur fait parfois perdre l'équilibre.

Après ma visite, j'ai voulu me rendre chez Demel, le plus célèbre des cafés viennois. Au secours ! L'endroit n'a rien perdu de ses boiseries et ses jolies boîtes de chocolats sont toujours en vitrine, mais victime de son succès, il est devenu le lieu de passage obligé des touristes, un véritable hall de gare. Mieux vaut aller chez Sacher, la même foule s'y presse, mais j'ai l'impression qu'il y a plus d'Autrichiens que de Japonais. Les Viennois adorent se retrouver l'après-midi autour d'un thé et d'une pâtisserie, ou plus exactement d'un café viennois et de la célèbre *Sacher Torte*, un gâteau au chocolat et à la confiture d'abricot qui vous saute aux fesses !

Après avoir parcouru plusieurs salles en enfilade, je trouve finalement une place... sous un nouveau portrait de Sissi. Sur la table de marbre est posé un petit porte-journal en bois que je trouve charmant et très pratique. Voilà un objet que je pourrais utiliser dans mon hôtel, le Chalet du Mont d'Arbois. On y trouve le menu et l'histoire de l'endroit : en 1832, le prince de Metternich demande un dessert spécial à son cuisinier, mais le chef est au lit, malade, son apprenti de seize ans, qui s'appelle Franz Sacher, le remplace... Naissance de la *Sacher Torte* et début du succès. Un succès précieusement entretenu, car la recette du dessert n'a jamais été révélée. Je devrais l'imiter : après la tarte Tatin, la tarte Nadine !

En rentrant dans le hall de l'hôtel, je remarque dans une vitrine les étoiles en diamants que Sissi portait dans ses cheveux sur le tableau de Winterhalter. Un bijoutier du nom de Köchert les réalise toujours. On peut les mettre en broches ou en pendants d'oreilles, ce que Sissi ne faisait pas. Ni sur ses portraits ni sur ses photos, elle n'a de boucles d'oreilles. Diadème de diamants, collier de perles, parures de rubis, mais pas de boucles. Contrairement à Romy, qui en fait grand usage dans ses films. Le réalisateur a dû juger cela plus *glamour*.

Dîner au restaurant de l'hôtel, dans un salon intime et chaleureux, décoré de boiseries et du portrait de... Sissi ! Décidément, ils doivent les peindre dans la nuit. À Vienne, on peut vivre toute la journée avec Sissi : elle est partout ! Ils ont aussi Mozart, mais il fait moins rêver. Les films avec Romy ont beaucoup contribué à ce culte. Les Autrichiens se plaignent souvent que les étrangers les réduisent à Sissi, ils aimeraient qu'on parle autrement de leur impératrice, mais la réalité a ses zones d'ombre... Effectivement, Sissi n'était pas la jeune fille un peu superficielle que Romy a incarnée, mais plus certainement une femme autoritaire, rebelle, indépendante, qui préférait sa couronne de reine de Hongrie à celle d'impératrice d'Autriche... Et cette image-là, même aujourd'hui, je ne suis pas sûre que les Autrichiens l'acceptent tout à fait.

Dimanche 13 janvier

Je pars en direction de la villa Hermès, un pavillon de chasse que François-Joseph offrit à son épouse en 1882. Il souhaitait ainsi la retenir près de lui, tout en préservant son désir d'indépendance. Sissi avait beaucoup voyagé durant toutes ces années. Pour fuir Schönbrunn et la Hofburg, elle s'était permis des escapades à Madère, Corfou ou Venise. En Hongrie enfin, où elle s'était sentie apaisée. Elle aimait ce peuple au tempérament passionné, symbole de sa propre résistance, lui témoignant aide et affection, au grand dam de l'archiduchesse Sophie qui le méprisait. Elle avait pris l'habitude de se rendre dans son château de Gödöllö, près de Budapest, où elle passait son temps à monter à cheval et à nourrir les tziganes. C'est en Hongrie qu'était née sa dernière fille, Marie-Valérie, « l'unique ».

François-Joseph savait qu'il ne servait à rien de raisonner Sissi. Il avait accepté son mode de vie. Toutefois il lui écrivait tous les jours. Il avait sa maîtresse officielle, mais son épouse lui manquait. Si différente de lui et pourtant si captivante. Car aime-t-on ce qui nous ressemble ? Pour essayer de la faire revenir sans l'inquiéter, il lui fit construire ce pavillon de chasse isolé, à l'écart de Vienne.

Pour se rendre à la villa Hermès, il faut dépasser Schönbrunn, prendre une petite route qui s'arrête devant la grille d'un vaste domaine et continuer à pied. Un quart d'heure de marche pour rejoindre à travers bois un manoir à l'allure mi-Renaissance, mi-gothique. La promenade est très agréable. Les arbres sont magnifiques, d'essences diverses, on entend les oiseaux siffler dans les branches, un voile de brume ajoute au romantisme, et pour un peu on ne s'étonnerait pas de voir apparaître Sissi à cheval, accompagnée de son cher cousin Ludwig, comme dans le film de Visconti.

Je suis sûre qu'elle s'est sentie chez elle dans cet environnement. Certaines personnes n'aiment pas être entourées par la nature, je me souviens d'un ami que la simple vue de la pelouse d'Armainvilliers paniquait. Moi, au contraire, je me ressource en forêt. En automne, pendant la chasse, règne une qualité de silence qui n'existe pas en été, un silence lourd, palpable, mais pas oppressant, brusquement déchiré par le brame des cerfs. Il y a aussi l'odeur des animaux... À Armainvilliers nous chassions le perdreau, le faisan, le sanglier, et j'en garde des souvenirs extraordinaires : l'ambiance du départ avec les gardes, l'agitation des chiens qui sentent encore le gibier de la veille, les bruits de la forêt qui commence à s'éveiller, les premiers rayons du soleil. C'est une pure merveille, un grand moment de jouissance que j'ai eu la chance de connaître pendant vingt-huit ans.

Vers onze heures, nous buvions un « *bull shot* », mélange de vodka et de Campbell Soup, relevé de pili-pili, un piment extrêmement fort, de quoi vous requinquer après être resté immobile à l'affût dans les miradors pendant trois heures. Nous déjeunions d'un bouillon chaud très épicé lui aussi et d'un panier pique-nique, puis au retour j'organisais un goûter dans le grand salon, avec un chocolat chaud onctueux, des muffins dorés à point et toutes les brioches de la terre.

Je retrouve cette atmosphère ici, car tous les bois se ressemblent quand ils sont peuplés d'animaux. Au bout du sentier, la façade de la villa Hermès apparaît derrière les arbres et elle évoque plus le château de la Belle au bois dormant qu'un pavillon de chasse. Elle me fait penser à Ferrières, le château que possédaient Guy et Marie-Hélène de Rothschild et qui avait été construit à la même époque. À l'intérieur de la villa, le raffinement de la décoration renforce cette impression. Si un jour des chasseurs sont venus ici, ils devaient être bien délicats.

La chambre de Sissi est entièrement ornée de stucs, de marbres, de bois dorés et de peintures illustrant la pièce de Shakespeare intitulée *Le Songe d'une nuit d'été*. Sur un mur, on reconnaît Titania, la reine des fées, l'épouse d'Obéron, et l'âne dont elle est éprise. Souvent, dans ses poèmes, Sissi s'identifie à Titania... Le lit est dans le même style rococo et idéal pour accueillir quelque princesse endormie. C'est un univers de conte de fées, de fantasmagorie. Est-ce là le goût de Sissi ? Un peu trop kitsch, à mon avis. Je crois plutôt à une interprétation de François-Joseph. Il a fait composer le décor qui lui semblait convenir à une femme artiste, poète et un peu excentrique. Dans la pièce mitoyenne, on retrouve mieux sa personnalité, avec une salle de gymnastique dont les murs ont été peints de motifs pompéens. De jeunes athlètes s'y livrent à des exercices de lutte et de tir à l'arc. On se croirait dans un gymnase antique, et ce n'est pas étonnant : Sissi s'était découvert une passion pour la Grèce. Elle apprenait le grec ancien et en 1890, elle se fit bâtir un palais de marbre blanc à Corfou.

Durant plus de dix ans, Sissi est venue à la villa Hermès. Elle y a passé de longs moments à monter à cheval, à lire et à écrire. C'est ici qu'elle rédige son testament le 14 juin 1896. François-Joseph avait finalement réussi son pari. Elle était très attachée à cette maison qu'elle surnommait aussi « Mon Repos ». C'était sa retraite, son jardin secret. Dès l'entrée, on en a conscience : au pied de l'escalier est placée une sculpture de Sissi. Elle est là, debout, esquissant un pas, un livre à la main... Mais que fait-elle exactement ? Pose-t-elle son livre pour accueillir le visiteur ou sommes-nous en train de la déranger dans sa lecture ?

Après un tour aux écuries qui m'évoquent encore Armainvilliers, je prends le chemin du retour. Il est l'heure de déjeuner, et le long du sentier des familles se sont rassemblées autour des tables en bois. Une tout autre ambiance s'installe. Adieu brames et gazouillis d'oiseaux ! L'odeur des saucisses monte sous les fenêtres de l'impératrice ! Il suffit de pas grand-chose pour briser un rêve...

Mon chauffeur de taxi m'a attendue patiemment, et je poursuis mon investigation jusqu'à un autre pavillon de chasse, plus connu que celui-ci, mais entré, hélas, dans la légende à la suite de tragiques circonstances : Mayerling. Tout le monde a entendu parler de la mort du fils de Sissi, l'archiduc Rodolphe, et du mystère qui l'entoure. Le 30 janvier 1889, on retrouvait dans sa chambre son corps sans vie, ainsi que celui de sa maîtresse, la jeune baronne Marie Vetsera. L'avait-il tuée, puis s'était-il ensuite suicidé ? Ou avaient-ils été tous les deux assassinés ? Aujourd'hui encore, l'énigme demeure.

Après une demi-heure de route, nous arrivons devant un couvent de religieuses... Je m'étonne un peu, mais l'une d'entre elles m'explique qu'après la disparition de Rodolphe, l'empereur a fait construire une chapelle à l'emplacement exact où a été retrouvé le corps, et que le couvent des carmélites qui la jouxte est un retour aux origines, puisque Rodolphe avait installé son pavillon de chasse sur un ancien domaine religieux. Seul vestige de son passage ici, une petite maison carrée qui domine les prés et où l'archiduc avait l'habitude de faire servir des collations pendant la chasse. À l'intérieur de la chapelle, le lit de Rodolphe a laissé place à l'autel, au-dessus duquel une grande fresque représente les saints patrons de la famille impériale. Difficile de faire plus symbolique, plus expiatoire. Mais entre l'adultère et le suicide ou le crime, il fallait bien cela !

Par une porte sur le côté, on accède à un petit musée qu'une sœur fait visiter. Ici est privilégiée la thèse du suicide : Rodolphe était en guerre contre son père et n'était pas heureux de son mariage avec la princesse Stéphanie de Saxe-Cobourg, fille du roi des Belges. Un mariage arrangé pour raison d'État, auquel Sissi s'était opposée. Elle savait que son fils lui ressemblait : rebelle, hypersensible, dépressif. En lutte contre la monarchie paternelle, épris d'idéal républicain. Dangereux ? Sur les murs du musée sont accrochées plusieurs photographies et gravures illustrant la mort de Rodolphe. De l'une à l'autre, les versions diffèrent, ce qui alimente le doute. Pourquoi un tel flou entoure-t-il ce scandale, si ce n'est parce que les circonstances sont tout autres ? L'hypothèse de l'assassinat politique a encore de beaux jours devant elle.

Si elle a fait montre d'un grand courage lors de cette épreuve en étant très présente auprès de François-Joseph, Sissi n'a jamais réussi à surmonter ce drame. La perte de son fils a amplifié ses problèmes, accéléré son désir de solitude, sa fuite, en la teintant d'amertume, de misanthropie. À partir de cet instant, elle portera le deuil pour le restant de ses jours.

Elle a cinquante et un ans, mais en paraît beaucoup plus. Sa beauté s'est fanée, ses exercices physiques sont devenus obsessionnels : elle fatigue son corps plus qu'elle ne l'entretient. Gymnastique, équitation, marches, bains glacés, régimes délirants. On raconte qu'elle se contente pour tout repas d'une orange et d'un verre de lait ! Son ascèse est devenue mortification. Depuis l'âge de quarante ans, elle refuse qu'on la prenne en photo. Comme Garbo ! Et quand elle voyage, elle se cache derrière un éventail. Pour les Autrichiens, il est clair qu'elle est folle. Comme son cousin Ludwig qui est mort en 1886, ou comme son père, le duc Max. C'est de famille. Les Wittelsbach sont tous un peu dérangés.

Le « vol de la mouette » (l'expression est d'elle) va durer près de dix ans. Dix années d'errance avant le coup fatal. Avant qu'un anarchiste poignarde celle qui était sans doute la plus à même de le comprendre. Quelle idiotie ! Mais Luigi Lucheni avait choisi la facilité : cette impératrice d'Autriche qui se déplaçait sans protection était une cible de choix. Tant pis si elle ne le méritait pas. Cette malheureuse méprise n'échappa pas à l'avocat du meurtrier... Il osa plaider que Sissi aurait souhaité l'acquittement du coupable !

En fin d'après-midi, avant de regagner l'hôtel, j'ai voulu voir où elle était enterrée. Bien que j'aie horreur de cela, je me suis rendue à la crypte des Capucins, tombeau des Habsbourg depuis le XVIe siècle. Situé à deux pas de la Hofburg, c'est un endroit extraordinaire, unique, terrifiant. On y accède par un long couloir et par un escalier plutôt raide. Dans la pénombre d'une grande galerie, on distingue peu à peu un énorme cercueil de fer, puis un autre, puis un troisième, une accumulation de coffres métalliques qui ressemblent à de vieilles locomotives abandonnées, à des carcasses de voitures brûlées. Tous sont ornés de têtes de mort et d'ossements, dans des raffinements de présentation, de mise en scène et un souci du détail qui font froid dans le dos.

Dans une salle à part, trois cercueils plus sobres sont disposés. Je m'approche : François-Joseph est au milieu, Sissi à gauche, Rodolphe à droite. Pour égayer l'ensemble, ils sont recouverts de... fleurs en plastique couvertes de poussière ! Il y a de quoi écrire une lettre d'indignation à l'office de tourisme ou au maire de Vienne. Retrouver dans ces conditions le bouquet de violettes de Sissi me serre le cœur. Tout cela est d'une tristesse... Quand je vois son cercueil en fonte, tellement pesant, aucune chance qu'elle en soulève le couvercle ! Elle qui voulait être enterrée en Hongrie ou à Corfou ! Et alors que les cimetières autrichiens peuvent être tellement beaux... Ici, c'est le caveau glacial, la mort qui travaille, avec son crâne et sa faux, on n'a vraiment pas envie de finir là. Je remonte l'escalier sans traîner, de peur de ne pouvoir en ressortir à temps.

Ce soir, dans ma chambre d'hôtel, je fais le point sur tout ce que j'ai vu. Comme les choses prennent brusquement du relief... À présent, je réalise tout ce qu'a enduré Sissi. Si j'avais bien conscience, avant de venir, qu'elle ne correspondait pas à la personnalité de Romy Schneider, je connais mieux maintenant les multiples facettes de son âme. Et les raisons de son errance. Ce n'est pas seulement son caractère, sa fierté ou son excentricité qui ont décidé de ses choix. L'environnement quotidien et les drames successifs ont été déterminants.

Sissi, en avance sur son temps ? Sans aucun doute. Un exemple illustre sa modernité : c'est elle qui choisit la maîtresse de son mari. Elle a en effet favorisé la liaison de François-Joseph avec cette Catherine Schratt, une comédienne qu'elle s'amusait à appeler « l'amie ». Sans doute cela lui permettait-il d'être libre, mais aussi de contrôler la situation. Aujourd'hui, les rapports de Sissi et de François-Joseph m'apparaissent beaucoup plus passionnants que je ne le croyais précédemment. Leur relation est une vraie histoire d'amour. Ils se sont aimés, chacun à sa manière, passionnément pour elle, maladroitement pour lui, ils se sont éloignés l'un de l'autre avec respect, en se surveillant toujours du coin de l'œil, et ils sont restés unis par une très grande tendresse. Et peu importent les maîtresses ! Il y a des fidélités de l'âme plus respectables que les fidélités du corps. Le tout est de rester celle qui compte, celle qu'on estime. Sissi avait bien conscience de sa supériorité. Dans ses lettres à François-Joseph, elle ne se gênait pas pour se moquer gentiment de Catherine Schratt, qui cherchait à lui ressembler... Au lendemain de la mort de Sissi, François-Joseph déclara : « Vous ne pouvez savoir combien j'ai aimé cette femme », et durant les dix-sept années qu'il lui restait à vivre, il n'y eut pas un jour où il ne pensa à elle.

On a beaucoup dit qu'à la fin, Sissi vivait entourée de femmes, de dames de compagnie. Il n'y a là à mon avis aucune ambiguïté, mais une façon de combler sa solitude. Arrivée à un certain âge, une femme célèbre ne peut pas partir dans n'importe quelle direction. On n'a jamais très bien su si Sissi avait eu des aventures. Elle aurait noué une idylle à Budapest, ou éprouvé une passion pour Heine, mais en ce domaine elle diffère de Diana : pas de boulimie affective !

Très digne Sissi. Peut-être un peu trop drapée dans sa solitude hautaine, mais c'était son armure contre les agressions d'un destin qui ne l'avait pas ménagée. Une cuirasse qui laissait toutefois une faille béante. Le 10 septembre 1898, un fou n'eut aucune difficulté à y planter sa lame.

Lola Montes et Louis Ier de Bavière
Munich

Samedi 16 février

Arrivée à l'aéroport de Munich. Ambiance tranquille, trop tranquille, ma valise n'arrive pas. Au bout d'une demi-heure, le tapis tourne toujours, mais vide. Il faut se rendre à l'évidence, elle s'est perdue. Je reste calme. J'ai tellement pris d'avions dans ma vie que je sais qu'il ne sert à rien de s'énerver. Curieusement, j'avais un pressentiment ce matin : avant de fermer ma valise, j'ai pris ma trousse de toilette avec moi, ce que je ne fais jamais habituellement. Me voilà donc à Munich, sans vêtements, mais avec ma brosse à dents et mes bigoudis, l'essentiel en somme !

Ce genre de mésaventure ne m'est arrivé que très rarement. Au début de mon mariage, lors d'un voyage à Seattle, j'accompagnais Edmond à un gala de bienfaisance avec Frank Sinatra, et les bagages ne sont jamais arrivés. Je n'avais pas une robe du soir, pas un bijou. Je suis descendue acheter cinq mètres de tissu et je me suis fait une sorte de sari, retenu par un énorme bijou fantaisie que tout le monde a pris pour un vrai ! C'est un peu ma chance : personne n'imagine que je porte du faux ! Et quand on m'a demandé d'où venait ma robe, j'ai répondu de chez Pierre Cardin. Il faut reconnaître que j'avais alors une silhouette extrêmement attrayante, si bien que, même avec un abat-jour sur la tête, on m'aurait trouvée charmante.

Une autre fois à New York, je me suis retrouvée avec la valise d'un passager turc. À la place de mes robes, j'ai récupéré un smoking que j'aurais peut-être pu mettre façon « Yves Saint Laurent », mais il aurait fallu beaucoup d'épingles : j'avais affaire à un beau spécimen de mâle turc ! Le plus drôle, c'est qu'il ne s'est manifesté que quarante-huit heures plus tard... Il avait dû hésiter à me rendre mes petites culottes et mes porte-jarretelles.

Après Vienne, me voici donc à Munich, non pas pour poursuivre l'évocation de Sissi, mais pour en savoir plus sur le grand-père de son cousin Ludwig, le roi Louis Ier de Bavière, et surtout sur sa maîtresse, la célèbre Lola Montes. Personnage on ne peut plus romanesque, à tel point qu'on se demande parfois si elle a vraiment existé. Tout le monde se souvient du film que Max Ophuls a tourné en 1955 avec ma chère Martine Carol, mais que sait-on vraiment d'elle ? Qu'elle était une danseuse, une intrigante, la maîtresse d'un roi à qui elle a fait perdre son trône, et qu'elle est devenue ensuite écuyère dans un cirque, chercheuse d'or au Far West, avant d'avoir une révélation mystique et de mourir dans la misère... Quel destin hors du commun ! Mais où s'arrête la vérité, où commence la légende ? Qui était vraiment cette femme qu'on appelait la « Pompadour bavaroise » ?

Je descends dans un des somptueux hôtels de la ville, le Bayerischer Hof, non pas par goût du luxe, mais parce qu'on dit que Lola y aurait dormi quelques nuits lors de son arrivée à Munich. Toutefois, si le dépliant de l'hôtel raconte qu'il doit sa construction au vœu du roi Louis Ier en 1840, aucune référence sur un possible séjour de sa future maîtresse. Comme si Lola sentait encore le soufre... Cette impression, je vais souvent la retrouver en ville. Les Munichois ne savent pas trop quoi penser de Lola, quand ils ne lui sont pas farouchement hostiles : « une p... » n'hésite pas à dire Marianne, la guide pourtant si gentille que m'a trouvée l'office de tourisme. « C'était une femme fatale et elle nous a posé beaucoup de problèmes... »

Lors de l'exposition que lui a consacrée le musée de la ville en 1997, la mise en scène avait été particulièrement étudiée : les visiteurs devaient passer sous un énorme rideau de velours rouge pour entrer... Un rideau qui avait la forme d'une jupe, tout un symbole ! Lola Montes n'est pas près ici de se faire pardonner, car son histoire d'amour avec Louis Ier ne se borne pas à des fantaisies d'alcôve : elle se trouve étroitement mêlée à la chute d'une monarchie.

Quand elle arrive à Munich le 5 octobre 1846, Lola est déjà une danseuse renommée. Non pas pour son talent, il paraît qu'elle en manquait singulièrement, mais pour son style de prestation, une sorte d'espagnolade qui lui permet de dévoiler ses charmes. On vante son corps parfait, sa grâce, sa sensualité à faire damner un saint. Les puristes crient au scandale, d'autant que notre Lola Montes est née en Irlande en 1821 (et non en 1823 à Séville, comme elle le laisse entendre) et qu'elle s'appelle en fait Elizabeth Gilbert ! Mais il faut bien vivre, et pour cela avoir un peu d'imagination. Lola n'en manque pas.

Après une tournée chaotique en Europe, elle se dit que les feux de la rampe procurent des revenus trop incertains et qu'elle doit viser plus haut...

À Munich, Louis Ier est célèbre pour son amour des arts et des femmes. De façon idéaliste, cela s'entend. Quand il n'est pas en voyage en Grèce ou en Italie, il demande à son peintre officiel, Joseph Stieler, d'immortaliser toutes celles qui lui semblent incarner les différentes facettes de l'idéal féminin. Dans sa résidence, il a créé une galerie des Beautés, où sont accrochés ces tableaux qui mêlent femmes du peuple et belles aristocrates. Son épouse, la reine, subit cette marotte sans trop d'états d'âme. De toute façon, il est le roi et elle n'a pas le choix.

Quand Lola Montes se présente au palais le 7 octobre et demande à être reçue par le souverain, le chef de cabinet ne s'intéresse guère à ses soucis de danseuse. L'Opéra de Munich vient de refuser qu'elle s'y produise. Il ne voit que son visage, son allure et pense qu'elle pourrait plaire à Sa Majesté. Ce qui peut surprendre, si on s'en tient au tableau le plus connu de Lola Montes. Elle y est représentée de trois quarts, avec de gros yeux bleus un peu vides, un nez pointu, une petite bouche pincée et un large cou. Mais l'homme avait sans doute plus de discernement que moi. À peine a-t-il introduit auprès du roi « la célèbre danseuse espagnole, la Señora Maria de los Dolores Porris y Montez », que Louis Ier est envoûté par ce don que l'on nomme le charme et qui a plus de puissance que la beauté.

Les choses vont aller très vite. Lola est une professionnelle. Elle sait que c'est toujours comme ça : si dans les trois premiers mois, vous n'avez pas obtenu ce que vous voulez, vous ne l'aurez pas ensuite ; un bon test pour savoir si on a affaire à un homme généreux. D'ailleurs, lorsqu'elle rencontre Louis Ier, il a soixante ans, elle en a vingt-cinq... Il ne s'agit pas de traîner.

En très peu de temps, Lola est couverte de cadeaux et de bijoux, ce qui est significatif, car le roi est connu pour être ennemi du faste. Sa robe de chambre toute reprisée, religieusement conservée au musée, l'atteste. Mais Lola l'a transformé... Dans une lettre qu'il envoie à un confident, il écrit qu'il l'aime non pas comme un homme de quarante ans, non pas comme un jeune de vingt ans, mais comme un adolescent de quinze ! En novembre, il la fait figurer dans son testament et lui achète une maison qu'il transforme en ravissant petit hôtel particulier. Aujourd'hui détruit (Munich a été bombardé quatre-vingt-trois fois, me précise Marianne), il se situait à côté de la pinacothèque, le célèbre musée créé par Louis Ier quelques années auparavant. Sur les gravures, on peut voir qu'il était assez sobre, sa façade néoclassique étant composée de quatre fenêtres et d'un petit balcon. En 1882 sera ajouté un étage supérieur, mais Lola aura quitté cette demeure depuis bien longtemps.

L'adresse exacte était Barerstrasse n° 7. La rue existe toujours et je commence là mon investigation. Ce qui est amusant, c'est que le Bayerischer Hof étant dans le quartier historique, près de la résidence royale, Louis Ier devait prendre le même chemin que moi pour aller voir sa Lola. Au tout début de leur relation, il y allait à pied, sans un soupçon de mauvaise conscience : elle lui donnait des cours d'espagnol ! Du moins, il avait trouvé ce prétexte. Que Lola Montes ne parle que quelques mots de cette langue n'avait pas d'importance : il n'avait aucune envie de traduire Cervantès !

Pour s'y rendre, on traverse la Karolinenplatz, une sorte de mini-place de l'Étoile avec, au centre, un obélisque dressé en l'honneur des soldats bavarois morts pendant la campagne de Russie. On descend la Barerstrasse et, au dire de ma charmante guide, la maison se situait juste à l'intersection avec la Gabelsbergerstrasse. Effectivement, nous nous trouvons juste en face de la pinacothèque, et bien que sur les gravures d'époque, la maison soit quasiment en pleine nature, cela semble parfaitement correspondre.

Pour la petite histoire, la Gabelsbergerstrasse s'appelait avant la Kasernstrasse, la rue de la caserne... Est-ce que Lola Montes y avait pensé ? Il paraît davantage plausible qu'elle se soit installée là parce que le peintre Joseph Stieler habitait à côté. Autre coïncidence : à l'emplacement de la maison s'élève aujourd'hui une université. Quand on sait quel rôle les étudiants ont joué dans les événements de l'époque, on ne peut que sourire devant cette ironie du destin.

Car Lola Montes est arrivée à Munich à un bien mauvais moment. Louis Ier, malgré son air débonnaire et son goût pour l'art (ou à cause de cela...), n'avait pas que des partisans. Émeutes, répressions, il agissait en monarque absolu (son parrain n'était pas Louis XVI pour rien !) et la révolution était dans l'air. Son dernier caprice, bien que d'ordre privé, fut la goutte d'eau... Lola Montes a catalysé l'exaspération, la haine, le désir de changement de tout un peuple. Les étudiants ont été les artisans de ce soulèvement. Regroupés en associations, ils étaient très puissants. Et quand Louis Ier a fait fermer l'université, les gens qui vivaient grâce à elle ont suivi le mouvement.

À l'entrée de la pinacothèque, on peut voir un portrait officiel de Louis Ier. Il a été peint par Stieler en 1826. Le souverain a quarante ans, il règne depuis un an. Avec ses cheveux en bataille qui lui donnent un air artiste et sa fine moustache, il n'est pas sans charme. Mais c'est un autre homme que Lola rencontre vingt ans plus tard. Au moral comme au physique.

À son arrivée, Lola Montes n'a aucune idée du climat social qui règne. Elle ne voit que sa réussite personnelle. Et si l'Opéra de Munich ne veut pas d'elle, elle s'en moque, maintenant qu'elle a les faveurs du roi. Elle se comporte très vite en favorite, en maîtresse installée, et traite tout le monde avec arrogance. Plutôt que de chercher à se faire accepter, elle s'impose en force. Au roi qui obéit au moindre de ses caprices, elle demande les têtes de ceux qui ne lui plaisent pas...

Toujours plus ! Au bout de quelques mois, elle exige de Louis Ier qu'il lui donne la nationalité bavaroise, puis un titre. Ce qu'il consent à faire. Car il se croit aimé. Il pense qu'elle a tout abandonné pour lui, qu'il doit la soutenir devant la réprobation générale. La naïveté des hommes est extraordinaire. Le roi devient prisonnier du sentiment qu'il croit inspirer. Et quand ses ministres lui révèlent la véritable identité de sa protégée, son passé mouvementé, il ne veut rien entendre : ce ne sont là que médisances, calomnies...

Bien sûr, la nouvelle comtesse de Landsfeld doit lutter contre beaucoup d'adversaires : tout d'abord, ceux qui prennent la défense de l'épouse du souverain. Bafouée, la reine Thérèse, qui lui a fait neuf enfants, a longtemps affiché un calme olympien face aux engouements de son royal mari. Il l'assurait d'un amour éternel et, jusque-là, n'avait pas dépassé la mesure. Mais avec Lola Montes, elle sort de sa réserve et cherche à chasser l'intrigante.

Ses enfants font de même. Le gouvernement suit, effrayé par les dépenses du souverain et par l'opinion du peuple qui gronde. Le clergé s'inquiète du fait que le roi se soit épris d'une femme divorcée et protestante, qui clame sa haine des « jésuites ». Ne serait-elle pas franc-maçonne en plus ? Le pape s'émeut et l'archevêque du diocèse de Munich écrit une lettre très critique au roi qui répond : « *Bleib'er bei seiner stola, ich bleib bei meiner Lola* », ce qui veut à peu près dire : « Qu'il reste avec sa stola, je reste avec ma Lola », la stola étant l'étole de l'ecclésiastique. La phrase passa à la postérité et devint ici un dicton. Si quelqu'un se mêle de votre vie privée, on lui répond par ces mots de Louis Ier.

Le roi s'obstine parce que, à ses yeux, il n'est question que d'amitié avec Lola. Il jure qu'il n'existe entre eux aucun lien charnel et ne voit pas pourquoi il devrait cesser de la fréquenter. Il est en paix avec son âme. Mais cette attitude intransigeante lui fait du tort. Et personne ne le croit. Il faut dire que Lola fait tout pour suggérer le contraire.

Grisée par son succès, elle pense pouvoir jouer sur les deux tableaux : puisqu'elle a l'oreille du roi, elle se propose d'être l'interprète des revendications sociales. Chez elle, elle ne reçoit pas seulement Louis Ier, mais des étudiants avec qui elle rédige des pétitions... Toutefois, on raconte que sa volonté de servir d'intermédiaire a une autre raison : elle entretient une relation avec un jeune étudiant de vingt-trois ans, appelé Elias Peizner. Quand le roi lui en fera reproche, elle démentira en se justifiant ainsi : « Il a pour moi l'amour qu'un homme peut avoir pour la Vierge Marie... » Modeste et imparable ! Il n'empêche que les rumeurs enflent. Entre son double jeu, son train de vie somptueux et son fichu caractère, elle réussit en très peu de temps à faire l'unanimité contre elle.

À présent, on comprend que le roi veuille la voir en toute discrétion. Plutôt que de la rejoindre chez elle, il la retrouve dans un café, le Tambosi, sur l'Odeonsplatz, à côté de la résidence royale. Le plus vieux café de Munich existe toujours, ainsi que sa salle à l'étage, mais le petit cabinet privé qui servait aux rendez-vous secrets, et que les Allemands appellent « le séparé », a disparu. Je m'installe à la terrasse et commande évidemment le café Lola Montes, un double espresso servi avec du chocolat chaud, du sucre vanillé et de la crème... Une sorte de cappuccino amélioré.

Il fait beau et, bien que nous soyons en février, la température est douce. Je regarde les gens autour de moi, la nonchalance qui règne, les vélos qui vont et viennent dans le parc juste à côté, et je prends conscience que Munich est une ville très agréable à vivre. Pour un peu, on s'imaginerait en Italie. Je ne crois pas si bien dire : en faisant quelques pas, je reconnais sur l'Odeonsplatz la copie de la loggia des Lanzi de Florence. Je me la rappelle très bien, parce que j'ai dévalé un jour tout l'escalier ! Edmond avait voulu faire une photo et j'étais tombée à la renverse.

Ce parfum d'Italie, on le doit à Louis Ier. C'est lui qui a rassemblé une collection d'œuvres d'art si impressionnante qu'elle est à l'origine des musées de Munich, et qui a donné à la ville ce visage souriant, en confiant à son architecte Leo von Klenze le soin de reproduire ce qu'il avait vu en Italie. Les deux compères avaient l'habitude de s'y rendre et d'en savourer tous les plaisirs... Klenze, c'est ce que j'appelle le « copain de bateau ». Dans ses carnets, on trouve des confidences qui en disent long. Ainsi, lors du premier voyage, pendant le carnaval de Venise, Louis fait la connaissance à un bal de la fille d'une famille noble de Ravenne, Marianna Florenzi. Comme par hasard, un an plus tard, elle a un enfant qu'elle appelle Ludovico... Loin de la renier, Louis lui écrira trois mille lettres. Et l'Italienne sera le premier tableau à figurer dans la galerie des Beautés.

Sur le chemin du retour, je passe devant une pâtisserie qui propose des truffes et des pralines avec le portrait de Lola. Comme pour Sissi ! Décidément, à chaque ville son héroïne. Je réalise alors que Paris n'a pas de figure emblématique. Qui pourrait-on imaginer sur une boîte de chocolats ? Mistinguett, Joséphine Baker, Catherine Deneuve ? Pas facile.

Ma valise est arrivée dans la soirée. Je dîne dans ma chambre, me mets au lit avec un livre sur Lola que m'a prêté Marianne, et découvre la correspondance entre les deux amants. Trois cents lettres en un peu plus d'un an ! Pas étonnant que la maîtresse italienne en ait reçu trois mille. Maintenant que le roi a pris des cours, il lui écrit en espagnol, l'appelle *Lolitta*, signe *Luis*, n'est-ce pas mignon ? Et il a l'air si conciliant... En 1847, il lui écrit : « Je sais que tu as couché avec Peizner et avec d'autres, mais je ne veux m'arrêter de t'aimer, je t'aimerai toujours. »

L'homme est un grand romantique. Son amour des femmes est celui d'un esthète, d'un esprit raffiné, d'un contemplatif, pas celui d'un sensuel. S'il aime Lola, c'est parce qu'elle incarne une idée romanesque de l'amour. De plus, Louis Ier se pique de poésie. Il écrit des poèmes où il loue la nature, la passion... Pas d'une grande qualité. Il voue une grande admiration à Goethe, admiration qui n'est pas réciproque, car bien qu'il existe un portrait du poète tenant à la main un poème de Louis, tableau commandé par le roi et peint par Stieler, Goethe n'a guère de considération pour le talent de plume du souverain.

Dimanche 17 février

Ce matin, j'ai dû affronter un nouveau coup du sort : j'ai oublié mon peigne... Obligée de me coiffer à la fourchette. Ce qui ne m'effraie pas : depuis vingt-cinq ans, je ne vais plus chez le coiffeur, ma femme de chambre me coupe les cheveux et je fais moi-même ma couleur. J'ai des amies qui trouvent très agréable d'aller se faire coiffer, cela les détend, moi je n'ai pas la patience. Je ne supporte pas d'attendre. Pendant les voyages que je faisais avec Edmond, il fallait être prête en une heure, pas le temps de descendre au salon de coiffure de l'hôtel, alors j'ai pris l'habitude d'avoir toujours avec moi mon petit sac avec mes bigoudis, mes teintures, et normalement mon peigne.

Une fois mon thé et mes croissants avalés (c'est terrible, mais à l'hôtel j'ai toujours tendance à manger plus que chez moi, où je me contente d'un thé et d'un yaourt. Avant, je me déculpabilisais en mettant dans ma valise mon maillot de bain et mes palmes, pour faire quelques longueurs dans la piscine de l'hôtel, mais aujourd'hui je n'ai plus ce courage...), donc mon petit déjeuner pris, je pars visiter la résidence royale de Louis Ier.

C'est à quelques pas. Le palais est gigantesque ; sans cesse remanié, il a abrité les princes électeurs, puis les rois de Bavière, de 1806 à 1918. Je traverse une galerie de portraits qui me permet de réviser : je reconnais Louis Ier, je découvre son père Maximilien Ier et un de ses fils, Maximilien II, le père de Ludwig II... Plutôt que de me perdre dans un dédale de salles, je monte directement au deuxième étage, celui qu'il occupait.

Dès l'entrée, il est évident que l'homme était exceptionnel. Sa personnalité et son goût habitent ces pièces. La décoration des salons ne ressemble à aucune autre : le sol est couvert d'un parquet en marqueterie qui reproduit des motifs surprenants, et les murs sont peints de couleurs pastel et de dessins à l'antique, comme à Pompéi. L'ensemble est gai, harmonieux, léger, élégant. Le mobilier est Empire, mais laqué blanc et or, si bien qu'il se marie à la luminosité de l'ensemble. Louis Ier n'aimait pas seulement collectionner les œuvres d'art, il voulait que tout son univers exhale la beauté. Une beauté héritée de l'Antiquité grecque et romaine, qu'il poursuivait autant dans l'architecture que dans son culte des femmes.

Dans la chambre, le lit trône au milieu de la pièce, avec de part et d'autre, sur les murs vert d'eau, deux médaillons en stuc. L'un représente le Jour, l'autre la Nuit. Un cadre très romantique pour de belles nuits d'amour, mais il y a peu de chances que Lola ait pu dormir dans ce lit. Elle n'avait pas accès au palais. La reine n'était jamais très loin. Il est aussi peu probable qu'elle ait dansé dans le ravissant petit théâtre que possède la résidence. Un écrin rococo, parfait pour la « Pompadour bavaroise », mais trop privé pour elle.

À sa première visite au palais, Louis l'avait reçue dans son cabinet de travail. Sans doute l'a-t-il ensuite revue dans un petit salon, mais le libertinage s'arrêtait là. Encore qu'une anecdote peut laisser supposer le contraire : en janvier 1848, lors de la fête du Nouvel An, le roi se retire de bonne heure, pour prendre le thé avec elle dans ses appartements. Il n'apparaît pas pour le souper, la reine le fait chercher, mais le valet revient en lui disant que Sa Majesté s'est endormie... En ce temps-là, on n'allait pas vérifier.

Une telle attitude avait de quoi exaspérer. Après cet affront, la sœur du roi, Augusta de Beauharnais (elle a épousé en 1806 Eugène de Beauharnais), exhorte son frère, se met à genoux et lui crie : « Ouvre les yeux, tu es ensorcelé, il y a danger ! » La reine a raconté à sa belle-sœur qu'elle a entendu des rumeurs, on chercherait à l'assassiner, on lui aurait envoyé des chocolats empoisonnés... Un climat d'angoisse et de suspicion règne au palais. Ne dit-on pas que l'intrigante a déclaré : « Je veux la couronne ! »

Bien que toujours amoureux, le roi n'est plus totalement envoûté. Depuis un an, les caprices et les scènes répétées de Lola ont un peu émoussé son enthousiasme. Et surtout, il voit le risque grandir. Lui aussi a reçu des menaces. Ses ministres ont démissionné les uns après les autres, son gouvernement est en miettes, les étudiants catholiques sont dans la rue, ils rendent Lola responsable du désordre, ils se rassemblent sous ses fenêtres, jettent des pierres, s'affrontent aux pro-Lola...

Louis voudrait faire machine arrière, mais il ne le peut pas, alors il s'entête. Le 10 février 1848, il fait fermer l'université, ce qui met le feu aux poudres. Le préfet de police ne répond plus de l'ordre dans la ville. La révolution menace. Le roi demande à la reine de quitter la résidence. Il espère encore un miracle. Mais pas longtemps. La mort dans l'âme, il se résout à prendre une terrible décision : l'expulsion de Lola Montes.

Elle ne veut pas y croire. Chassée de son hôtel particulier, elle vient à cheval frapper à la porte du palais, exige qu'on lui ouvre, demande à être reçue par le souverain. Mais, pour la première fois, la porte reste close. C'est la fin. Elle doit se rendre à l'évidence. Le 12 février 1848, elle s'enfuit pour Berne. Son règne n'aura duré que dix-sept mois.

Avant d'aller visiter l'Opéra, où Lola Montes a finalement pu danser trois jours après sa première entrevue avec le roi, je m'arrête pour déjeuner sur la place en face. Il fait toujours aussi beau et je m'installe à la terrasse du restaurant Spatenhaus, devant la statue de Maximilien Ier. Les serveurs portent des gilets verts et les hommes attablés, des vestes bavaroises. Pour la couleur locale, on ne peut rêver mieux. D'autant que des musiciens tziganes jouent à l'accordéon des airs typiquement bavarois, comme *Sous les ponts de Paris*... Pour faire bonne mesure, je ne résiste pas à la tentation et commande la « *Bayerische Schmankerlplatte* », une véritable orgie de saucisses !

À quatorze heures, rendez-vous dans le hall de l'Opéra pour la visite. Très imposant, il peut contenir plus de deux mille personnes. Il a été construit par Karl von Fischer en 1811, incendié en 1823, reconstruit par Louis Ier et Klenze, avant d'être à nouveau détruit pendant la guerre. On reconnaît toutefois l'esthétique néoclassique chère au cœur du souverain. Les deux grands foyers, lumineux et dépouillés, reflètent une solennité qui lui ressemble. C'est moins vrai de la loge royale et de la salle dans son ensemble, où la décoration est plus traditionnelle, comme à l'Opéra Garnier. Toutefois, les fauteuils en bois laqué blanc et velours framboise ont une certaine élégance.

Nous passons dans les coulisses, traversons le plateau, des décors monumentaux d'opéras sont entassés dans les coins, un bout de pont japonais m'évoque aussitôt *Madame Butterfly*, « Sur la mer calmée, au loin une fumée... » J'adore cette atmosphère qui me rappelle mes débuts sur scène. Enfin... Le théâtre des Capucines n'avait rien à voir : il faisait le dixième de ce plateau et ma loge se réduisait à un morceau de couloir. Par la suite, au théâtre de l'ABC et à l'Olympia, je fus un peu mieux lotie.

Derrière le rideau, je distingue dans la pénombre une ambiance de taverne avec une grande table en bois, sur laquelle ce soir, à coup sûr, Carmen montera pour danser. Clin d'œil du destin, car au moment où Lola s'essaie à la danse espagnole sort la *Carmen* de Prosper Mérimée. L'Espagne est à la mode, et sans doute Lola s'en inspire-t-elle pour la composition de son personnage.

Je pars ensuite pour le château de Nymphenburg, la résidence d'été des Wittelsbach, où la fameuse galerie des Beautés a été reconstituée après le bombardement de la résidence pendant la guerre. Stieler a réalisé trente-six portraits de femmes. Seulement vingt-quatre sont exposés ici, mais l'ensemble est déjà impressionnant. Et touchant... Car si toutes ces femmes ont été aimées par le même homme, elles sont très différentes les unes des autres, elles incarnent toutes les facettes de la féminité, et ce n'est pas là le tableau de chasse d'un play-boy insatiable, mais plutôt l'expression d'une passion noble et belle, la quête de l'éternel féminin.

Ainsi, par exemple, la jeune Helene Sedelmayer, quatorze ans, fille d'un bottier, elle travaille dans un magasin de jouets, un jour elle vient au palais et traverse la cour. Le roi la voit et tombe sous le charme. Il lui demande de poser pour sa galerie et dans ce but lui achète un très joli costume traditionnel. Louis Ier aimait que ses modèles soient typiques, comme en témoigne cette Grecque magnifique du nom de Catarina Bozzaris, ou encore cette actrice habillée à l'antique. Il y a aussi Paula Nanette, la plus jolie Juive de l'époque, mais qui ne l'est pas restée... Des années après avoir été peinte par Stieler, Paula croise le roi à la fête de la bière, mais celui-ci l'ignore. Vexée, elle l'apostrophe : « Majesté, je suis dans la galerie des Beautés et vous ne me jetez pas un regard ? » Il la considère un instant et lui répond qu'hélas elle ne mériterait plus d'y figurer...

Ce n'est pas le catalogue de ses maîtresses puisqu'on trouve, parmi ces portraits, celui de la reine, qui n'était point laide, tout comme celui de sa belle-fille, Marie, la femme de Maximilien, ou encore celui de sa fille, la princesse Alexandra, qui était un peu folle, comme tous les Wittelsbach.

Alexandra était persuadée qu'elle avait un piano qui jouait dans son ventre... Un jour, on a fabriqué un petit piano et on l'a plongé dans sa soupe, pour lui faire croire qu'elle l'avait recraché, mais cela n'a marché qu'un temps. Cette anecdote me rappelle que nous avons eu un « cas » semblable dans la famille : il y avait une Rothschild qui se prenait pour une théière ! Elle arrivait dans les salons, un bras en forme d'anse et l'autre en l'air... Mais je ne sais pas si sa conversation se limitait à un robinet d'eau tiède !

Au milieu de tous ces portraits de femmes, je dois reconnaître une chose : Lola n'est pas la plus belle. Sans aucun doute, sa peau laiteuse et sa chevelure aussi noire que l'aile d'un corbeau devaient accrocher le regard. Mais ses yeux me dérangent : de gros yeux très clairs, presque vitreux, glauques, comme si la thyroïde ne fonctionnait pas... Est-ce qu'il n'y a pas là les prémices d'une maladie ? Car Lola mourra à quarante ans.

Elle porte une mantille et une fleur dans les cheveux, pour rappeler ses « origines » espagnoles, mais curieusement sa robe noire, à peine égayée par un petit col de dentelle et une broche ornée d'un rubis, est digne d'un « bas-bleu ». Alors qu'à côté d'elle, les femmes qui appartiennent à la famille royale ont des décolletés vertigineux... C'est paradoxal, car on vante tout le temps son admirable corps, et le tableau n'en laisse rien deviner. Ce choix a une raison : ce n'est pas la danseuse Lola Montes qui est représentée ici en juin 1847, mais la comtesse de Landsfeld. Et c'est ainsi que le roi souhaite la voir figurer dans la galerie des Beautés. Un premier tableau avait été peint dès le mois de novembre 1846, et il représentait une Lola beaucoup plus dénudée, mais il a été détruit au profit de celui-ci.

Ce soir, je me laisse séduire par l'idée de dîner dans l'un des restaurants de l'hôtel, parce que c'est un Trader Vic's et que j'aime beaucoup cette chaîne. Le premier Trader Vic's que j'ai découvert était à New York, mais le style était hawaiien, ce qui me plaisait beaucoup, car cela me rappelait une époque durant laquelle j'avais vécu à

Honolulu. Edmond avait acheté des plantations et une rhumerie qui produisait du jus de canne, le Cane's spirit, un investissement qui n'a jamais eu de succès, mais en attendant j'avais un appartement au bord de la plage. L'endroit était merveilleux, mis à part un gros inconvénient : j'avais comme voisine une diva qui faisait des vocalises toute la journée ! Autant dire que j'ai peu déballé mes paréos. Aloa, aloa !

Les Trader Vic's ont ceci d'agréable que, quel que soit l'endroit dans le monde où vous vous trouvez, vous avez toujours une superbe décoration de bambous, de ventilateurs coloniaux et de rivière qui serpente entre les tables, la même cuisine des îles et des dizaines de cocktails multicolores. Rien de mieux pour se remettre de la cure *Kartoffeln* et saucisses ! Il y a une autre chose que j'aime ici : à la fin du dîner, la tradition veut qu'on vous offre un *fortune cookie*, un gâteau que l'on brise et d'où s'échappe un petit papier avec une phrase imprimée. Le mien, ce soir : « Votre mentalité est alerte, pratique et analytique »... D'habitude, c'est un peu plus romantique et tendre, mais celui-ci me convient assez bien. J'ai toujours voulu importer ce gadget dans mon restaurant, mais je n'ai pas encore réussi à mettre la main sur le fabricant.

Lundi 18 février

Aujourd'hui, je pars visiter un endroit qui ne figure dans aucun guide. Je vais voir « la petite maison de Lola », un chalet dans les bois dont la légende dit que le roi y rejoignait sa maîtresse. Située à une demi-heure de voiture de Munich, cette garçonnière était, du temps de

Louis, totalement isolée. Il pouvait ainsi retrouver Lola en toute tranquillité. La maison était celle d'un maréchal-ferrant, des écuries et un manège se trouvaient juste à côté.

Aujourd'hui, elle appartient à Evelyn Wiedenman et son histoire est digne de figurer dans ce livre. Amoureuse d'un jeune homme qui habitait non loin de là, elle se promenait souvent avec lui sur le sentier qui jouxte le petit chalet et chaque fois, le garçon lui disait que c'était la maison de l'amour, la maison de Lola Montes... Moins romantique que son fiancé, Evelyn ne voyait là qu'un tas de ruines et n'y prêtait pas attention. Jusqu'au jour où, bien des années plus tard, alors qu'ils sont mariés et vivent en ville, il lui déclare avoir acheté la maison. Elle le prend pour un fou. Elle n'est toujours pas passionnée par l'histoire de Lola Montes. Mais elle avait trouvé entre-temps dans une vente aux enchères un tableau représentant la maison de Lola et l'avait offert à son mari. Il y a des signes qui ne trompent pas.

Le chalet est en piteux état et sa restauration pose des problèmes. Il faut des autorisations, des avis, des experts, et le mari d'Evelyn rencontre les pires difficultés. Au bout de deux ans de combat et de découragement, elle lui conseille de le revendre, ce qu'il finit par accepter. Bientôt, un article paraît dans le journal : la maison a été achetée par un banquier... Mais c'est faux. En fait, M. Wiedenman poursuit les travaux en secret et, pour le cinquantième anniversaire de sa femme, il lui fait la surprise de l'emmener sur le chemin de leurs premiers émois découvrir le chalet entièrement restauré. N'est-ce pas une jolie histoire d'amour ?

Depuis, Evelyn est incollable sur la vie de Lola Montes. Elle a même organisé dernièrement chez elle un événement pour récolter des fonds afin de restaurer le film de Max Ophuls... Tandis qu'elle me fait les honneurs de la petite maison, elle m'assure qu'un courrier du roi prouve le séjour de Lola ici. « C'est une lettre où il lui dit qu'il a remboursé une facture laissée par elle. Pour éviter les médisances. » Evelyn en a la photocopie. La lettre est datée du 24 février 1848, soit douze jours après sa fuite. Il a signé *Dein treuer Luis*... Ton fidèle Luis.

Pour la décoration, Evelyn a fait preuve du même respect zélé. Les meubles rustiques, les murs à la chaux, l'escalier en bois, le plancher brut du premier étage, tout semble avoir toujours été là. Une reconstitution fidèle qui n'empêche pas l'humour : le long d'un mur, elle a disposé un confessionnal en bois, « pour que Lola puisse confesser ses fautes... » Et à l'étage, elle a rassemblé quelques objets propres à évoquer la maîtresse royale : une boîte à musique à son effigie, ainsi qu'une tasse, mais surtout une cravache et une guêpière, autrement plus symboliques !

Je suis sûre que Lola était une dominatrice, car c'est un scénario classique avec les hommes de cet âge-là. Le roi a toujours dit qu'il n'était jamais passé à l'acte, que leur relation était purement platonique, et sans doute était-ce vrai ; leur étreinte était virtuelle, fantasmée, ce que confirme une lettre après son départ : « Cette nuit, j'ai rêvé que je prenais tes orteils dans ma bouche. J'ai rêvé mes désirs. » Je comprends maintenant pourquoi on trouve à la glyptothèque de Munich le pied de Lola Montes sculpté dans le marbre...

Evelyn m'invite à déjeuner dans la taverne d'à côté qui date aussi du temps de Louis Ier. Elle commande pour nous deux un énorme plat de saucisses blanches et de la bière blonde. Je ne risque vraiment pas de maigrir ici ! Passionnée par son nouveau centre d'intérêt, elle me donne sa version de Lola. Si elle reconnaît qu'il n'est pas facile de l'aimer, elle lui trouve des circonstances atténuantes : « Toute sa vie n'a été qu'un combat contre le destin et une fuite permanente. »

Née en Irlande, Elizabeth Gilbert a passé les premières années de son enfance en Inde, où son père était officier. Malheureusement, il meurt du choléra. Sa mère se remarie avec un autre militaire et s'occupe plus de devenir la reine de Calcutta que de donner des preuves d'amour à sa fille. Betty est envoyée en pension en Angleterre. Mais au lieu de s'étioler, elle serre les dents et attend son heure. Elle a pour elle un atout précieux : sa beauté, ou plus exactement une sauvagerie qui fascine.

Sa mère en est consciente, Betty fait fantasmer les hommes. Lorsqu'elle montre autour d'elle une miniature de sa fille, beaucoup lui demandent aussitôt sa main. Elle choisit donc de la marier à un parti qui lui convient, un juge âgé de soixante ans... Betty en a quinze. Mais c'est mal connaître l'adolescente. Alors que les deux femmes se retrouvent à Paris pour acheter un trousseau, Betty séduit le jeune lieutenant qui sert de chevalier servant à sa mère et s'enfuit avec lui. Le scandale est énorme, mais rien n'y fait : Betty épouse le fringant Thomas James. Et repart en Inde à son bras.

Le couple est l'attraction du moment. Parfum de scandale, beauté sulfureuse, caractère déjà très marqué, la jeune mariée ne passe pas inaperçue dans la société coloniale. Toutefois, les nuages ne tardent pas à se former. Le mari ne supporte plus ses caprices, sa nature passionnée qui se transforme vite en sautes d'humeur. Il va voir ailleurs, elle décide de le quitter.

Lola rentre en Angleterre, mais sa situation de femme divorcée lui ferme les portes du Londres élégant. Elle découvre le demi-monde et se fait entretenir, tout en étant consciente des limites du genre. Elle décide de devenir actrice, mais n'a aucun talent, se rabat sur la danse de genre et part pour l'Espagne apprendre le fandango.

Huit mois plus tard, notre aventurière est de retour à Londres, rebaptisée « Doña Lola Montes, du théâtre royal de Séville », et elle croit tromper son monde. Sa première apparition le 3 juin 1843 fait sensation, mais un ancien admirateur éconduit la reconnaît et dénonce la supercherie. Les applaudissements se transforment en sifflets.

La jeune femme s'enfuit et sillonne l'Europe. On retrouve sa trace dans une douzaine d'endroits, courant de scandale en scandale : à Dresde, elle vit dans les bras de Franz Liszt une folle passion, mais celui-ci, terrorisé par le caractère impétueux de la dame, préfère s'éclipser un matin. Prévoyant sa réaction, il laisse une enveloppe avec de l'argent à la réception de l'hôtel : il est sûr qu'elle va détruire la chambre... Ce qu'elle fait !

À Varsovie, Lola danse et rencontre le succès, mais le gouverneur de Pologne, auquel elle s'est refusée, monte une cabale contre elle. Elle s'insurge. Le public polonais la soutient, elle est toutefois obligée de fuir pour ne pas être arrêtée... On peut dire qu'elle avait une certaine expérience des départs précipités. Elle devait savoir comment faire une valise.

À Paris, Lola se fait siffler à l'Opéra, mais rencontre enfin l'amour. Il s'appelle Léon Dujarrier et il est propriétaire du journal *La Presse*. Grâce à lui, elle fréquente

Dumas, Balzac, Musset, Gautier, elle est fêtée, courtisée et commence à y croire. Malheureusement, son riche protecteur est tué en duel... Il y a de quoi désespérer.

On comprend mieux son état d'esprit lors de son arrivée à Munich. Impatience, rage de vaincre, revanche sur un destin contraire... Une disposition qui ne s'accorde pas avec le travail de séduction, tout en finesse. Lola illustre parfaitement mon opinion sur la beauté : seulement quinze jours de gagnés ! Ensuite, il faut tenir, avoir d'autres atouts en main. Tisser jour après jour la toile pour se rendre indispensable. Bien sûr, un roi était à ses pieds et cela pouvait lui sembler suffisant. Mais ses excès lui ont fait perdre cette situation unique. Avec moins d'arrogance et plus de subtilité, elle aurait pu rester de longues années auprès de son souverain. Elle qui se voulait la « Pompadour bavaroise » ne connaissait pas bien l'histoire de cette favorite autrement plus patiente.

Ne pouvant accepter l'inéluctable, elle revient à Munich, déguisée en homme, le 8 mars 1848. Partagé entre un regain d'amour et un sentiment de culpabilité, le roi accepte de la revoir. Elle tombe dans ses bras, éclate en sanglots, le couvre de baisers et lui demande d'abdiquer, afin de partir vivre avec elle. C'est ce qui s'appelle ne douter de rien. Le roi est profondément touché, mais le charme est rompu. Et s'il abdique bien quelques jours plus tard, ce n'est pas pour aller la retrouver en Suisse, mais parce qu'il a conscience d'avoir perdu la confiance de son peuple. Il ne la reverra plus jamais.

Le destin contraire reprend son cours et cette fois, il est sans pitié : Lola part s'installer à Londres, où on lui propose de jouer son propre rôle dans une pièce intitulée *Lola Montes ou la comtesse d'une heure*. Pour tourner la page, il y a mieux ! Mais Lola est incapable de tourner la page. Elle épouse un riche héritier, George Trafford-Heald, et au lieu de se calmer, détruit leur relation en dix-huit mois.

À Paris, elle écrit ses mémoires et rencontre un impresario américain, Edward Willis, qui l'invite à venir à Broadway. Elle se laisse séduire par l'idée et joue son propre rôle dans *Lola Montes in Bavaria.* Tour à tour, elle incarne la danseuse, la femme politique, la comtesse, la révolutionnaire...

Lola Montes réécrit l'histoire en sa faveur, mais elle est devenue un objet de curiosité, un monstre de foire. Elle ressasse le passé, enchaîne les hommes, perd pied. Elle suit en Louisiane un nouvel impresario, Mr. Jones, puis part vers l'Ouest chercher de l'or... En chemin, elle séduit Patrick Purdy-Hull, jeune éditeur du journal *San Francisco*, et l'épouse le 1er juillet 1853. Le temps de la sérénité serait-il venu ? Pas pour l'insatiable Lola, qui maintenant ne sait même plus ce qu'elle cherche.

Elle le quitte pour un chasseur, un Allemand baptisé Adler, vit avec lui une folle passion, mais il se tue au cours d'une chasse à l'ours. C'est ce qui s'appelle avoir le mauvais œil ! Elle se retire dans une maison en bois au pied de la Sierra Nevada, à Grass Valley, où elle vit seule, entourée d'animaux... Le temps de respirer un peu et la maison est détruite par un incendie.

Lola a tout perdu, alors ici ou ailleurs... Elle s'embarque pour l'Australie et remonte une pièce de théâtre : *Lola Montes en Bavière.* Elle gagne un peu d'argent et décide en 1856 de rentrer en Europe. Installée à Biarritz, elle essaie de renouer avec la société élégante, mais en vain.

Au mois de février de l'année suivante, elle repart pour l'Amérique. À quarante ans bientôt, sa beauté n'est plus qu'un lointain souvenir, elle est seule et malade. Un jour, dans une église, elle écoute un sermon et c'est l'illumination ! Vibrante d'une foi nouvelle, elle devient prédicatrice et clame son amour de Jésus, lors de conférences qui obtiennent un grand succès, car tout le monde est curieux de voir la repentie.

Elle donne ses derniers biens aux pauvres, vit dans une grande misère et s'éteint le 17 janvier 1861. Elle a quarante ans... Sur sa pierre tombale, plus de Lola Montes, mais une certaine Eliza Gilbert qui ne dit rien à personne.

Après cette évocation, Evelyn et moi nous regardons, un peu consternées. Quelle vie incroyable, passionnante, romanesque, et si triste à la fois. Lola avait tout pour réussir, mais elle n'a pas su tirer profit de ses rencontres. Chaque fois, elle les a gâchées par un caractère trop entier. Elle attendait tout des hommes et, en même temps, elle ne voulait pas leur appartenir. L'amour se transformait en affrontements. Louise de Vilmorin a écrit un très joli texte sur Lola Montes et elle résume ainsi son personnage : « Toute une vie d'éclat sans un éclat de rire »... C'est tellement vrai : seule la gaieté peut sauver une femme. Et pauvre Louis Ier ! Emporté par son esprit poétique, il y a laissé son trône. Comme dit Swann dans la *Recherche du temps perdu* de Proust, il a tout perdu « à cause d'une femme qui n'était pas son genre »...

Evelyn pense néanmoins que Lola Montes n'était pas une mauvaise fille, elle en veut pour preuve sa conversion ultime et son sacrifice pour les pauvres. « Elle avait été sensibilisée aux souffrances du peuple indien, opprimé par les Anglais, cela explique son désir d'influencer la politique de Louis Ier. Elle avait des idées socialistes et l'âme d'une républicaine... » Je demeure sceptique.

Dans le taxi, je consulte un petit livre que m'a donné Evelyn : c'est un traité de beauté écrit par Lola. *The Arts of Beauty* a été publié à New York en 1858. L'ancienne courtisane explique comment avoir un teint impeccable, de jolies mains, de bonnes manières et confie quelques recettes de séduction. Pour un peu, on croirait lire *Le Bonheur de séduire, l'art de réussir* ! Hélas, je crains qu'elle n'ait pas suivi à la lettre ses propres préceptes...

Sur le chemin de l'aéroport, je m'arrête dans un magasin chinois, le concierge de l'hôtel m'ayant indiqué une adresse où je pourrais acheter mes fameux *fortune cookies*... J'adore les concierges d'hôtel. C'est à leur efficacité que l'on voit la qualité d'un établissement. Un jour, j'avais oublié mes escarpins et les magasins étaient fermés : le concierge a fait le tour de toutes les femmes de chambre, afin d'en trouver une qui puisse me prêter ses chaussures noires. Et leur discrétion est légendaire... J'ai toujours voulu voir le registre du concierge du Mont d'Arbois, mais chaque fois Georges a trouvé un prétexte pour ne pas me le montrer. Secret d'État !

Je ressors du magasin avec un grand paquet de *fortune cookies*. Les textes sont en anglais, mais c'est mieux que rien. Je peux faire une croix sur le carnet où je note année après année toutes les trouvailles que j'aimerais adapter dans mon hôtel de Megève. Je ne résiste pas à la tentation, ouvre le paquet et casse un petit gâteau : « Votre optimisme éclaire votre route »... Est-ce qu'il y avait des *fortune cookies* au temps de Lola Montes ?

La Païva et le comte de Donnersmarck
Paris

Lundi 4 mars

Cette fois, c'est à pied que je me rends à mon nouveau « rendez-vous amoureux »... Lola Montes n'était pas la seule dans son genre. À la même époque, à Paris, une autre femme faisait beaucoup parler d'elle et alimentait de nombreux fantasmes : la marquise de Païva. C'était l'âge d'or des courtisanes et il n'y avait pas une semaine sans qu'une nouvelle créature ne fasse son apparition. La concurrence étant rude, il fallait se démarquer, avoir son propre style, en un mot être unique. Dans ce domaine, on a vu que Lola était experte. Mais le parcours avait été long, chaotique et s'était soldé par une suite d'échecs. Il n'en est pas de même pour la Païva. Si ses débuts sont laborieux, elle trace vite sa route et décroche le gros lot.

Tous les Parisiens connaissent l'hôtel particulier de la Païva. Il est situé en bas des Champs-Élysées, et malgré la présence d'un bureau de change au rez-de-chaussée, il n'a pas été transformé depuis son inauguration en 1866. Ce miracle est dû aux propriétaires qui ont succédé à la Païva. En 1902, il fut vendu aux enchères et le Travellers

Club l'acheta. D'origine anglaise, ce club est célèbre pour être extrêmement sélectif dans le choix de ses membres. Cette rigueur et un sens naturel de la tradition ont été les garants de la conservation des lieux.

Inutile de dire que pour y pénétrer, il faut montrer patte blanche... D'autant que le Travellers est un club où les femmes ne sont pas admises ! Après des années de lutte, les épouses des membres, dont je faisais partie, ont réussi à être tolérées deux soirs par semaine, mais pas dans tous les salons... Une vraie victoire pour la cause des femmes. Je me demande ce qu'en pensent les « Chiennes de garde ». Pour ma part, je ne vois là rien de choquant : si ces messieurs préfèrent rester entre eux à fumer le cigare, pourquoi aller les importuner ? Et puis, n'est-ce pas dans la tradition de l'endroit ? La Païva ne recevait jamais une femme à ses dîners.

Je suis accueillie par la secrétaire de l'actuel président, Claude Foussier, qui est un ami de toujours. Josette est très amusante et nous sympathisons aussitôt. J'aime son franc-parler et son côté « vestale du temple ». Elle va me faire visiter les lieux, mais auparavant, que les choses soient claires : elle tient à ce que je donne une bonne image de la Païva. Celle-ci n'était pas seulement une courtisane sans scrupule, une aventurière qui a su très bien manier sa barque, c'était aussi une femme intelligente, avec beaucoup de goût et d'une grande générosité... Je ne demande pas mieux.

Comme chez Lola Montes, il règne un certain flou dans l'état civil de la Païva : Thérèse (ou Esther ?), Blanche, Pauline Lachmann serait née à Moscou en 1819. (Quand elle sera devenue comtesse de Donnersmarck, elle figurera dans l'almanach du Gotha avec comme année de naissance : 1826. Sept ans de gagnés, c'est toujours ça.) Fille d'un réfugié juif polonais fabricant de drap, elle connaît une enfance modeste, presque miséreuse. Mais très vite, sa beauté la distingue. Des yeux ravissants, une longue chevelure, une poitrine avantageuse et un caractère fantasque donnent à l'adolescente ses premiers atouts et font naître chez elle le désir d'une autre vie.

Las ! Son père la marie à dix-sept ans à un jeune tailleur français installé à Moscou, Antoine Villoing, et les espoirs de Thérèse s'envolent. Elle mène une existence modeste et sans surprise, entre des tâches ménagères qui la rebutent et un gentil mari qu'elle méprise rapidement. La naissance d'un fils modifie à peine son humeur. Elle n'a qu'une idée en tête : partir. La vraie vie est ailleurs.

Son mari a eu le malheur de lui apprendre le français, il va s'en mordre les doigts. Après deux ans de mariage, Thérèse quitte sa petite famille pour Paris. Quel fut son itinéraire ? Mystère. Certains parlent d'une halte à Constantinople, où elle aurait été enfermée dans un harem, mais cela sent un peu le roman de gare. Une chose est sûre : quand elle débarque dans la capitale, elle n'a pas un sou, et comme il faut bien vivre, elle monnaie ses charmes.

Mais la jeune femme est fine. Elle apprend vite et bien. Elle s'entoure de mystère, choisit ses clients, enregistre tout et se hisse peu à peu au statut « noble » de courtisane. Elle avouera plus tard avoir passé trois ans à construire son personnage. Les résultats sont là : elle séduit d'abord un pianiste qui était alors célèbre, Henri Herz. L'homme a du cœur (*Herz* en allemand !) et l'installe chez lui. Thérèse est sensible aux attentions dont il l'entoure, et s'attache à son protecteur. Il est affectueux, bien élevé, et surtout il connaît le Tout-Paris artistique qui la fascine. Elle rencontre Wagner, les Goncourt, Théophile Gautier, Sainte-Beuve... Elle aime recevoir, caresse l'idée d'avoir un salon, joue même du piano. Le couple vit maritalement et bientôt, on parle des soirées de Mme Herz.

Thérèse croit qu'elle réalise enfin son rêve de petite fille et précipite les choses : le jour où Henri Herz est invité à une soirée aux Tuileries, elle exige de l'accompagner. Elle veut être présentée à la reine Marie-Amélie. Mais en haut lieu, on s'est renseigné sur ses origines et on la refoule à l'entrée. Humiliée, elle insulte Herz et brise son éventail. Elle n'oubliera jamais cet affront.

Est-ce pour se venger ou par dépit qu'elle ruine son amoureux ? Parti pour une tournée en Amérique, Herz ne se doute pas du train de vie que mène Thérèse en son absence. Elle dépense sans compter, à tel point qu'alertée, la famille du pianiste la met dehors. Elle accepte de quitter les lieux, mais part en dévalisant l'appartement.

Josette ne va pas être contente : pour l'instant, la Païva n'apparaît pas sous un jour très sympathique. Patience, son image s'améliore ensuite...

Thérèse est à la rue et tout est à recommencer. En plus, elle tombe malade. Dans une lettre qu'elle envoie à Théophile Gautier, elle jure que si elle s'en sort, elle aura « le plus bel hôtel de Paris »... sinon, qu'il lui procure du chloroforme ! Elle repart à l'attaque, mais cette fois à Londres. Même principe que Lola Montes. Il faut conquérir un nouvel auditoire. Thérèse y arrive assez bien, puisqu'elle ensorcelle le richissime Lord Stanley. Quelques mois plus tard, elle a suffisamment de moyens pour revenir à Paris en conquérante.

Elle s'installe place Saint-Georges, dans un hôtel particulier que je suis allée voir. Il se situe face à celui qu'habitait Adolphe Thiers (aujourd'hui la fondation Dosne-Thiers). Décorée de sculptures, d'angelots et de colonnes dans le goût Renaissance, sa façade est très belle. Malheureusement, les salons ont été transformés en bureaux. Seule une plaque rappelle le séjour de la nouvelle marquise de Païva. Car c'est dans ces murs qu'elle gagne son titre !

En 1849, son premier mari a eu la bonne idée de mourir. De santé fragile, Antoine Villoing a succombé à la tuberculose. On peut dire qu'il ne l'aura pas gênée dans son ascension. Il était rentré à Paris avec son fils, mais n'avait pas cherché à la récupérer. Devenu orphelin, l'enfant ne suscite guère plus d'attention de la part de sa mère. De temps à autre, elle envoie un mandat... Elle a mieux à faire : à présent, elle tient salon. Les hommes commencent à défiler chez elle, et pas n'importe lesquels, car la jeune femme choisit des soupirants dignes d'intérêt. Tout d'abord, le duc de Gramont, puis un marquis portugais qui mène grand train, Albino-Francesco de Païva-Araujo.

Le marquis de Païva est une figure à Paris. Il aime les femmes, le jeu et dépense beaucoup d'argent. Il allie un maintien anglais à une touche exotique qui laisse rêveur : on imagine les grandes propriétés agricoles du côté de Porto, la vie facile au soleil, la société chic de Lisbonne... Et quand il propose à Thérèse de l'épouser, elle ne dit pas non. Elle ne l'aime pas, mais est-ce si important ? Elle achète un titre, une pratique qui a encore cours de nos jours... Je connais certaines femmes qui hantent les maisons de retraite dans ce but.

En 1851, à l'âge de trente-deux ans, elle devient marquise de Païva. Elle a le nom, mais pour ce qui est de la dot... Le mari est criblé de dettes ! Très vite, la situation s'inverse : c'est elle qui l'entretient. Elle n'a donc aucun scrupule à voir d'autres hommes. Le marquis n'a guère le choix et laisse faire. Ce qui fera dire à Théophile Gautier : « Je n'aime pas les maris. Il est vrai que celui-là l'est si peu... » Au bout de deux ans, ils se séparent.

La Païva défraie la chronique. Tout le monde se retourne sur son passage, mais elle s'en moque. Mieux encore : elle est ravie ! Elle est au centre des conversations, les femmes la haïssent, les hommes la désirent. Sur elle court un joli jeu de mots : « Qui paye y va ! » Le début de la gloire. À l'Opéra, sa loge est face à celle de l'empereur. L'impératrice fuit ostensiblement son regard, ce qui n'est pas le cas des autres spectateurs. Les jumelles de théâtre sont toutes braquées sur elle. Thérèse Lachmann peut savourer sa victoire : elle est devenue la reine des courtisanes.

Cette fois, il ne s'agit pas de faiblir ou de commettre un faux pas. De la maîtrise avant tout... Ce dont était dépourvue la pauvre Lola Montes. En revanche, la marquise de Païva sait contrôler ses nerfs et jouer avec les hommes. Le dernier en date est un comte allemand, de onze ans plus jeune qu'elle. Renseignements pris, Guido Henckel de Donnersmarck est fabuleusement riche, il possède des mines en Silésie, c'est un ami de Krupp et un cousin de Bismarck. De quoi se laisser tenter. La Païva laisse venir, résiste un peu, part le rejoindre à Berlin, mais ne cède pas, rentre à Paris ; il la poursuit, devient fou d'elle, lui parle rente, un ou deux millions, elle finit par baisser la garde. Ah ! les femmes...

Il faut dire qu'il est difficile de résister longtemps à pareil héritier. Non seulement il règne sur des mines, des fonderies, des exploitations agricoles de milliers d'hectares, des forêts, mais il est beau, élégant, consciencieux et d'une générosité sans limites. Que rêver de mieux ? Couverte de cadeaux, de toilettes, de fourrures et de bijoux, la Païva perd très vite tout cynisme et tombe amoureuse à son tour. Voilà qui va rassurer Josette. Son héroïne a donc un cœur.

Leur entente est totale : il lui donne les moyens d'asseoir sa position sociale, elle lui fait apprécier tous les plaisirs de la vie parisienne. Elle l'emmène partout, à l'Opéra, au théâtre, elle lui présente ses amis artistes. Leur différence d'âge lui permet d'exercer une subtile emprise sur lui. Peu à peu, elle se mêle de ses affaires, lui donne son avis sur des opérations financières, et il l'écoute, car elle est de bon conseil.

Enfin, elle se fait bâtir l'hôtel particulier dont elle a toujours rêvé. À l'époque, les Champs-Élysées sont le quartier où il faut habiter. Toute la société du Second Empire, sans parler des membres de la famille impériale, est là. Le duc de Morny sera son voisin. La légende voudrait qu'au temps de ses tristes débuts, elle se soit évanouie devant cette adresse ou qu'elle ait été poussée hors de la voiture d'un client pressé... Elle se serait alors juré qu'un jour elle aurait sa maison sur cette avenue.

Le terrain est acheté en 1855, mais il faudra dix années pour la construction. Symbole de sa réussite et de sa revanche, sa demeure doit être unique, flamboyante, étourdissante, capable de rivaliser avec celles où elle n'a pas le droit d'entrer. Elle en confie la réalisation à l'architecte Pierre Manguin. Ensemble, ils conviennent d'un style particulier, mélange de Renaissance, de Louis XIV et de Napoléon III. Passionnée par son projet et ayant acquis un certain goût artistique, la Païva contrôle tout, change d'idée, fait refaire, et l'hôtel particulier s'élève en fonction de ses envies. Pour répondre à ses moindres désirs, Manguin a installé sur place de véritables ateliers, où tous les corps de métier sont représentés. Ils y travailleront pendant des années.

Dès l'entrée, on est frappé par la magnificence de l'escalier. Mais avant d'en gravir les marches, nous pénétrons dans le grand salon. Au-dessus des portes, je remarque l'initiale B, et Josette m'en donne la raison : la marquise de Païva se faisait à présent appeler par son deuxième prénom, Blanche. Plus facile à porter que Thérèse (voire Esther...) ? Ou est-ce le choix de son amoureux qui jugeait que le prénom de Thérèse avait été prononcé par trop d'hommes avant lui ?

Le plancher craque sous mes pas et brise le silence. À cette heure de l'après-midi, l'endroit est vide, seul un homme âgé dort, allongé dans un canapé. On est loin des soirées de la Païva ! Il est vrai que nous sommes aujourd'hui dans un club où la discrétion est de rigueur. Encore que... Je me souviens d'avoir accompagné Edmond à des dîners très gais dans ces salons. Dans les années 1970, un petit groupe y mettait beaucoup d'ambiance. Josette se souvient très bien d'Edmond, de Curt Jurgens, de Boris Naslednikov... Il y avait deux grandes familles de membres dans ce club, les chasseurs et les joueurs, au nombre desquels on comptait entre autres Pierre de Ségur, Jimmy Goldsmith, Teddy Van Zuylen. Ceux-là restaient des heures enfermés à jouer au backgammon.

Pour donner un exemple de l'atmosphère qui pouvait régner certains soirs, je vais même révéler un secret : au dernier étage de l'hôtel particulier, des chambres sont prévues pour les membres, et un soir, avec mon amie Gay d'Andlau, nous nous sommes faufilées jusque-là. Nous avons ouvert une porte au hasard et nous avons découvert un intérieur de vieux célibataire : le pyjama sur le lit, les pantoufles bien rangées, les lunettes sur la table de nuit... C'était tellement touchant que nous n'avons pas pu repartir sans lui laisser un petit souvenir : deux grosses marques de rouge à lèvres sur l'oreiller ! Je conçois que cet aveu ne va pas arranger l'image des femmes auprès de ces messieurs...

Revenons au salon. Il donne sur les Champs-Élysées. Cinq grandes fenêtres s'ouvrent sur les arbres de la plus belle avenue du monde. En face, une énorme cheminée occupe tout l'espace du mur. D'inspiration Renaissance, elle est en marbre et entourée de deux statues féminines dénudées. Non, ce n'est pas un clin d'œil au passé de courtisane de la maîtresse des lieux, mais les allégories de l'Harmonie et de la Musique ! En effet, il n'est plus question ici de libertinage, voire de débauche... L'hôtel de la Païva est le nouveau rendez-vous des Arts. Qu'on se le dise ! Dès le vestibule, on en a un avant-goût en reconnaissant sur les portes des médaillons de marbre illustrant les fables de La Fontaine. Étonnant, dans l'intérieur d'une telle dame.

Heureusement, le plafond apporte une touche plus personnelle. On y distingue une autre allégorie, *Le Jour chassant la Nuit*, peinte par Paul Baudry – avant qu'il ne soit choisi par Garnier pour décorer le plafond de l'Opéra, c'est dire si la Païva savait s'entourer –, et l'intérêt de cette fresque tient à la légende qui veut que le peintre ait donné à la Nuit les traits de sa fastueuse cliente. Rien n'est sûr et il est difficile de le vérifier, car il n'existe pratiquement pas de représentation d'elle. La Païva a laissé un nom célèbre, mais pas de visage.

Josette me précède ensuite dans un petit salon de musique, suivi d'un boudoir lambrissé en poirier noirci et éclairé par un plafond de verre gravé. Je dois avouer que la décoration n'est pas d'une folle gaieté : c'est riche, opulent, théâtral, mais sombre. L'omniprésence du bois, les tentures bordeaux, les lourdes consoles en bronze, le marbre majestueux mais froid, tout cela ne dégage pas une impression très réjouissante.

J'ai la même sensation lorsque je franchis les portes de la salle à manger. Entièrement couverte d'un décor de bois sculpté, elle est majestueuse et austère. Le style est Renaissance, mais il manque la lumière de l'Italie ! Çà et là, des sculptures en atténuent la rigueur : la cheminée est ornée de deux satyres et d'une *Jeune fille au raisin*, encadrée de deux lionnes couchées. Au plafond, un bas-relief en plâtre représente *Diane au cerf*. D'ailleurs, n'est-ce pas Diane de Poitiers qui est peinte sur un trumeau au-dessus d'une porte ? Sans aucun doute, car je distingue aux autres angles Cléopâtre, Mme de Maintenon et Catherine de Russie. Rien que de grandes amoureuses. Les modèles de la Païva ? Un choix qui me convient, car j'ai toujours eu une tendresse particulière pour Diane de Poitiers, mais nous y reviendrons...

Peut-être est-ce parce que cette salle à manger a été transformée en bar pour les membres du club qu'elle m'apparaît sans éclat. Il faut l'imaginer illuminée par des chandeliers, avec une grande table couverte d'argenterie, de fleurs, de mets raffinés, et entourée de convives passionnants. Car les dîners de la Païva étaient connus pour être brillants.

Tout le monde souhaitait y être invité. Non seulement les artistes qui l'avaient toujours suivie, mais aussi des hommes d'affaires attirés par le prestige et la fortune de Donnersmarck. Les femmes y étaient très peu représentées. Pour une bonne raison : les femmes du monde ne pouvaient s'y montrer, quant aux femmes du demi-monde, elles n'étaient pas conviées. Pas question qu'elles viennent faire de la concurrence. D'ailleurs ce milieu de cocottes, de lionnes, de putassières comme on les appelait alors, appartenait au passé. La Païva les avait dépassées.

Très vite, les vendredis de la marquise de Païva deviennent aussi fameux que les mardis de la princesse Mathilde qui s'en étrangle de rage : elle a les mêmes invités qu'elle ! Mais elle ne peut rien contre le succès de sa rivale. Dans l'hôtel des Champs-Élysées, la chère est excellente, le cadre somptueux et les conversations animées. La Païva est entourée de Théophile Gautier, de Sainte-Beuve, des Goncourt, des peintres Delacroix et Gérôme... Elle mène son petit monde avec une aisance étonnante car elle est loin d'être sotte. Elle lit les journaux étrangers, connaît les derniers livres parus, reçoit les nouvelles partitions de ses compositeurs préférés, adore qu'on lui parle politique. Elle a un avis sur tout, ne mâche pas ses mots, fustige les hypocrisies de la haute société, tue d'un bon mot qui lui déplaît. Enfin, quand elle se laisse aller à parler d'elle-même, c'est pour rappeler sa grande théorie : « Pour arriver dans la vie, il faut s'en donner les moyens. Tout n'est qu'une question de volonté ! » Cela me rappelle quelqu'un qui répète souvent : « Peu importe d'où l'on vient, l'important c'est de savoir où l'on va... »

À ses côtés se tient le comte de Donnersmarck, mais il participe rarement aux débats. Pas encore aguerri aux joutes parisiennes, il préfère rester en retrait. On pourrait croire que l'homme commence à se lasser de cette femme à l'ego surdimensionné, que son coup de cœur a assez duré, il n'en est rien. La preuve ? Il lui achète le château de Pontchartrain, entouré d'un domaine de huit cents hectares.

Situé dans les Yvelines, le château dresse toujours sa façade majestueuse, avec deux ailes en retour, au milieu d'un très joli parc. La demeure est historique. Mme de La Vallière y recevait le roi, le comte de Maurepas y organisait des fêtes raffinées, la duchesse de Brissac, puis le marquis d'Osmond s'y succédèrent, avant que Donnersmarck ne s'en porte acquéreur.

Avec la Païva, changement de style. On raconte qu'elle est une châtelaine intraitable, qu'elle épluche les comptes de son régisseur qui finit par la quitter, qu'elle taxe de cinquante centimes ses jardiniers pour toute feuille morte trouvée sur l'allée, qu'elle ignore superbement les villageois, qu'elle transforme le parc, adieu la belle symétrie de Le Nôtre, et ne se passionne que pour sa serre où elle fait pousser des fraises en janvier, afin de surprendre ses invités parisiens... Pardon, Josette, pour cette description peu sympathique !

Me voici au pied du magnifique escalier. En fait, il n'est pas en marbre, mais plaqué d'onyx, ce qui fit sensation à l'époque. On venait juste de commencer l'exploitation de carrières en Algérie. En montant les marches, je passe devant un médaillon représentant une divinité marine chevauchant un dauphin. Cette beauté dénudée annonce-t-elle plus de sensualité dans les étages ? Je pense à la phrase que proposait de graver Émile Augier dans l'escalier : « Ainsi que la vertu le vice a ses degrés »... Mais arrivée sur le palier, je retrouve le vernis artistique et solennel voulu par la Païva. Trois statues me contemplent : Dante, Pétrarque et Virgile... Il y a plus féminin, pour un intérieur de courtisane !

Les appartements privés sont aujourd'hui transformés en salle à manger pour les membres du club. Ce n'est pas totalement incongru, car la Païva faisait parfois la même chose. Elle donnait des dîners intimes dans son cabinet de toilette. Il faut dire qu'elle en était très fière. Après avoir traversé un boudoir, je découvre la fameuse salle de bains. « Elle est digne d'une sultane des *Mille et Une Nuits* », avait déclaré Théophile Gautier. Et c'est vrai qu'elle est somptueuse. D'inspiration mauresque, les murs sont couverts de marbres de différentes couleurs, de céramiques vénitiennes et de faïences de Deck. La pièce est décorée d'un plafond à caissons ouvragés, d'une glace orientale encadrée de deux colonnes d'agate, d'une grande vasque taillée dans l'onyx, tout comme la cheminée et... la célèbre baignoire.

Que n'a-t-on pas dit sur cette baignoire ? Que la Païva y prenait des bains de lait, de tilleul et même de champagne. Ce serait pour cette raison qu'il y a trois robinets... Pourquoi pas. En tout cas, elle est d'un très grand raffinement. Le bloc d'onyx sculpté est doublé d'une cuve en vermeil et les robinets étaient à l'origine incrustés de turquoises. Tous les matins, quatre femmes de chambre s'activaient pour la toilette de la maîtresse de maison. Célèbre pour sa beauté, la Païva entretenait le mythe, si bien qu'on racontait un peu tout et n'importe quoi : les bains de lait étaient mélangés d'alun (sulfate double de potassium et d'aluminium hydraté !) ou de simples citrons... Mais elle se plongeait aussi dans l'eau glacée. D'ailleurs, le froid ne rebutait pas sa nature bouillonnante : elle se faisait frictionner, coiffer et habiller les fenêtres grandes ouvertes.

Ce traitement n'avait qu'un seul but : lutter contre l'âge. Plus on vieillit, plus les miroirs deviennent impolis... La Païva était aimée d'un homme de onze ans plus jeune qu'elle. C'était un défi quotidien à relever ! Et elle avait une réputation à défendre. Mais à l'époque, nous l'avons vu avec Sissi, on faisait les choses avec excès. Aujourd'hui, on sait qu'il faut traiter la ride en douceur. D'ailleurs, les résultats n'étaient pas concluants. Il semblerait que la Païva ait eu aussi grandement recours, comme nous toutes, aux artifices du maquillage.

La Païva se maquillait beaucoup. Trop, au dire des Goncourt qui, bien qu'invités à sa table, la décrivent avec leur méchanceté légendaire : « Une chair blanche, des bras, des épaules qui se montrent jusqu'aux reins ; de beaux gros yeux, un peu ronds, un nez en poire avec un méplat Kalmouck au bout, les ailes du nez lourdes ; la bouche sans inflexion, une ligne droite couleur de fard dans la figure toute blanche de poudre de riz. Là-dedans, des rides que la lumière, dans ce blanc, fait paraître noires ; et de chaque côté de la bouche, un sillon creux en forme de fer à cheval qui se rejoint sous le menton, qu'il coupe d'un grand pli de vieillesse. Une figure qui, sous le dessous d'une figure de courtisane encore en âge de son métier, a cent ans et qui prend ainsi, par instants, je ne sais quoi de terrible d'une morte fardée. » Sympathique ! On ne peut pas dire qu'ils aient la reconnaissance du ventre ! Je préfère le mot plus spirituel de Roger de Beauvoir : « Quand achèvera-t-on ce bel hôtel d'albâtre ? La Païva pourtant ne manque pas de plâtre... »

Aujourd'hui, la salle de bains est transformée en petite salle à manger pour les membres du club et la baignoire est recouverte d'une large banquette en velours rouge... Je parie que cela doit en émoustiller plus d'un ! Josette me raconte que certaines secrétaires qui appellent pour réserver une table n'ont toujours pas compris pourquoi leur patron tenait absolument à déjeuner dans la salle de bains. Elle m'assure qu'on ne déplore toutefois pas de dîner trop arrosé qui ait terminé dans la baignoire. D'ailleurs, si cela m'intéresse, la même fait l'orgueil d'un marchand dans le XVIIe arrondissement. Elle est également en onyx et appartenait à la Païva, mais elle ne provient pas de cet hôtel-ci. Elle l'avait commandée pour son château de Pontchartrain. Elle n'est officiellement pas à vendre, mais on peut toujours faire une offre... Je vais réfléchir.

À quelques pas se trouve la vaste chambre à coucher. En levant les yeux, je découvre un plafond recouvert d'une étonnante composition en bois doré et sculpté, toujours d'inspiration Renaissance. Les portes sont incrustées de médaillons en bronze illustrant les vertus, *Nobilitas et Gratia* [1]. Qui a dit que la Païva n'avait pas d'humour ? Sur la cheminée de malachite, dans un médaillon, je reconnais à nouveau Diane endormie avec son arc et son carquois. Hélas, le grand tableau représentant Antoine et

1. « La noblesse d'âme et la beauté. »

Cléopâtre a disparu, tout comme le mobilier et l'objet le plus symbolique de la maison : le lit. C'est d'autant plus dommage que les documents d'époque montrent un lit extraordinaire, une gigantesque sculpture en forme de coquillage surmonté d'une sirène, dans le plus pur style rococo, digne de Louis II de Bavière.

L'anecdote que l'on raconte à son sujet est aussi incroyable. Quand Donnersmarck lui annonce qu'il a passé commande d'un lit pour cinquante mille francs, elle s'écrie : « Cinquante mille francs ! Mais vous voulez donc que j'aie des punaises ! Il y faut cent mille francs ou se passer de lit ! » Un caprice digne d'une diva, et le plus étonnant est qu'elle obtient gain de cause. Elle fait réaliser cette folie décorative par ses deux artistes « maison », Baudry et Dalou.

On le voit, la dame avait du caractère. Un exemple ? Un jour qu'elle parcourt son domaine de Pontchartrain à cheval, la bête fait un écart et la désarçonne. Le pied coincé dans l'étrier, la cavalière est traînée sur plusieurs mètres. Quand elle parvient à se dégager, elle ne tremble pas de peur, mais de rage. Donnersmarck, qui la suivait, se précipite à son secours. Elle le repousse, sort un revolver et abat le cheval. On comprend que le comte n'ait pas rechigné à signer les chèques.

De l'autre côté de l'escalier se trouvent la bibliothèque et les appartements de Donnersmarck, aujourd'hui occupés par les bureaux de l'administration du club. Car aussi étonnant que cela puisse paraître, le très distingué héritier allemand a vécu durant des années sous le même toit que sa bien-aimée. Ce qui était très *fair play*, car socialement cette relation le déclassait. L'homme n'était pas seulement épris d'elle, il était aussi un véritable gentilhomme.

Première étape
de mon voyage :
Vienne où
je découvre
l'univers de Sissi,
entre la Hofburg
et Schönbrunn,
au fond
d'un fiacre
et lovée
dans ma fourrure.

Veste autrichienne
oblige pour la visite
de la Villa Hermès,
le pavillon de chasse
que François-Joseph
avait offert à Sissi
et où elle venait
se réfugier.

Pause gourmande à l'hôtel Imperial,
sous le portrait de Sissi peint
par Winterhalter.
Vienne n'est pas le meilleur endroit
pour faire un régime…

À Munich, j'admire le portrait de Lola Montes dans la galerie des Beautés de Nymphenburg. Pas vraiment belle, mais un charme indéniable, et un sacré caractère.

Dans la chambre de Louis Ier, à la résidence royale. Le souverain crut qu'il pourrait imposer sa maîtresse. Cette obstination lui coûta son trône.

La légende raconte que dans ce petit chalet situé à la périphérie de Munich, le roi Louis Ier de Bavière venait clandestinement retrouver Lola.

L'hôtel particulier
de la marquise de Païva
à Paris est aujourd'hui un club,
mais il a gardé
son décor d'origine.
L'ambiance y est
toutefois plus calme
que lors des célèbres dîners
donnés par
cette grande courtisane.

Comme toutes
les figures mythiques,
la Païva vivait entourée
de légendes...
Ne disait-on pas
qu'elle prenait des bains
de champagne
dans sa fameuse baignoire
d'onyx et de vermeil ?

Au château d'Anet, chez Diane de Poitiers. Une demeure dédiée à la chasse et à l'amour. Partout, les initiales de « la Belle parmi les belles » et du roi Henri II s'entrelacent.

Pensée émue devant ce lit où Diane et Henri se sont étreints passionnément... Le souverain avait vingt ans de moins que sa maîtresse, mais cela ne l'a pas empêché de l'aimer pendant vingt ans.

Victor Hugo
a habité pendant
de longues années
cette maison
de Guernesey.
Quand il se lassait
de la vie familiale,
il allait retrouver
Juliette Drouet
qui s'était installée
dans la même rue.

Sur le toit de sa maison,
Victor Hugo avait fait
construire une chambre
de verre, où il venait
écrire tous les jours,
debout, face à la mer.

Après avoir
passé la matinée
à travailler,
le génial écrivain
prenait plaisir
à se baigner
dans cette crique
ou partait chiner
chez les brocanteurs,
accompagné
de sa très dévouée
Juliette.

Impossible de parler d'amour sans se rendre à Venise...
Et évoquer la relation tumultueuse qui unit George Sand à Alfred de Musset.

À l'hôtel Danieli,
j'ai bien sûr réservé
la chambre n° 10,
celle qu'occupaient
les amants terribles.

Comme des milliers de touristes,
je sacrifie au rituel de la gondole,
et pars loin de la foule,
à la découverte de palais inconnus.

À défaut de compagnon, je me suis trouvé trois soupirants...
C'est aussi cela la magie de Venise !

Roméo ? Où es-tu mon Roméo ?
À Vérone, la maison de Juliette
permet à chacun d'interpréter
la pièce de Shakespeare.

Tandis que les filles apparaissent
au balcon, les garçons fleurissent
la statue de Juliette.
Le mythe a encore de l'avenir !

Véritable sanctuaire,
la tombe de Juliette
est remplie
de déclarations
d'amour et de vœux.
Pas très respectueux,
mais tellement symbolique.

Photos : © Éric Jansen

Il le prouvera de façon définitive en l'épousant en 1871, après qu'elle eut enfin obtenu de Rome l'annulation de son mariage avec son marquis portugais, épousé vingt ans plus tôt. Le pauvre avait continué à mener une vie dissolue, à laquelle il mit un terme l'année suivante de façon théâtrale : il organisa un somptueux déjeuner à la Maison Dorée, où il invita tous ses créanciers, et se suicida quelques heures plus tard !

Au chapitre des décès, on compte aussi la disparition du fils du tailleur, à l'âge de vingt-quatre ans. Comme son père, il sort de la vie de Thérèse, sans y être jamais vraiment entré. Rejoignant au ciel un autre enfant, une fille qu'elle avait eue avec Herz et qui s'était éteinte à douze ans. Malgré son peu d'intérêt pour eux, peut-on imaginer que la perte de ses enfants ne l'ait pas touchée ?

La nouvelle comtesse de Donnersmarck est parvenue à son but, mais au prix de bien des sacrifices. Elle en assumera toutes les conséquences. Affronter les railleries, c'est une chose, susciter la haine de toute une population en est une autre. La guerre de 1870 est pour elle une véritable épreuve. Donnersmarck est allemand, c'est-à-dire ennemi. D'ailleurs, il part rejoindre Bismarck qui le nomme gouverneur de la Lorraine. Son statut change : de courtisane, elle devient espionne. Il est certain qu'elle sait tout des négociations entre Thiers, Bismarck et l'empereur Guillaume. Mais si elle se mêle des discussions de son mari, c'est pour la bonne cause : elle donne des conseils pour les indemnités de guerre, demande à ce qu'on préserve la population de Pontchartrain et qu'on ne soit pas trop dur avec les Lorrains.

Après l'armistice de 1871, elle s'installe de nouveau dans son hôtel parisien qu'elle avait prudemment fermé, mais plus personne n'en pousse la porte. Il faudra de longs mois pour que la salle à manger s'illumine à nouveau. D'autant qu'elle commet une énorme bévue : trop contente d'avoir sa revanche sur l'impératrice, elle achète une de ses tiares à la vente des bijoux de la Couronne. L'exhibant lors d'une soirée à l'Opéra, elle est huée, à tel point qu'elle doit se retirer.

Soit. La Païva est devenue une grande dame prussienne, elle l'accepte. C'est bien le moins qu'elle puisse faire en hommage à son mari qui aurait pu épouser un des plus jolis partis du gotha allemand, au lieu de lui rester fidèle durant près de vingt ans. Ce qui prouve qu'au-delà de sa beauté et sans doute d'une grande entente sensuelle, elle le fascinait par son intelligence. Le contrat de mariage est sans ambiguïté : elle se retrouve à la tête d'une gigantesque fortune.

Ayant pris goût aux tractations politiques, elle change un peu l'orientation de son salon et s'entoure d'hommes du gouvernement. Elle aimerait en faire une antichambre diplomatique et jouer le rôle d'éminence grise dans le rapprochement entre la France et l'Allemagne. Elle reçoit, entre autres, Gambetta, et souhaiterait organiser une rencontre avec Bismarck. Cette évolution est courante : j'ai autour de moi de nombreuses femmes qui, après avoir épuisé les plaisirs de la vie mondaine, se passionnent pour la politique et trouvent plus excitant de dîner avec un ministre qu'avec le dernier prix Goncourt.

Quand elle n'est pas en plein conciliabule, la comtesse de Donnersmarck séjourne sur ses nouvelles terres de Silésie. En 1875, Lefuel, l'architecte de Napoléon III, a transformé le château de son mari en un somptueux palais qui rappelle un peu celui des Tuileries... Thérèse y a accroché son portrait peint par Gérôme. Elle peut y savourer en toute quiétude le chemin accompli.

À Paris, les anciens amis sont à présent revenus, escortés des profiteurs et des pique-assiette. Les réceptions ont repris avec le même luxe et le même succès. Ce qui est bien avec la mondanité, c'est qu'elle rend amnésique. Mais Thérèse commence à se lasser. Les années lui pèsent, sa beauté s'est fanée et sa santé décline. Elle a soixante ans et son passé de courtisane n'est plus qu'un prétexte aux médisances de salonnards. Au fond, il ne lui reste plus qu'à mourir. Elle le sait. Ce ne sera pas long. Elle souffre d'une hypertrophie du cœur. En 1882, elle repart pour son château de Neudeck et ne reviendra plus en France. Elle s'éteint deux ans plus tard.

Le comte de Donnersmarck l'enterre dans le caveau familial. Très affecté, il pensera un moment démonter pierre par pierre l'hôtel parisien et le faire reconstruire à Berlin. Heureusement pour nous, il n'en fera rien. La petite juive du ghetto de Moscou est morte comtesse de Donnersmarck. Un beau parcours de femme. À quelques mois près, il aurait pu être encore plus prestigieux : peu de temps après la mort de Thérèse, son mari est créé prince d'Empire, avec traitement d'altesse sérénissime. Et sa fortune ira grandissant.

Mais Thérèse, ou Esther, ou Blanche, n'avait pas besoin de cela pour être certaine d'avoir réussi sa vie. L'amour que lui avait voué son mari lui avait permis de se réaliser et d'avoir une existence passionnante. L'argent aussi, bien sûr. Cependant, ses dépenses n'étaient pas vaines. Cet hôtel aujourd'hui en témoigne. À sa façon, elle a été une sorte de mécène. D'ailleurs, dans son testament, elle faisait de Donnersmarck son héritier, mais s'il venait à mourir avant elle, elle donnait la moitié de sa fortune pour aider les Arts à Paris.

Elle n'avait pas que des qualités, et la négligence avec laquelle elle a traité ses enfants est impardonnable. Mais il existe des femmes totalement dépourvues de fibre maternelle. De nos jours, elles choisissent de ne pas avoir d'enfant, autrefois c'était moins facile.

La Païva poursuivait un but et rien ne devait l'en détourner. Toutefois, alors qu'elle aurait pu se transformer en un monstre froid d'arrivisme, l'amour l'a sauvée. L'ambition était son moteur, mais le bonheur sa véritable raison d'être.

Finalement, Josette a raison : on parle toujours de la Païva comme d'une courtisane, alors qu'elle était une épouse irréprochable.

Diane de Poitiers et Henri II
Anet

Samedi 13 avril

« La Belle parmi les belles »... Comme la Païva, j'ai toujours été fascinée par Diane de Poitiers. Qui mieux qu'elle incarne tout ce dont peut rêver une femme ? Elle était d'une grande beauté et le temps ne parvint pas à en altérer l'éclat. Elle était aimée d'un roi et les années n'eurent pas de prise sur cet amour. Elle vivait au grand air, chevauchait et chassait, mais ne détestait pas pour autant le raffinement des salons. Elle avait le goût pour les décorer et l'intelligence pour y briller. Habile et perspicace, elle y savourait le plaisir grisant de côtoyer le pouvoir. Elle eut deux filles et connut aussi le bonheur d'être mère. Qui n'a pas envie de cette existence-là ?

Aimée d'un roi, mais pas comme une courtisane de passage. Non, comme la maîtresse officielle dont il ne peut se passer et à laquelle il témoigne un amour constant durant vingt ans. Diane de Poitiers et Henri II n'illustrent pas une histoire d'alcôve, mais la fusion physique et intellectuelle de deux êtres. Le plaisir des sens, mais aussi l'amour courtois, les billets doux à la Ronsard, les initiales enlacées, les couleurs de la dame que l'on porte en digne chevalier... Avec en prime, cette petite précision qui rend leur relation encore plus touchante : vingt ans les séparent. Lors de leur première étreinte, le roi a seize ans, Diane trente-six. Je comprends pourquoi la Païva aimait cette histoire.

Et cette histoire a un cadre, du moins existe encore le décor le plus symbolique de leur amour passionné : le château d'Anet. Il n'est situé qu'à une heure trente de Paris, sur la route de Dreux, mais je n'y étais jamais allée. Une négligence que je vais m'empresser de réparer. Je connais les actuels propriétaires, Jean et Sandy de Yturbe, et me permets de leur téléphoner. Après leur avoir exposé le but de ma visite, ils acceptent avec plaisir que je vienne découvrir les murs qui abritèrent les jours heureux de cette femme au destin exceptionnel.

Un destin que je pourrais peut-être poursuivre à ma manière... Certaines coïncidences sont troublantes. Il y a quelques jours, je suis tombée sur une annonce immobilière dans un magazine : un relais de chasse ayant appartenu à Diane de Poitiers est à vendre. La photo est très engageante et je me surprends à rêver. Est-ce un signe ? À l'heure où je mets mes pas dans ceux de mon héroïne, on me propose d'acheter une de ses demeures... Je ne résiste pas à la tentation, je prends rendez-vous et décide que sur le chemin d'Anet, je ferai un crochet par le manoir.

Après avoir emprunté l'autoroute et une départementale qui traverse la campagne, j'arrive à Septeuil, où je dois retrouver la personne de l'agence. Elle m'attend devant l'église et nous repartons vers le relais. Je la suis à travers une forêt qui n'en finit pas et j'ai l'impression d'être coupée du monde. Je tourne dans une allée et roule un long moment sous les arbres, quand soudain, au milieu d'une clairière, apparaît la maison. La vision est saisissante. Autour d'une pièce d'eau se dressent deux bâtiments. L'un est le manoir proprement dit, l'autre les dépendances entièrement aménagées. La jeune femme qui me fait visiter m'explique que les propriétaires ont tout refait il y a cinq ans. Effectivement c'est impeccable. On pourrait emménager demain. Mais je dois me rendre à l'évidence, cet ensemble gigantesque n'est pas pour moi : dix chambres, trente-trois hectares de terrain, piscine, tennis. En revanche, j'ai des amis à Los Angeles qui pourraient être intéressés. C'est exactement ce qu'aiment les Américains : « *a little French château* », avec tout le confort moderne.

En route pour Anet. Je retrouve un peu difficilement mon chemin, serpente au milieu des champs de maïs et traverse de nombreux hameaux. Le charme de la campagne française ! Arrivée à Anet, difficile de ne pas voir le château, il est à l'entrée du village. Je découvre une façade étonnante, faite de tourelles, de balustrades, de grandes fenêtres à petits carreaux, mais aussi de parties plus anciennes. Un patchwork de styles qui, j'imagine, s'est constitué au fil des siècles. Je remarque aussi le petit détail qui fait la différence : sur le sommet des fenêtres et des tourelles se distinguent des croissants de lune sculptés, le symbole de Diane chasseresse.

Jean et Sandy de Yturbe m'ont très amicalement invitée à déjeuner. Il y a longtemps que je ne les ai revus. Je me souviens qu'ils étaient venus au « bal Boldini » que nous avions organisé pour le cinquantième anniversaire d'Edmond à Pregny. Une superbe fête donnée dans le manège, où la reine de Naples et Sissi venaient monter à cheval, et qui était décoré pour l'occasion des toiles du célèbre peintre. Ils étaient alors jeunes mariés. Depuis, nous nous sommes un peu perdus de vue. Jean de Yturbe rencontre plus souvent mon fils Benjamin, car ils sont tous les deux chasseurs.

Comme je suis un peu en avance, je m'arrête pour boire quelque chose dans le café de la rue principale. J'entre et m'approche du comptoir, quand brusquement un enfant se jette dans mes jupes en criant : maman ! Je tiens à vous rassurer tout de suite : ce n'est pas un enfant naturel en mal de reconnaissance, mais un petit garçon d'environ cinq ans qui visiblement m'a confondue avec sa mère.

L'anecdote me fait sourire, comme un clin d'œil à l'histoire qui m'amène ici : Henri II avait sept ans quand Diane de Poitiers le serra la première fois sur son cœur. Il partait pour l'Espagne où il allait servir de monnaie d'échange contre son père, François Ier, retenu prisonnier par Charles Quint. Otage pendant quatre ans... Comment ne pas se rappeler à jamais le geste de tendresse de cette dame de la Cour si douce et en concevoir une nostalgie telle qu'elle se transformera plus tard en un amour éternel.

Alors que j'approche d'Anet, je suis d'abord impressionnée par le porche d'entrée. Il se dresse, majestueux, au bout d'un petit pont qui enjambe les douves. Flanqué de colonnes, il est coiffé d'une étonnante sculpture : un groupe de bronze représentant un cerf poursuivi par quatre chiens. Ils évoquent la chasse à courre que pratiquait beaucoup Diane et ils ont aussi un autre rôle : juste en dessous j'aperçois une horloge et Jean de Yturbe, qui vient m'accueillir, m'explique que ce sont en fait des automates ; le cerf frappait de son sabot pour marquer les heures et les chiens claquaient des mâchoires. Aujourd'hui, le mécanisme ne marche plus, mais il a le projet de le faire réparer.

Au-dessus de la porte, une autre chose attire l'œil : un très beau haut-relief lui aussi en bronze représentant Diane au cerf. « Exécuté par Benvenuto Cellini », me précise Jean. Je prends vite conscience que la demeure de la maîtresse d'Henri II porte non seulement sa marque, mais qu'elle recèle aussi bien des chefs-d'œuvre. Et qu'entre la Diane antique et celle du XVIe siècle, il y a plus qu'un écho.

Nous entrons dans une des nombreuses pièces du château, où Jean a accroché quantité de gravures qui retracent l'histoire d'Anet. Il m'explique pourquoi la maison mélange ainsi différents styles : elle a été construite en 1552 à l'emplacement d'une forteresse sinistre et humide, qui appartenait au mari de notre héroïne, Louis de Brézé. Quelques bâtiments ont été conservés, comme le pavillon de briques rouges qu'on voit encore aujourd'hui. Pour bâtir son nouveau château, Diane fait appel à l'architecte Philibert de l'Orme. De retour d'Italie, celui-ci s'inspire de ce qu'il a vu et transpose l'esprit de la Renaissance. Il dessine une demeure en U, avec deux ailes symétriques, ouverte sur l'extérieur, agrémentée de grandes fenêtres, ce qui à l'époque des fenêtres à meneaux était précurseur. Ensuite, sous Louis XIV, deux pavillons sont ajoutés, et au XVIIIe siècle d'autres modifications apportées, mais tout cela n'est rien en comparaison de la transformation radicale engendrée par la Révolution : les deux tiers du château sont détruits, si bien que l'aile où nous nous trouvons aujourd'hui devient le corps principal.

Avant d'en faire le tour, peut-être est-il utile de rappeler quelques détails concernant Diane de Poitiers. Elle naît en 1499 ou 1500 (décidément, toutes ces dames étaient brouillées avec l'état civil...). Elle est la fille de Jean de Poitiers (rien à voir avec la ville), un riche seigneur qui l'élève seul, car à cinq ans Diane perd sa mère. L'homme est affectueux, sensible, intelligent, si bien que la jeune fille grandit dans des conditions harmonieuses. Elle acquiert une bonne éducation, lit les auteurs anciens, compose des vers et, déjà, chasse à courre. On vante sa grâce et ses manières. L'année de ses quinze ans, son père la fait entrer au service de la reine Claude.

Sa fraîcheur et sa beauté font sensation à la cour de François Ier. Les hommes lui témoignent beaucoup d'empressement, mais elle n'a pas le temps de baguenauder. La même année, on la marie à Louis de Brézé, cinquante-six ans, bossu, édenté, mais riche, très riche... Sa fonction de grand sénéchal de Normandie lui assure des revenus mirifiques. Il possède des milliers d'hectares et de très grands domaines, entre autres le domaine d'Anet. Le château est sinistre, mais les terres alentour séduisent Diane. Elle peut y galoper pendant des heures et chasser dans la forêt de Dreux, toute proche. Sans doute le petit manoir que j'ai visité en faisait-il partie.

Contrairement à ce qu'on pourrait croire, il semblerait que Diane se fasse à son vieux mari. Elle lui donne deux filles, Françoise et Louise, et mène une vie conjugale apparemment heureuse. Aucune rumeur de tromperie. Sa beauté lui assure pourtant beaucoup de prétendants. Mais elle affiche une constance parfaite, un bonheur tranquille, un dévouement total à son mari. Peut-être une mésaventure familiale l'incite-t-elle à la prudence : son beau-père, Jacques de Brézé, a été emprisonné, après avoir tué sa femme et son amant qu'il avait surpris ensemble... Diane a donc une conduite exemplaire, ce qui ne manque pas de faire l'admiration de la Cour. François Ier lui-même reconnaît ses mérites, il ira jusqu'à écrire sous un portrait d'elle : « Belle à voir, honnête à la hanter. »

C'est à cette honnêteté qu'elle doit de figurer parmi les dames de la Cour chargées d'accompagner à Bayonne la mère du roi, la régente Louise de Savoie. Elle est venue remettre ses deux petits-fils en échange de la libération de François Ier. Henri est désespéré, il pleure, Diane s'approche, le réconforte et l'embrasse sur le front. Ah ! Ce baiser...

À cause de cette même honnêteté, le roi lui confie ses garçons quand ils rentrent après quatre ans de détention. La reine Claude est morte. Ils ont besoin de tendresse maternelle. Diane qui elle-même en a manqué dans son enfance connaît ce vide. Elle va faire de son mieux pour calmer leur attente. François Ier est surtout inquiet pour Henri, qu'il trouve sombre et taciturne. Diane le rassure : « Fiez-vous à moi, j'en fais mon galant. » Il n'est question là que d'amour platonique, comme dans les romans de chevalerie, mais Henri a onze ans. L'âge où l'on s'attache. Son affection pour Diane est immédiate, totale, et avec les années elle ira en s'intensifiant.

Elle est si belle. À trente ans, elle en paraît vingt. Sa peau est d'un blanc laiteux, son visage aux traits réguliers est encadré de cheveux blonds, son regard est d'un bleu profond, son nez droit et long, sa bouche petite, presque pincée. Sa poitrine est haute et ferme, sa taille fine, ses cuisses musclées sont celles d'une cavalière, elle mérite bien son prénom de Diane, elle a la silhouette de la déesse antique.

Elle entretient ce corps de statue en le plongeant tous les jours dans l'eau glacée de la rivière, après avoir galopé à travers les sous-bois, un masque de velours sur le visage pour se préserver des griffes des branches. Cela me rappelle Paule de Beaumont qui se jetait toute nue dans la rivière à Megève, ce qui ne manquait pas de créer un certain émoi dans le village... On sait aussi que Diane n'utilise pas de savon, se méfie du maquillage, qui abîme la peau. Mais selon Brantôme, elle a d'autres secrets de beauté : « Tous les matins, elle usait de quelques bouillons composés d'or potable... » Rien de moins ! Sans doute la version médiévale des oligo-éléments, avec le cuivre, l'or, l'argent et le fer. Dans un genre moins chic, ma grand-mère faisait rouiller des clous dans de l'eau que je devais boire tous les matins. C'est vrai que le fer est très bon pour l'anémie et l'or est censé soigner la dépression... D'ailleurs, rien de mieux qu'un joli bracelet en or pour retrouver le moral !

Diane est donc sublime et même en tenue de grand deuil... Lorsque son cher mari s'éteint en 1531 à l'âge de soixante-douze ans, elle est véritablement malheureuse et pleure un homme avec lequel elle a passé seize ans de vie commune. Un homme bossu certes, mais charmant, cultivé, attentionné, qui devait lui rappeler son père. Pour lui témoigner son attachement éternel, elle lui élève un tombeau qui demandera neuf ans de travaux et décide de ne plus s'habiller qu'en noir et blanc. Une décision admirable, mais totalement désintéressée ? Quoi de mieux qu'un doux satin noir pour faire ressortir la blancheur d'un décolleté ?

Car si Diane choisit le noir, ce n'est pas pour le porter comme le fera la future femme d'Henri II, Catherine de Médicis : sans un centimètre carré de chair nue. Diane, consciente de ses atouts, montre son cou, ses épaules, ses bras. N'a-t-elle pas été élue la plus belle dame de la Cour ? Et, depuis la mort de son mari, les hommes sont revenus à la charge. De quelle veuve plus désirable peut-on rêver ? Mais elle n'a cédé à aucun. Elle ne le peut pas, elle en a fait la promesse. Sur le caveau, elle a gravé ces mots : « Ô Louis de Brézé, ce tombeau a été construit par Diane de Poitiers, désolée de la mort de son époux. Elle te fut inséparable et très fidèle épouse. Autant elle le fut dans le lit conjugal, autant elle le sera dans le tombeau... »

Très sage Diane qui se consacre à présent à l'organisation du mariage d'Henri. François Ier a décidé de l'unir à Catherine de Médicis. Les deux adolescents ont quatorze ans et on ne leur a pas demandé leur avis. Ce mariage est avant tout politique. Le garçon est à nouveau désespéré : sa promise est maigre, avec un visage aux traits grossiers et des yeux saillants. « Et en plus, elle rotait », précise Jean de Yturbe. Évidemment, elle ne supporte pas la comparaison avec Diane, mais ce genre de considération n'a pas lieu d'être. Il se retrouve donc au lit avec sa nouvelle épouse et fait ce qu'on lui demande. En pensant sans doute très fort à quelqu'un d'autre.

À seize ans, ses sentiments pour Diane sont devenus plus clairs et aussi plus impétueux. La passion, les sens s'en mêlent. Il la désire, le lui fait comprendre et elle ne va pas lui résister longtemps. C'est au château d'Écouen qu'a lieu la première étreinte. Elle a trente-six ans et elle se laisse emporter par la volupté que lui procure cet adolescent. Après avoir connu un homme qui aurait pu être son grand-père, la voilà grisée par la vigueur de la jeunesse. Faisant ainsi mentir la célèbre phrase de Chanel : « Un homme vieux ? Quelle horreur ! Un homme jeune ? Quelle honte ! » Peut-être que si elle avait essayé...

Comment expliquer ce changement d'attitude, cet abandon de toute convenance, ce saut dans le vide ? Où est la Diane si raisonnable et fidèle à son défunt mari ? Mystère. Avait-elle prévu cette situation et attendait-elle son heure ? Son calme apparent cachait-il une ambition longuement mûrie ? Ou n'était-elle pas en mesure de repousser les avances du fils du roi, qui venait de perdre son frère aîné et devenait par là même le Dauphin ? On n'en sait rien. Les témoignages de l'époque n'évoquent aucun cas de conscience chez Diane.

Peut-être a-t-elle simplement laissé parler son cœur. Quitte à en assumer toutes les conséquences aux yeux du roi, de Catherine de Médicis, de la Cour, forcément choqués qu'Henri prenne une maîtresse de vingt ans plus âgée que lui et qu'il choisisse celle qui avait en quelque sorte remplacé sa mère. C'est *Le Blé en herbe* et *Le Souffle au cœur* réunis.

Pour cette raison, Diane aimerait que la relation soit la plus discrète possible, mais c'est compter sans l'enthousiasme, la fougue d'Henri, ivre de son bonheur. Très vite, il porte ses couleurs, le noir et le blanc, et signe d'un H entouré de deux croissants. Il expédie les audiences, les repas, les chasses, pour la retrouver en toute intimité. Et ses élans sont pleins d'ardeur... À tel point qu'un jour le lit s'effondre ! Ce qui fait rire Diane aux éclats.

Si l'on en croit l'ambassadeur Matteo Dandolo, « le Dauphin de France était d'une prestance de corps fort convenable, plutôt grand que petit ; ni gras ni maigre, mais si bien bâti qu'on l'aurait cru tout fait de muscles, infatigable aux exercices de la chasse et des armes ». Sans être triviale, on peut imaginer que Diane y trouvait du plaisir.

Jean de Yturbe ignore si le lit qu'il possède à Anet a été réparé après quelque assaut, mais c'est bien celui de Diane. On reconnaît, sculptés dans la tête, ses croissants de lune, et en dessous une femme nue, une nymphe. Le lit est à baldaquin et le tissu, d'origine, est brodé de grands rinceaux.

Il possède également une lettre de Diane qui nous donne une idée plus précise de leurs rendez-vous amoureux. Elle écrit à sa cousine et lui raconte le dernier séjour d'Henri à Anet. Ils ont passé les huit jours au lit... Quelle santé ! Le seul inconvénient, c'est qu'il sent très mauvais, qu'on leur sert à manger dans la chambre, et qu'un énorme chien dort à leurs pieds. On imagine l'atmosphère légèrement chargée de la pièce.

Enfin, pour en terminer avec les lits de Diane de Poitiers, Jean m'apprend que celui de Chenonceaux, château qu'Henri donnera à sa maîtresse quand il sera devenu roi, a été vendu il y a quelques années. Et devinez qui l'a acheté... Le prince Charles ! Est-ce pour y faire dormir Camilla ?

En passant d'une pièce à une autre, je retrouve partout sur les murs, au plafond et même sur les boutons de porte, les croissants de lune entrelacés. La signature de Diane. Mais elle est souvent accompagnée d'un autre dessin, un monogramme cette fois, qui unit deux lettres...

le D et le H. Et ce chiffre est très subtil, car ce sont deux D inversés qui s'encastrent dans le H. Pour reprendre le mot de Jean, c'est le premier logo de l'histoire !

Une invention d'une grande modernité, qui aujourd'hui fonctionne encore. La preuve en est que la Demeure historique lui a demandé l'autorisation de l'utiliser. Quant à la fille de Jean et de Sandy, qui s'appelle fort à propos Diane, elle a pu l'adopter très facilement... Elle a épousé un Hottinguer !

Mais qui est à l'origine de ce dessin ? Henri ou Diane ? Il semblerait que ce soit lui qui ait trouvé cette astuce. Il avait beaucoup d'imagination en ce domaine. On a vu qu'il signait d'un H avec deux croissants. Il avait aussi trouvé un autre code. Dans une lettre très touchante, il finit par ces mots : « Dormez bien mon cher amour, si je dors mes songes seront de vous, et si je veille mes pensées seront de même. Recevez un million de baisers. » Et il signe d'un H avec dans les espaces du H un S barré qui signifiait des baisers. Un S avec une barre, cela me ferait plutôt penser à un dollar, mais je ne dois pas être assez romantique.

Henri est tellement fier de son logo qu'il le fait broder sur sa robe de sacre. On est le 26 juillet 1547 en la cathédrale de Reims et devant toute l'assistance, l'Église, et accessoirement son épouse, il affiche sa liaison. À la fin de la cérémonie, il adresse un long regard à Diane qui se passe de commentaire. Au début, certains observateurs ne voulaient pas y croire : « Il a pour elle une tendresse véritable, mais on pense qu'il n'y a là rien de lascif, que c'est comme entre mère et fils », à présent plus personne n'ignore pour qui bat son cœur.

Et Catherine de Médicis ? Dans les premières années, elle est partagée entre le désespoir et la colère. Mais incapable de lui donner des enfants, elle craint d'être répudiée un jour ou l'autre. Alors, elle ferme les yeux. Mieux, elle se berce d'illusions : ce ne sont pas des croissants qui entourent le H de son mari, mais le C de Catherine... L'important, c'est d'y croire.

Après dix ans d'espoirs déçus, elle est enfin enceinte. Et Diane pousse un soupir de soulagement. Car elle a tout fait pour qu'Henri ne se détourne pas de son épouse. N'hésitant pas certains soirs à le renvoyer dans le lit conjugal pour qu'il y accomplisse son devoir. La raison en est simple : s'il répudie Catherine, il prendra une autre épouse, forcément plus jolie qu'elle et plus jeune que Diane... Une concurrence moins facile à soutenir. Si elle veut rester la maîtresse en titre, il faut donc que la reine accouche.

En 1544, c'est fait. On ne sait pas si, comme le raconte Brantôme, elle a un jour percé le plafond de la chambre à coucher, pour y observer les amants, toujours est-il que Catherine donne un héritier à la Couronne, et ne va plus s'arrêter... Elle aura dix enfants. Dès lors, elle reprend de l'assurance, mais n'osera jamais véritablement affronter Henri. Sauf une fois : lorsque, devenu roi, il donne à Diane le titre de duchesse de Valentinois. Elle s'insurge, mais en vain. Il lui fait comprendre qu'elle n'a pas son mot à dire.

Catherine de Médicis la déteste, mais elle est obligée de composer. Elle affiche une franche hypocrisie, n'hésite pas à parler d'elle comme de « la grande putain de France » et se rend dans le même temps à Chenonceaux, nouvelle propriété de Diane. Depuis qu'il est roi, Henri fait preuve d'une générosité sans limites avec sa bien-aimée. Il lui offre des terres, des domaines, des revenus, et quelques joyaux de la Couronne, dont un diamant de cinquante mille écus qui était auparavant la propriété de la duchesse d'Étampes, la favorite de François Ier.

Ennemie jurée de Diane, dont elle devinait le pouvoir grandissant, Mme d'Étampes a tout fait pour l'écarter. Elle avait en partie réussi à obtenir de François Ier sa disgrâce provisoire, à cause des guerres de religion qui commençaient à agiter le royaume. Diane soutenait les catholiques, la duchesse d'Étampes et Marguerite de Navarre, la sœur du roi, les protestants. Le souverain n'ayant pas vraiment envie de trancher (c'est le cas de le dire...), il demanda simplement à Diane de se retirer sur ses terres. Où allait la retrouver Henri.

Mais depuis la roue a tourné. La duchesse d'Étampes a été priée de disparaître et de rendre les bijoux. Une autre les arbore. À la tête d'une fortune considérable, Diane peut se consacrer à son grand projet, la reconstruction de son château d'Anet. Autour de Philibert de l'Orme, elle convoque les meilleurs artisans, peintres, sculpteurs, ébénistes, céramistes, pour bâtir un temple de l'amour d'un grand raffinement. Bien sûr, le roi Henri II participe financièrement à ces travaux d'embellissement et lui fait cadeau de nombreux objets décoratifs, mais Anet représente avant tout le goût de la maîtresse des lieux.

Nous pouvons aujourd'hui en apprécier l'atmosphère, en déambulant dans les pièces parfaitement restaurées du château. À côté de la chambre où trône le fameux lit et une tapisserie signée par la duchesse de Valentinois, s'ouvre un grand salon, appelé la salle des gardes. Majestueuse, cette pièce tout en longueur est traversée de part et d'autre de magnifiques fenêtres. Sur les murs tendus de damas rouge sont accrochés de nombreux tableaux, je reconnais François Ier, Henri II et, bien sûr, Diane de Poitiers. C'est un portrait de petite taille, peint sur ardoise par un artiste italien appelé le Primatice. Je ne peux que constater sa beauté. Le visage fin, les cheveux blonds et la peau d'une blancheur à mon avis légèrement exagérée par le peintre. Les canons de l'époque.

Le plafond à caissons est peint des blasons de tous les propriétaires qui se sont succédé dans la maison. Une idée de l'un d'entre eux, Ferdinand Maurot, un grand bourgeois qui acheta le château en 1860 et contribua considérablement à sa restauration. Sandy y a suspendu quatre lustres de style Louis XIV, qui se marient très bien à l'ensemble. Mais ce dont elle est le plus fière, c'est du gigantesque tapis qu'elle a fait réaliser en Turquie. Quinze mètres de long sur cinq de large. Il renforce l'atmosphère chaleureuse de la pièce, ce qui n'est pas toujours le cas dans les châteaux. Ajoutons qu'elle a veillé à une autre installation essentielle : le chauffage ! Et cela change tout. Combien de week-ends ai-je passés à grelotter dans des châteaux certes historiques et impressionnants, mais tellement inconfortables.

Ici, nous devisons agréablement, merveilleusement installés dans de moelleux canapés, une coupe de champagne à la main, entourés de très beaux objets d'art, émaux, ivoire sculpté, argenterie. Certains ont appartenu à Diane, tel ce très joli coffre à bijoux en cuir, doublé de soie rouge et gravé à ses armes. « Elle l'utilisait pour le voyage », explique Jean. En somme, c'était son *vanity case* ! Il me montre aussi un livre couvert de son écriture, appelé le « terrier », où elle consignait tous les détails de l'exploitation de la propriété. Au moment de quitter le salon, je remarque une chose étonnante : des étoiles de David sont sculptées au-dessus des portes en bois ! Jean de Yturbe sourit de ma méprise : ce sont en fait deux triangles enlacés, deux *delta* de l'alphabet grec pour le D de Diane... Une autre subtilité de ce couple qui décidément aimait les symboles.

Nous sortons sur un palier que dessert un grand escalier. Diane ne l'a pas connu, il a été construit au XVIIe siècle. De l'autre côté du palier se trouvent les appartements privés de Jean et Sandy de Yturbe, deux magnifiques chambres dont les immenses fenêtres s'ouvrent sur un panorama romantique, fait de tourelles, de murs crénelés et d'un parc drapé de brume. Il ne manque plus que Diane galopant devant le bassin, pour être transporté dans le temps.

Au rez-de-chaussée, les pièces sont plus petites, mais elles sont toutes joliment décorées de vitraux, d'une collection de faïences et de bouquets de fleurs fraîches qui rendent le château « habité »; pas un instant, on ne pense visiter un musée.

Dans le salon rouge, je découvre de nouvelles évocations de Diane. Sous le plafond peint d'un motif inspiré des ailes d'une chauve-souris et éclairé par un lustre de Venise, se trouve une vitrine avec des objets lui ayant appartenu : une ombrelle en soie, trois livres de poésie marqués du fameux monogramme, une gourde avec le profil d'Henri II, deux dagues, une montre en forme de croix, et enfin une mèche de cheveux conservée dans un médaillon. « Elle a été prélevée par une femme du village, quand on a sorti le corps de Diane de son cercueil... » Épisode tragique sur lequel nous reviendrons.

Les cheveux sont blonds. En revanche, sur une miniature disposée près de la cheminée, où elle est représentée en compagnie du roi, le blond tire un peu sur le roux... Même chose pour le célèbre portrait de Diane par Clouet. Le tableau est exposé au château de Chenonceaux, mais Jean et Sandy en possèdent une copie dans une petite bibliothèque. Diane y affiche une superbe poitrine, sur laquelle ondulent un collier de perles et une chevelure plutôt rousse. Nous dirons donc qu'elle était blond vénitien. Ce qui me convient très bien... Rouquine à la peau laiteuse, comment aurais-je pu ne pas m'identifier à elle ?

« Madame est servie. » Nous prenons place dans la salle à manger, pour un déjeuner campagnard composé par Jean de Yturbe qui adore aller au marché. Mon rêve : un homme qui m'accompagnerait au marché... Hélas, je n'en ai jamais rencontré. Tandis que nous dégustons une délicieuse omelette aux cèpes, baveuse à souhait, mes yeux détaillent la pièce. De grandes tapisseries des Flandres, représentant des scènes de chasse, encadrent une cheminée soutenue par deux atlantes et ornée d'un médaillon en albâtre sur lequel est couchée notre Diane chasseresse. Au centre de la table, une pièce d'argenterie étonnante, une caravelle du XVIe siècle hollandais que l'on remplissait de vin et que l'on roulait de convive en convive. De part et d'autre, deux très jolis gobelets également en argent que l'on utilisait pour les mariages en Allemagne à peu près à la même époque. Les coupes sont aux effigies des mariés et je trouve que l'homme a un faux air d'Henri II ! Enfin, le lustre est aussi incroyable : son motif reprend le fameux logo, mais c'est une création moderne. Il a été réalisé par Klotz, le « roi de la lumière », un fabuleux artisan qui travaillait avec le décorateur Henri Samuel et qui a fait l'éclairage du château de Versailles et de toutes nos maisons. Au plafond, le chiffre de Diane, les trois croissants de lune, et les fameux *delta* que maintenant je sais reconnaître.

Un chiffre que je retrouve sur les ravissantes carafes dans lesquelles est servi le vin. Mais en plus des D enlacés et des croissants figurent aussi des fleurs de lys, la marque du roi. Le vin coulait donc pour eux deux et il alimentait un même amour. Quant aux verres, la légende veut qu'ils aient été moulés sur le sein de Diane... Un sein assez conique, si j'en juge par la forme du verre. À moins qu'on ne parle que de sa circonférence, ce qui veut dire qu'elle avait une poitrine haute et ferme. Le tableau de Clouet en atteste : on dirait le torse d'une jeune adolescente ! En tout cas, elle avait le « sein parfait »... C'est-à-dire vingt et un centimètres entre les deux mamelons. Ce qui fut mon cas à une époque. J'avoue que je n'ai pas remesuré depuis.

Diane, semble-t-il, ne connaissait pas les morsures de l'âge. Les chroniqueurs de l'époque sont unanimes : ils célèbrent avec la même constance ses yeux, sa peau, son cou, sa poitrine, c'est à peine s'ils se permettent une petite remarque sur un léger embonpoint. Et Henri II ne s'en lasse pas. En 1558, elle a cinquante-huit, voire cinquante-neuf ans, il lui écrit encore : « Je vous supplie, ma mie, vouloir porter cette bague pour l'amour de moi... Je vous supplie avoir toujours souvenance de celui qui n'a jamais aimé, qui n'aimera jamais que vous. »

Souvent, quand un homme vous offre un bijou après tant d'années, c'est qu'il a quelque chose à se faire pardonner... Henri n'est plus d'une fidélité absolue. Lorsqu'elle l'apprend, Diane lui fait une scène digne d'une épouse légitime. Il lui demande pardon et se promet *in petto* d'être plus discret la prochaine fois. Ils forment à présent un vieux couple uni moins par la sensualité que par la tendresse. Et s'il se permet d'aller voir ailleurs, ce ne sont à ses yeux que coups de canif bien insignifiants.

Elle reste l'élue et leur attachement est toujours aussi solide. Alors qu'il part à la guerre, elle lui écrit : « Adieu, délices de mon cœur ! Adieu, mon maître et mon seigneur ! Adieu, magnifiques festins ! Adieu, doux baisers colombins ! Adieu, ce qu'en secret faisons Quand entre nous deux nous jouons ! Adieu, adieu, qui mon cœur aime ! Adieu, liesse souveraine ! » Un exemple de déclaration auquel il répond avec le même lyrisme.

Et puis, il continue à porter ses couleurs, ce noir et ce blanc qui depuis longtemps ne signifient plus la mort, mais la vie et l'amour... Jusqu'à ce jour de juin 1559, où Henri les arbore pour une fête donnée à l'occasion de deux mariages, ceux de sa sœur et de sa fille. Au programme des réjouissances figure un tournoi auquel il a souhaité participer. Henri aime ces joutes où l'on doit désarçonner son adversaire à l'aide d'une longue lance. Un jeu spectaculaire et dangereux. Mais le roi y excelle. Il a déjà renversé deux chevaliers, le troisième s'appelle Montgomery et son nom va bientôt entrer dans l'histoire. Henri II s'élance, Diane a un mauvais pressentiment, elle ferme les yeux, et quand elle les rouvre, son bien-aimé est chancelant. La lance l'a frappé à l'œil, avant d'entrer dans le crâne... Il est grièvement blessé. Son agonie va durer dix jours.

La fête est finie. Diane l'a tout de suite compris. Non seulement elle perd l'homme qu'elle aimait, mais aussi son protecteur. Comme la duchesse d'Étampes, comme toutes les favorites des rois, elle sent la terre s'ouvrir sous elle. L'heure de la vengeance a sonné pour les aigris, les jaloux, les ennemis qu'elle avait à la Cour, au premier rang desquels figure la reine. Mais curieusement, Catherine de Médicis se comporte avec une relative mansuétude. Elle lui demande de se retirer à Anet, toutefois Diane garde ses titres et ses terres, excepté Chenonceaux que la souveraine lui échange contre le château de Chaumont. Elle doit également rendre les bijoux de la Couronne. Diane s'exécute sans mot dire. Et sans rien oublier ? Jean de Yturbe me raconte que, selon la légende, elle en aurait caché une partie dans le château. Voilà de quoi occuper les week-ends.

Il lui reste sept ans à vivre. En femme prévoyante et sage, elle organise sa succession, répartit ses biens entre ses filles, fait élever une chapelle funéraire, rédige son testament. Elle y décrit précisément le somptueux tombeau qu'elle se souhaite, en marbre noir et blanc, avec une statue d'elle en prière. Une mauvaise chute de cheval, un refroidissement, et elle part rejoindre son éternel amant à l'âge de soixante-six ans.

Jean me fait ressortir du château pour aller voir la chapelle, qui se trouve à quelques mètres de là. Elle a été achevée en 1575 par ses filles. Le monument de Diane est spectaculaire. Moi qui n'aime pas les tombeaux, je trouve celui-ci sobre et beau. Le cercueil de marbre noir est supporté par des sphinges de marbre blanc et au-dessus s'élève la statue de Diane. Enfin, au centre, une seule inscription très pure, le monogramme de l'amour.

Si ce caveau est digne d'une reine, un texte sur le côté en relativise la grandeur : « Cette Diane qui était puissante par sa race et par ses richesses est maintenant enfermée sous un marbre froid sous lequel elle gît exposée en pâture aux vers. La terre en a le corps, mais l'âme après avoir quitté le monde et renouvelé sa vie dans la mort s'élève au demeure des bienheureux. Elle a vécu soixante-six ans, trois mois et dix-sept jours. »

L'histoire de Diane ne s'achève pourtant pas là. Deux siècles plus tard, elle connaît un épilogue dramatique, mais qui donne à son destin une aura divine. En 1793, la chapelle sert de siège au tribunal révolutionnaire, puis de logement pour la garde nationale. Et un jour de juin 1795, deux soldats profanent le tombeau. Ils ouvrent le cercueil de plomb où reposait Diane entre deux de ses petites-filles, sortent les corps, les jettent sur une charrette et les font enterrer contre le mur de l'église paroissiale. La chapelle est ensuite dépouillée de tout ornement, le sarcophage de marbre transformé en auge à cochons et le plomb du cercueil utilisé à Dreux pour en faire des balles patriotes...

Mais leur rage de tout détruire ne pourra jamais effacer ce qu'ils ont vu lors de leur sacrilège : le corps de Diane en parfait état de conservation ! Une femme du village en est témoin : elle lui a prélevé une mèche de cheveux... Lorsqu'elle avait appris sa mort, Catherine de Médicis avait eu un mot : « Elle a enfin vieilli ! » C'était cruel et drôle, mais finalement faux. Le temps n'a jamais eu de prise sur le corps de Diane. Parce qu'elle était plus qu'une très belle femme. Elle était l'incarnation d'une notion abstraite : l'idéal de l'amour.

Juliette Drouet et Victor Hugo
Guernesey

Mercredi 15 mai

Après les charmes de la campagne française, à moi la grande aventure, l'air du large, je m'embarque sur les flots, traverse la Manche, pour rejoindre la petite île de Guernesey et découvrir l'intimité d'un couple extraordinaire. Un autre couple à trois, mais cette fois l'homme n'est pas roi, bien qu'il ait tout de même régné sur les lettres... et sur les femmes.

Durant trente-cinq ans, Victor Hugo a concilié vie conjugale et maîtresse officielle. Sans le moindre problème. Et pour cause... Juliette Drouet n'avait pas l'éclat d'une Diane de Poitiers. Je ne parle pas d'un point de vue esthétique, car elle était dit-on ravissante, mais sa présence a toujours été d'une grande discrétion. D'une fidélité absolue à son génial écrivain, elle a passé sa vie à l'attendre. Ses seules joies ont été les rares moments qu'il lui concédait. Ses seuls bonheurs, les lettres qu'il lui adressait. Fascinée par sa personnalité et liée par son amour, elle n'a jamais demandé plus. Juliette Drouet, c'est la *backstreet girl* par excellence.

Dans le train qui m'emmène à Saint-Malo, je me replonge dans leur histoire d'amour. Car avant que Victor Hugo ne vienne s'installer à Guernesey, suivi comme son ombre par Juliette, leur relation était déjà vieille de vingt ans. Vingt années qui n'avaient pas toujours été roses pour la maîtresse très dévouée.

Il y a des coïncidences troublantes : la première fois que Victor Hugo voit Juliette Drouet, c'est au théâtre de la Porte Saint-Martin. Elle est venue assister à la lecture de sa pièce, *Lucrèce Borgia*. Jeune comédienne sans le sou, elle rêve d'y décrocher un rôle. Lui est en pleine ascension. À trente et un ans, il est déjà un écrivain reconnu. Mais il lui faut convaincre le directeur du théâtre. Tout en lisant son texte, il a remarqué cette jeune femme dans l'assistance. Elle le regarde, comme magnétisée, ce qui n'est pas pour lui déplaire. Il aime qu'on l'admire et plus encore quand ce sont des femmes qui boivent ses paroles.

La pièce est acceptée, l'heure est à la distribution des rôles. « Mlle Juliette » se voit gratifier du personnage de la princesse Negroni. Elle s'enthousiasme, puis déchante. Elle n'a que quelques tirades à dire. Elle s'insurge et claque la porte. Mais en chemin, elle revient sur sa décision. La perspective de répéter auprès de lui la laisse rêveuse. Elle l'aime déjà, de façon entière et spontanée. Elle a vu dans son regard s'ouvrir un horizon plein de promesses.

Cent vingt ans plus tard, c'est moi qui débutais à la Porte Saint-Martin ! Pas dans *Lucrèce Borgia*, je l'avoue, avec un rôle plus léger... Contrairement à ce qu'on pourrait croire, c'était un théâtre d'une grande tristesse, les coulisses étaient sinistres, dignes des *Misérables*. Mais en ce mois de janvier 1833, Victor et Juliette ne semblent pas y prêter attention. Au cours des répétitions, elle fait tout pour se montrer la plus séduisante possible et lui, bien qu'affichant une prudente réserve, sent peu à peu son cœur battre à un autre rythme. Il lui demande de l'excuser pour ce rôle si court et lui promet qu'il écrira bientôt une nouvelle pièce où elle aura davantage de texte. Elle savoure en secret ce futur qui semble les unir.

La première est un succès et le sentiment d'allégresse générale renforce leur complicité. Il est là tous les soirs et, à la fin de chaque représentation, il vient la féliciter dans sa loge. Elle l'accueille en tremblant, maîtrisant le plus possible son envie de l'embrasser. Le moment est crucial, il ne s'agit pas de tout compromettre par une maladresse. Et c'est lui qui fait le premier pas. Au bout du quatrième soir, il laisse parler son cœur, la prend par les épaules et lui murmure qu'il l'aime.

Juliette a vingt-sept ans. Son talent de comédienne n'a pas encore fait l'unanimité, en revanche sa beauté est célébrée par tout un chacun. Avec sa peau très blanche (une constante... décidément), son corps fin et bien dessiné, elle a de nombreux soupirants. Elle ne cache pas que certains la font vivre. Ses petits rôles au théâtre ne suffisent pas à son train de vie. Juliette est coquette et elle a une fille à nourrir, fruit d'une relation qu'elle a eue avec James Pradier, un sculpteur pour lequel elle posait.

L'homme l'avait cueillie à dix-neuf ans. Juliette s'appelait alors Julienne Gauvain. Orpheline, elle avait suivi sa scolarité chez les Dames de Sainte-Madeleine et se destinait au couvent. La rencontre de l'archevêque de Paris modifia ce destin tout tracé. Bien que pur esprit, l'homme d'Église avait remarqué la grande beauté de la jeune fille et deviné qu'elle n'était pas faite pour une vie d'abstinence. Julienne n'entra donc pas dans les ordres et ne consacra pas sa vie à Dieu. Du moins, pas à celui des chrétiens.

Rebaptisée (c'est le cas de le dire...) Juliette Drouet, du nom de l'oncle qui l'avait recueillie à la mort de ses parents, elle commença une nouvelle vie bien éloignée des principes qu'on lui avait enseignés jusque-là. Mi-modèle, mi-actrice, et plus sûrement courtisane. Mais une courtisane modeste, rien à voir avec notre Païva. Elle n'avait pas de grande ambition en ce domaine et vivotait. Car au fond, son cœur était pur et elle attendait l'amour, le vrai.

Victor Hugo lui apparaît en être l'incarnation. Grâce à lui, sa vie prend brusquement un sens. Avec sa chevelure romantique, son grand front et ce regard plein d'intelligence, il n'est pas seulement séduisant, il inspire l'admiration. Tout de suite, Juliette se place dans ce type de rapport : son amour est une forme de dévotion. Dès la première minute, l'écrivain est installé sur un piédestal d'où il ne redescendra plus. Pour l'aimer, elle doit hausser la tête, et pour espérer rencontrer son regard, il faut qu'il daigne baisser les yeux.

Mais si l'homme est déjà conscient de sa valeur et apprécie d'être ainsi déifié, il n'en est pas moins capable de vrais gestes tendres. Il vient la retrouver clandestinement chez elle et se montre un amant passionné, il lui écrit de jolis poèmes, organise des escapades à la campagne. Car un autre détail rend la relation particulière : Victor Hugo est marié et ne souhaite pas afficher sa liaison avec Juliette.

Au début, elle n'en souffre pas. Même le paradis a son coin d'enfer. Les rendez-vous secrets ont toujours du charme et pimentent une histoire d'amour qui commence. Pour preuve, cette lettre magnifique de bonheur et de sincérité :

« Mon bien-aimé Victor, je suis encore tout émue de notre soirée d'hier. (...) Hier, 3 juillet 1834, à dix heures et demie du soir, dans l'auberge de l'Écu de France, à Jouy, moi, Juliette, j'ai été la plus heureuse et la plus fière des femmes de ce monde, je déclare encore que jusque-là je n'avais pas senti dans toute sa plénitude le bonheur de t'aimer et d'être aimée de toi. Cette lettre qui a toute la force d'un procès-verbal est en effet un acte qui constate l'état de mon cœur. Cet acte, fait aujourd'hui, doit servir pour tout le reste de ma vie dans le monde ; le jour, l'heure, la minute où il me sera représenté, je m'engage à remettre ledit cœur dans le même état qu'il est aujourd'hui, c'est-à-dire rempli d'un seul amour qui est le tien et d'une seule pensée qui est la tienne.

Fait à Paris le 4 juillet 1834, à trois heures de l'après-midi.

Juliette

Ont signé pour témoins les mille baisers dont j'ai couvert cette lettre. »

Difficile de ne pas être touché par un aveu si bien tourné. Victor Hugo en est bien sûr flatté. Et son amour pour Juliette est tout aussi sincère. Mais il ne peut imaginer remettre en cause son mariage, son image de père exemplaire, son statut d'écrivain respecté et respectable. La construction de son personnage en souffrirait.

Pourtant, son mariage n'est pas heureux. Il a épousé onze ans plus tôt une femme qu'il a connue enfant, Adèle

Foucher. Elle lui a donné trois garçons et deux filles : Léopold, mort à l'âge de trois mois, Léopoldine, Charles, François-Victor et Adèle. Elle a partagé avec lui ses premiers succès littéraires, sa notoriété grandissante, ses prises de position politiques, esthétiques, la « bataille d'*Hernani* »... Depuis deux ans, ils ont emménagé dans un grand appartement place Royale (la future place des Vosges) et Adèle y reçoit en parfaite maîtresse de maison tous les grands noms de la littérature, du théâtre et des arts en général.

Sous ce vernis social, le couple se lézarde. Curieusement, Adèle ne vibre pas pour le grand homme, mais pour un écrivain plus romantique et délicat que son mari : Sainte-Beuve. Avec lui, elle visite des églises et frissonne dès qu'il approche sa main... Quand il apprend cette liaison, Hugo enrage. Blessé dans son amour-propre, il pense qu'il aurait bien tort de ne pas en profiter. Juliette arrive à ce moment-là.

Son emprise sur elle est totale. Non seulement elle lui est dévouée, mais il se permet de régenter sa vie. Il n'est plus question qu'elle continue à voir d'autres hommes. Quant à son train de vie, elle doit le réduire. Assez de fanfreluches et de colifichets ! Il a découvert que la jeune femme était couverte de dettes et lui a fait une scène. Économe, pour ne pas dire plus, il ne supporte pas l'idée du superflu. Tant pis si Juliette ne peut plus s'offrir tous ces petits ornements qui font la séduction féminine. De toute façon, elle n'en a pas besoin, puisqu'il lui interdit de sortir sans lui. Elle habite à quelques rues de la place Royale et doit rester chez elle à attendre ses visites.

Plus d'une femme aurait dit : *basta !* Moi la première. Pas Juliette. Subjuguée, ensorcelée, elle accepte tout, elle renie sa jeunesse, sa beauté, sans une plainte. Elle a même trouvé une façon de retourner ce sacrifice en occupation : elle devient une sorte de secrétaire et se rend utile. Elle recopie ses manuscrits, archive ses brouillons, classe le moindre petit bout de texte. Ce qui n'est pas bête, au fond. Ainsi, elle se façonne une place à ses côtés, humble et servile, mais pratique. Année après année, il va s'habituer à sa présence, à ces tâches qu'il lui confie, et ne les remettra pas en question. C'est un moyen d'entrer dans la vie de l'écrivain, mais par la toute petite porte.

Contrairement à Adèle, Juliette se passionne pour ce qu'il écrit, l'encourage, lui donne son avis, se montre fière de ses succès. Victor Hugo estime donc, avec une mégalomanie cynique ou une naïveté qui dépasse l'entendement, que, même s'il lui donne peu, c'est déjà beaucoup. Elle participe en quelque sorte à sa création. En témoigne cette lettre où il parle de leur première nuit d'amour : « Cette nuit du 17 février 1833 a été un symbole comme une figure de la grande et solennelle chose qui s'accomplissait en toi. Cette nuit-là, tu as laissé au-dehors, loin de toi, le tumulte, le bruit, les faux éblouissements, la foule, pour entrer dans le mystère, dans la solitude et dans l'amour. »

Et Juliette acquiesce. Mais avec les années, l'attente va vite se transformer en exaspération, en sentiment d'humiliation, en scènes de jalousie... Les visites se font plus rares et ce ne sont pas les mots tendres, qu'il adresse à « ma Juju adorée » et qu'il signe « ton Toto », qui calment sa souffrance. Elle réalise que le rôle de maîtresse est souvent semé d'embûches. Elle n'a pas de famille, pas d'amis, pas d'autre amant, et sa carrière théâtrale semble compromise. Hugo lui a bien donné un rôle dans sa pièce *Marie Tudor*, mais elle a été sifflée. Elle est seule, enfermée dans son histoire d'amour, incapable de s'en délivrer. Solitude, pauvreté, et quasi-chasteté... Elle n'est pas si loin du couvent.

Ponctuellement, des moments de bonheur viennent la sortir de son désespoir, Hugo l'emmène en voyage en Belgique, en Suisse, sur les bords du Rhin, en Espagne. Il s'engage solennellement à ne jamais l'abandonner et à prendre soin de sa fille. Quand il part en vacances en famille, Juliette suit et s'installe dans le village voisin, où il vient la retrouver quand il le peut... Ce sont là des joies incommensurables, mais des joies cruelles, car elles sont brèves et suivies du même constat : il ne quittera jamais Adèle.

Et si seulement il n'y avait qu'Adèle... Mais l'écrivain, dont la gloire ne cesse de grandir, est devenu gourmand. La quarantaine venue, il est pris d'une véritable fringale sexuelle. Insatiable, il multiplie les aventures, des femmes du monde aux femmes de chambre. Allant même jusqu'à risquer sa si chère respectabilité : il est surpris un matin, en plein adultère, par la police ! Pour un académicien et pair de France, cela fait désordre.

En dix ans, Juliette a pris cent ans. Sa beauté s'est fanée, sa gaieté s'est éteinte. Elle comprend un peu tard que la maîtresse n'est pas l'égale de l'épouse. Elle se lamente plus souvent qu'elle ne sourit, mais comment pourrait-il en être autrement ? Sa solitude imposée l'empêche de briller en société et d'y respirer un peu d'oxygène. Je comprends que Victor Hugo ait reporté ailleurs son désir de chair fraîche, bien qu'il soit le responsable de cette situation. Et quand il lui écrit : « Que veux-tu que je te dise : tu as été longtemps ma joie ; maintenant tu es ma consolation... », il est à deux doigts de la muflerie. Son Toto est devenu un mauvais mari, un piteux amant et un ami moyen.

Toutefois, la dévotion connaît ses limites. À plusieurs reprises, Juliette se révolte. Elle s'enfuit parce qu'il est allé trop loin dans l'humiliation, quand elle apprend par exemple qu'il entretient secrètement une autre liaison depuis sept ans, mais il parvient chaque fois à se faire pardonner. Et elle rentre sagement dans sa cage. Il lui a couru après, cela ne prouve-t-il pas qu'il l'aime un peu ? C'est avec ces considérations que Juliette jauge son amour.

« J'ai trop de véritable amour pour avoir un seul grain d'amour-propre. Je ramasse mon bonheur partout où je le trouve : à tous les coins de rue et à toutes les bornes ; à midi comme à minuit ; je le quête et je le mendie sur tous les tons et avec la plus lamentable persévérance ; je tends le cœur et la main aux moindres aumônes que votre charité veut bien me faire et je dis merci à votre pitié, de quelque manière qu'elle s'exerce envers moi. Ma fierté et mon orgueil consistent à vous aimer plus que qui que ce soit au monde, et, sans vanité, je crois que j'y réussis assez bien. Mon ambition serait de mourir pour vous... »

Évidemment, quand on reçoit une telle lettre, difficile de ne pas en profiter un peu... tout en reconnaissant que la dame est exceptionnelle ! Elle va le prouver plus encore lors des événements de 1851. Victor Hugo a violemment manifesté son opposition à Louis Napoléon. On vient l'arrêter, il est obligé de se cacher, puis de s'enfuir à l'étranger et Juliette organise le départ incognito en Belgique, en lui fournissant un faux passeport et une cachette.

Ce revirement inattendu du destin la sert. Une nouvelle vie commence, où les règles bourgeoises sont balayées. Juliette est venue le retrouver à Bruxelles et elle le suit à Jersey, quand il est expulsé de Belgique. Bien sûr, Adèle est là, ainsi que les enfants, mais ce contexte sans repères bouleverse un peu les cartes. Juliette reprend vie. Sans aucun doute, cet exil sauve leur relation.

À Jersey, elle s'installe comme toujours non loin de la maison où Victor Hugo a emménagé avec sa famille. Il lui rend visite, mais pas aussi souvent qu'elle le souhaiterait. C'est que maintenant le grand écrivain a une œuvre à produire. L'exil a été pour lui un détonateur. Il consacre tout son temps à l'écriture. L'océan le galvanise, l'immensité nourrit ses rêves de grandeur. Et lorsqu'il est contraint de quitter Jersey, il ne retourne pas sur la terre ferme, mais choisit une autre île, Guernesey.

Quand on arrive dans la soirée avec le ferry en provenance de Saint-Malo, on a l'impression que rien n'a changé depuis ce 31 octobre 1855, jour où Hugo a débarqué. Encore bercée par la traversée en mer, le rythme du bateau, le roulis qui endort un peu, je contemple avec amusement le petit port de Saint Peter et ses maisons si typiques du style anglo-normand. Quelques rues en pente, des pubs, le cri des mouettes, une atmosphère un peu irréelle, insulaire, qui font jaillir en moi des souvenirs du temps où je venais avec Edmond participer à des régates du côté de l'île de Wight.

Malheureusement, l'hôtel de l'Europe, où Hugo était descendu à son arrivée, a disparu. C'est aujourd'hui un magasin de bas Woolworth... Ce qui lui va assez bien, je trouve. En revanche, l'hôtel The Crown Inn qu'avait choisi Juliette quelques jours après est toujours là, sur les quais. Mais elle s'y était plainte du bruit et je pense que les choses n'ont pas dû s'améliorer. Je choisis donc prudemment un hôtel dans une petite rue avoisinante.

À peine installée dans ma chambre, je redescends dîner au pub à côté de l'hôtel. On est sur une île et ici, on se couche tôt. Demain, j'irai découvrir la fameuse maison de Victor Hugo, *Hauteville House.*

Jeudi 16 mai

J'adore l'usage anglais qui veut que dans chaque chambre d'hôtel, vous trouviez une bouilloire et des sachets de thé. Parfois même des petits gâteaux. C'est tellement plus commode que de devoir appeler le room service, surtout pour moi qui me réveille à l'aurore. C'est donc de bon matin que je m'apprête à gravir la rue qui mène à *Hauteville House.* Propriété de la Ville de Paris depuis 1927, elle est ouverte à la visite.

Comme son nom l'indique, la maison se situe sur les hauteurs et je me rabats vite sur un taxi. Hauteville Street est une rue qui monte derrière le port, très mignonne avec ses maisons alignées derrière de petits jardins, tout à fait dans le goût anglais, mais je m'y attarderai en redescendant.

Arrivée devant la maison de Victor Hugo, j'avoue être un peu déçue. Elle n'a rien d'extraordinaire et s'il n'y avait une plaque à côté de la porte pour signaler l'illustre propriétaire, on passerait devant sans la remarquer. Sa façade est sobre, classique, cachée par un arbre. Le choc m'attend à l'intérieur ! Véritable caverne d'Ali Baba, elle tient du Facteur Cheval et de Pierre Loti.

Lorsqu'il emménage ici, Victor Hugo a déjà vécu près d'un an dans une maison qu'il louait au 20 de la même rue. Il s'y était installé avec sa famille, en attendant de pouvoir s'offrir cette maison voisine de cinquante mètres. En 1856, il peut se le permettre, la parution des *Contemplations* est un succès et lui procure de l'argent. Il achète donc cette grosse maison que je trouvais banale, avant que la conservatrice ne m'apprenne qu'elle était de style géorgien...

Si Victor Hugo a pu sans difficulté s'en porter acquéreur, c'est aussi parce qu'elle ne trouvait pas preneur. On la disait hantée, une femme se serait pendue là huit ans plus tôt. Le fait est courant dans les maisons de bord de mer, j'ai connu la même chose à Quiberon... Mais il en fallait plus pour effrayer l'écrivain, qui au contraire était fasciné par l'au-delà. À Jersey, il avait participé à des séances de spiritisme et il était entré en contact avec sa fille bien-aimée, Léopoldine, morte noyée à dix-neuf ans. Toutefois, à Guernesey, pas question de faire tourner les tables. La famille avait été ébranlée par ces pratiques et y avait renoncé.

Victor Hugo a mieux à faire pour s'occuper. Jusqu'à présent, il avait toujours loué ses maisons et sa passion pour la décoration n'avait jamais pu s'exprimer véritablement. Il avait bien accumulé dans l'appartement de la place Royale un fouillis de meubles de style Renaissance, au grand désespoir d'Adèle, mais rien en comparaison de ce qu'il entend faire ici.

Inspiré par la « fée Bric-à-Brac » et le « dieu Bibelot », il compose un décor unique, baroque et flamboyant, mélangeant les époques, les provenances, les matières. Durant plusieurs années de travaux, il va transformer la maison, du sol au plafond. Seules les chambres des enfants échappent à la folie paternelle. Sans doute ont-ils eu du mal à résister à celui qu'ils surnomment le « pèrissime »! Un détail en dit long : leurs chambres et celle d'Adèle sont côté rue. Les pièces que s'octroie Hugo sont côté mer... Edmond aurait fait de même!

Car le grand intérêt de la maison, c'est la vue. Elle embrasse le port avec à sa pointe le château Cornet, les rochers alentour, la mer et, au loin, les îles d'Herm et de Sercq. Une vision qu'on ne peut imaginer lorsqu'on pénètre dans le vestibule qui ressemble à une grotte tant il fait sombre. Les murs sont tendus de feutre marron à fleurs. Le passage est divisé par une colonne surmontée d'une sorte de frontispice, fait de miroirs, de culs de bouteille et gravé d'inscriptions latines comme dans toute la maison.

À droite le billard, au fond le salon de tapisserie et son énorme buffet composé de plusieurs coffres chinés par Hugo. La « chasse aux vieux coffres » est son hobby préféré. Accompagné de Juliette, il écume les brocanteurs de l'île à leur recherche. La maison en compte plus de soixante. Il n'hésite pas à les démonter pour concevoir des meubles à son idée. Autre originalité décorative, les tapisseries accrochées sur les murs et au plafond! C'est la pièce où se retrouve le plus souvent la famille. Elle donne sur un petit cabinet appelé l'atelier, parce que son fils Charles y développe ses photographies. On y retrouve au milieu un énorme bahut, des citations latines et des fragments de tapisseries.

Plus étonnant encore, le petit couloir qui mène au jardin est couvert de porcelaines diverses. Fixés aux murs et au plafond, dans des casiers de bois peints en rouge, un service de Sèvres, un autre de faïence anglaise, des plats dépareillés et même un couvercle de soupière. Le récipient se trouve dans la salle à manger, juste à côté. Enfin, un peu de lumière ! Les fenêtres donnent sur la pelouse et une pièce d'eau. Au centre s'élève une imposante cheminée habillée de carreaux de Delft et ornée d'un gigantesque H. Pour *Hauteville House* ou pour Hugo ? Les deux, sans aucun doute. Dans chaque pièce, on trouve les initiales du poète. Et toujours, les inscriptions latines gravées dans les boiseries : *Ego Hugo* ou encore *Exilium vita est*, « la vie est un exil » !

Je gravis l'escalier recouvert de feutre et pénètre dans le salon rouge. De grandes fenêtres s'ouvrent sur une terrasse et inondent la pièce de soleil. Tout cela est calculé, on monte des ténèbres vers la lumière. Tendu de damas rouge et or, ce salon évoque l'intérieur d'un palais espagnol, peut-être une réminiscence de l'année que Victor Hugo enfant a passée en Espagne. Mais s'y mêlent des tentures en broderie de perles de style indien, des panneaux de laque chinois, un fauteuil défoncé brodé par Adèle des armoiries familiales, des torchères en bois doré sur lesquelles Hugo a fixé des plateaux de balance et des chaises à porteurs qu'il a transformées en armoires... Un mélange hétéroclite qui brouille les pistes.

Dans le salon bleu communicant, l'époque n'est guère plus facile à définir. Un détail extravagant parmi d'autres : le manteau de la cheminée est tapissé de velours bleu et décoré de quatre colonnes torsadées et dorées provenant d'un lit à baldaquin.

Une porte vitrée donne sur la véranda, la pièce que je préfère, où je peux laisser reposer mon regard sur un simple mobilier de jardin. Ouf ! À travers les baies vitrées, je contemple le port et la mer, la lumière qui change sans arrêt, les nuages noirs, le soleil qui brusquement déchire le ciel plombé et fait scintiller l'eau. Je sors faire quelques pas sur la terrasse et m'accoude à la balustrade, comme le faisait Hugo. Brusquement, je n'en crois pas mes yeux : devant moi, les treillis pour la vigne sont en forme de V et de H ! Est-ce l'expression d'une mégalomanie toute-puissante ou l'homme avait-il de l'humour ? Il faut l'espérer, mais je n'en suis pas sûre. Il paraît qu'il voyait même son H sur la façade de Notre-Dame !

Au deuxième étage, nous sommes dans les appartements privés du poète. Même sens de la mise en scène, mais ici l'austérité règne. Baptisée la « galerie de chêne », cette pièce tout en longueur est décorée de boiseries, de panneaux portugais sculptés et de figures de saints. Une véritable ambiance de monastère, accentuée par la présence de stalles d'église, et d'un grand chandelier de bois, dont les branches ont été réalisées avec des bobines de fil, surmonté d'une Vierge que l'écrivain a sculptée. Enfin, trois fauteuils font face à une longue table. Dans leurs dos sont respectivement gravés les mots *Pater*, *Mater et Filius* ! En somme, on est au paradis.

À l'autre bout de la galerie, un impressionnant lit à baldaquin est surmonté d'une petite tête en ivoire à deux profils : d'un côté le visage d'un homme, de l'autre le crâne de la mort. C'est un pommeau de canne sculpté par James Pradier, l'ancien amant de Juliette. Les deux hommes se connaissaient et, bien qu'il n'ait pas reconnu sa fille, le sculpteur continuait à voir Juliette. Coïncidence troublante, ils avaient dû affronter le même drame que Victor Hugo : comme Léopoldine, leur enfant mourut à vingt ans.

L'écrivain a rarement dormi dans ce lit. Il y entendait des bruits et faisait des rêves étranges. Finalement, il le dédia à Garibaldi, dont il soutenait l'action en Italie, mais celui-ci ne répondit jamais à son invitation. Victor Hugo préférait gravir encore un étage, pour être tout à fait tranquille.

À partir de 1862, il s'aménage un nid d'aigle sur le toit de la maison. Il fait construire une pièce entièrement vitrée qu'il appelle son *cristal room.* Là, face à la mer et au ciel, aux éléments déchaînés qui l'inspirent, il écrit debout sur une tablette, en communion avec Dieu. Derrière lui, des banquettes où s'allonger et à côté, une petite chambre sous les combles, pas chauffée et très exiguë pour un homme de sa corpulence. Il y dort à la dure, couché sur une sorte de divan. Cela me rappelle le prince Bernhard des Pays-Bas qui demandait, quand il venait à la maison, à ce qu'on lui change son matelas pour un autre plus ferme.

Et Juliette dans tout cela ? Comme d'habitude, elle s'installe près de son bien-aimé, mais est-ce les années qui lui donnent plus d'audace, ou Victor Hugo qui baisse un peu la garde, toujours est-il qu'elle habite dans la même rue. Dans un premier temps, elle loue un appartement dans une maison qu'on appelait alors *La Fallue* et qui est devenue aujourd'hui l'hôtel Pandora (demander la chambre n° 14). L'écrivain n'y voit rien à redire et l'aide même à s'installer. Il lui donne des meubles et lui envoie son ébéniste. Ce qui comble de bonheur notre pauvre Juliette : « Il faut que je te dise, avec toute mon âme, combien je suis touchée, honorée, comblée, reconnaissante, attendrie et heureuse de toute la peine que tu t'es donnée depuis trois mois pour me faire un petit paradis domestique. »

C'est sans doute la période la plus heureuse de son existence. De sa fenêtre, elle peut le voir quand il sort sur sa terrasse... Elle lui envoie des dizaines de mots doux par jour, ses « gribouillis » comme elle les appelle, auxquels il répond parfois, et les bonnes passent leur temps à courir d'une maison à l'autre. Mieux : à partir de 1859, il vient dîner chez elle chaque mercredi, accompagné de ses deux fils. Enfin un début de reconnaissance. Elle exulte. Il a cinquante-sept ans, elle en a cinquante-trois, il était temps ! Toutefois, il ne laisse pas encore sa brosse à dents.

Charles et François-Victor sont très corrects avec elle et Juliette se prend à rêver d'une famille... Situation ubuesque quand on y pense, ou digne de Feydeau. Car Adèle est toujours dans la place, mais elle a d'autres soucis : sa fille est en train de devenir folle. Tout comme elle, qui ne supporte plus cet exil. Elle l'écrit à son mari : « Tu as choisi Jersey et j'y suis allée. Jersey est devenu impossible, tu es venu à Guernesey sans me dire : " Te convient-il d'y rester ? " Je n'ai rien dit, je t'ai suivi. Tu t'es fixé définitivement dans Guernesey en achetant ta maison. Tu ne m'as pas consultée, moi, pour cet achat. Je te suis soumise mais ne puis être absolument esclave. »

Peu à peu, la famille va se désagréger. Charles quitte l'île en 1862, un an plus tard sa sœur s'enfuit pour le Canada rejoindre un jeune officier anglais avec qui elle se considère fiancée et, en 1865, c'est François-Victor qui, désespéré, décide de partir pour oublier la jeune femme qu'il devait épouser et qui vient de mourir... Sa mère l'accompagne. Pour la première fois de sa vie, Victor Hugo se retrouve abandonné par les siens.

Il ne faut pas se réjouir du malheur d'autrui, mais Juliette ne peut s'empêcher de voir là un signe du ciel inattendu. Elle l'a enfin pour elle toute seule ! Ce qui ne contrarie pas Adèle. Elle s'est faite à l'idée de cette vieille maîtresse au fond si convenable, qui a toujours su rester à sa place et qui la seconde. En 1863, elle lui a dédicacé son livre, *Victor Hugo raconté par un témoin de sa vie.* Un premier geste de rapprochement. Et un an plus tard, elle l'invitait à la fête qu'elle donnait pour les enfants pauvres de l'île, à l'occasion de Noël : « Nous célébrons Noël aujourd'hui, Madame. Noël est la fête des enfants, et par conséquent, des nôtres. Vous seriez bien gracieuse de venir assister à cette petite solennité, la fête aussi de votre cœur. » Invitation que Juliette déclina avec une grande élégance : « La fête, Madame, c'est vous qui me la donnez. Votre lettre est une douce et généreuse joie, je m'en pénètre. Vous connaissez mes habitudes solitaires et ne m'en voudrez pas si je me contente aujourd'hui, pour tout bonheur, de votre lettre. Ce bonheur est assez grand. Trouvez bon que je reste dans l'ombre, pour vous bénir tous pendant que vous faites le bien. Tendre et profond dévouement. »

Quel style ! Quelle aisance dans l'écriture ! Nul doute que la lecture d'Hugo a influencé sa plume. Ce réchauffement des rapports entre les deux femmes va trouver une issue inattendue. Non seulement elles finissent par se fréquenter, mais Juliette devient la dame de compagnie d'Adèle peu de temps avant sa mort en 1868. Un dénouement que n'aurait pas imaginé son génial écrivain. Et moi non plus !

De toute façon, il est trop absorbé par d'autres tourments créatifs. Il vient d'achever *Les Misérables*, et ce sera bientôt au tour des *Travailleurs de la mer.* Sa force de travail est gigantesque et plus rien d'autre ne compte. Toutefois, il est encore capable d'attention, puisqu'il achète en 1864 pour Juliette le 20 Hauteville Street. Situé en contrebas de *Hauteville House*, le point de vue en est différent. Juliette ne le voit plus aussi bien, mais Victor Hugo remédie à ce désagrément. Tous les matins, en se levant, il accroche à l'angle du balcon un foulard blanc pour lui faire un signe. Juliette ne jure plus que par le « torchon radieux »...

Il me faut donc voir cette maison baptisée *Hauteville Fairy*. Pour cela, je n'ai qu'à descendre Hauteville Street de quelques numéros. La rue est effectivement charmante, avec ses maisons bien rangées derrière des grilles en fer forgé. Je remarque une chose amusante : la plupart d'entre elles ont un nom français. J'arrive au numéro 20. La façade est néoclassique (géorgienne ?), avec un petit fronton, une jolie grille et une plaque : « *Hauteville Fairy*. Première maison de Victor Hugo à Guernesey de 1855 à 1856 et demeure de Juliette Drouet à partir de 1864. » La maison n'est pas un musée, elle est habitée par Mr et Mrs Soar, un couple d'Anglais absolument charmants que j'ai, bien sûr, rencontrés et qui m'ont raconté leur histoire.

Quand ils ont emménagé l'année dernière, il ne restait rien de la décoration du temps de Juliette. Le fameux salon chinois que Victor Hugo avait créé pour l'endroit avait été déposé et envoyé au musée à Paris, place des Vosges, où on peut le voir aujourd'hui. Seul petit vestige, la rampe d'escalier et ses barreaux de bois représentant un curieux symbole : initiales enlacées, chiffre cabalistique ou code secret ? Mr and Mrs Soar n'ont pas encore réussi à déchiffrer le sens de ce dessin.

Ils avouent avoir acheté la maison sans rien connaître de l'histoire de Juliette mais, depuis un an, ils lisent tout ce qui la concerne et se sont lancés dans des recherches. Ils me montrent une photo ancienne, sur laquelle on voit que la porte, le fronton et le réverbère sont restés identiques. Quant à la présence éventuelle de fantômes... Il y a bien un peu de bruit la nuit, mais rien qui puisse surprendre un Anglais.

Dans le salon, la vue n'a pas changé. La même que celle d'*Hauteville House*, mais plus près du port. Nous sortons sur la terrasse, qui domine un jardin en contrebas. Mrs Soar m'explique que du temps de Juliette, Victor Hugo avait fait planter des massifs de fleurs représentant ses initiales ! Ce n'est plus de la mégalomanie, cela frise la secte. Aujourd'hui, les massifs ont disparu, mais j'engage ma charmante hôtesse à poursuivre la tradition avec les initiales de son mari.

Juliette a vécu dans cette maison jusqu'au retour de l'exil en 1870. Entre-temps, Adèle est morte, mais elle n'a pas emménagé pour autant à *Hauteville House* et Victor Hugo ne l'a pas épousée... C'est trop tard, pense-t-elle. Elle est trop vieille. Et puis, elle ne veut pas prendre la place d'Adèle à qui elle voue aussi un culte : « Je lui demande encore un peu de ce don divin qu'elle avait, celui de te rendre heureux, et j'espère qu'elle me l'accordera puisqu'elle voit le fond de mon cœur. » Sainte Juliette !

Hauteville Fairy ? Pas un conte de fées pour Juliette, plutôt un havre de paix. Les actuels propriétaires ont rebaptisé leur maison *La Vigie*. Une page se tourne, mais à cause de la plaque, beaucoup de monde sonne... Pour l'instant, Mrs Soar répond gentiment que le musée est plus haut. Et elle s'amuse beaucoup quand certaines personnes lui demandent si elle est la petite-fille de Juliette.

Elle devrait dire oui. Je lui suggère même de monter un petit commerce pour vendre des crêpes ou des chocolats façon Juliette Drouet, comme à Vienne avec Sissi !

Je poursuis ma descente dans les rues de Saint Peter Port. Mrs Soar m'a indiqué deux autres lieux à voir. Je me rends d'abord au pied de la Victoria Tower. Construite en 1848 pour célébrer la venue de la reine, cette tour était un endroit où nos deux amoureux aimaient se retrouver. On raconte qu'ils y auraient gravé leurs initiales. Rien d'étonnant, venant de lui. Il avait l'obsession d'inscrire son nom partout, même sur des galets qu'il offrait ensuite. Barbara Cartland faisait de même en recouvrant d'or des feuilles de chêne et en les dédicaçant à ses admiratrices... Je pourrais peut-être en faire autant avec les feuilles de mes vignes !

Mais voyons cela sous un angle plus positif : cette anecdote prouve aussi qu'il était capable de romantisme, malgré sa faim sensuelle. Car l'éloignement des tentations parisiennes et la passion de la décoration ne l'avaient pas longtemps détourné des plaisirs de la chair. Très vite, il y eut une petite bonne près de lui, là-haut, la nuit, pour lui venir en aide au cas où il aurait des crises de « suffocation »...

Cette course aux jupons désespérait Juliette. Elle le surveillait et le réprimandait, il jurait de se calmer, mais il était incorrigible. Elle s'en rendit compte dès leur retour à Paris. Sa situation s'était améliorée, puisqu'elle partageait son appartement. Hélas, elle n'en profitait guère. Il travaillait le matin, et l'après-midi, il sautait dans l'autobus pour rejoindre une jeune maîtresse. Il avait soixante-dix ans... Et cela continua jusqu'à sa mort. Ses carnets sont couverts de prénoms féminins et d'annotations sans ambiguïté, même si elles sont formulées en espagnol.

Juliette reviendra avec lui à Guernesey à deux reprises. En 1872, quand la Commune, à nouveau, contraint Victor Hugo à l'exil, et en 1878, où frappé d'une congestion cérébrale il a besoin de repos. Cette fois, elle habite *Hauteville House.* Une photo en témoigne : on la voit entourée de son maître et des petits-enfants de celui-ci. Elle a soixante-douze ans et ressemble plus à la vieille gouvernante de la famille qu'à une maîtresse arrivée à ses fins.

Je continue ma promenade et descends jusqu'à la plage où Victor Hugo aimait venir flâner, se ressourcer et poursuivre son œuvre en pensée. Juliette l'accompagnait quelquefois. Havelet Bay est toujours une petite crique protégée et sauvage. Ses rochers se découpent sur l'océan et les embruns fouettent le visage. J'ai l'impression d'être à Quiberon. D'ailleurs, la mer doit être aussi vivifiante. Hugo n'hésitait pas à s'y baigner. Dans son journal, à la date du 1er novembre 1857, il note que c'est son cent vingt-cinquième bain. On imagine la température ! Peut-être est-ce là le secret de sa longévité et de sa vitalité...

Vendredi 17 mai

Avant de rejoindre le port pour prendre le bateau, je vais voir la statue de Victor Hugo qui hante le jardin public depuis 1914. Sculpté dans le granit, l'homme y est représenté tel qu'il l'aurait souhaité : front torturé, silhouette luttant contre le vent, mais corps puissant et démarche conquérante. Un parfait symbole de l'intelligence en action ! La figure du génie littéraire.

Voici donc l'homme que Juliette aima pendant cinquante ans et auquel elle écrivait en 1883, peu de temps avant de mourir : « Cher adoré, je ne sais pas où je serai l'année prochaine à pareille époque, mais je suis heureuse et fière de te signer mon certificat de vie pour celle-ci et pour l'autre par ce seul mot : je t'aime. Juliette »

Lui aussi l'avait aimée. À sa façon, comme tous les hommes, égoïstement. Mais il avait une excuse : il devait accomplir un destin, entrer dans l'histoire de la littérature. Est-ce que cela justifie la ronde des petites bonnes ? À mon sens, non. Mais pénétré de sa valeur, sûr de son talent, nourrissant un sentiment de supériorité inébranlable, il trouvait normal que le monde tourne autour de lui. De là à tout se permettre, il n'y avait qu'un pas. Quitte à faire souffrir ses proches.

Cette autorité, cette assurance, cette négligence parfois, n'en faisaient pas pour autant un monstre froid. Le jour de son soixante-douzième anniversaire, Hugo envoyait ce mot à Juliette : « Le 26 février 1802, je suis né à la vie, le 17 février 1833, je suis né à l'amour. Ma mère m'a fait, et tu m'as créé. » Ou encore, pour le 1er janvier 1876 : « Que deux âmes se soient aimées, cela suffit à Dieu, et après l'évanouissement de ce qui est poussière, reste l'épanouissement de ce qui est esprit. Je sens profondément que tu es ma vraie épouse ; je ne pourrais vivre sans toi sur cette terre ni rayonner sans toi dans l'éternité. » Ce qui était gentil. Sept ans plus tard, bouleversé par la mort de Juliette, il ne pourra assister à son enterrement. Victor Hugo avait donc un cœur.

Aimer un homme d'exception demande beaucoup de sacrifices, mais pas une totale abnégation. C'est souvent le meilleur moyen pour le faire fuir. Rien de plus refroidissant qu'une femme totalement soumise. Les hommes détestent les victimes. La pitié n'est pas de l'amour, c'est même son contraire. Et il y a beaucoup de femmes autour de moi qui vivent cette situation dont il est très difficile de sortir.

Son intelligence et sa qualité d'âme ont sauvé Juliette. Elle avait peut-être commencé comme courtisane, mais elle était une grande dame. Et Victor Hugo en était pleinement conscient. Et puis, cette forme d'amour était suffisamment rare pour être entretenue. Une passion digne d'un roman. Dix-sept mille lettres sont là pour en témoigner ! « La vraie vie, c'est la littérature », dira plus tard Marcel Proust.

George Sand et Alfred de Musset
Venise

Vendredi 21 juin

L'année où Victor Hugo tombe amoureux de Juliette Drouet, un autre couple se forme. Même milieu littéraire parisien, mais les protagonistes sont tous les deux écrivains. Et autrement plus exubérants. Alfred de Musset est plus jeune que Hugo et il ne l'aime pas beaucoup. Son romantisme à lui est tout en excès, passionné, désespéré et très narcissique. George Sand a quasiment le même âge que l'amant de Juliette et elle est plus pondérée. Encore que ses liaisons successives, ses prises de position en faveur de la femme et cette toquade de s'habiller en homme la distinguent du lot.

Pour ces deux êtres hors norme, qui vont se livrer l'un à l'autre et s'abandonner à leur amour avec un plaisir sadomasochiste, il faut un cadre d'exception. Un cadre qui puisse nourrir leur goût de la mise en scène et leur désir de vivre quelque chose d'unique. En un mot, un cadre romanesque. Très vite après leur rencontre, ils rêvent de partir, loin, ailleurs, pour s'aimer dans des chambres d'hôtel, se promener au milieu d'inconnus et s'exalter ensemble devant de nouveaux paysages. Ils choisissent l'Italie et, bien sûr, Venise.

Venise... Impossible de parler d'amour sans évoquer la Sérénissime. Tant de passions, d'intrigues, de coups de foudre, de battements de cœur, de désespoirs y ont vu le jour ! Des frasques de Casanova à la révélation et au désir inassouvi de Gustav von Aschenbach, le héros de *Mort à Venise* de Thomas Mann. La ville est sublime et les amoureux ont besoin de beauté pour élever leur âme. Surtout, elle est hors du temps. Chacun peut y jouer sa petite pièce de théâtre, dans un décor éternel, magique, sans craindre d'être rattrapé par un quotidien prosaïque et sans charme.

Je suis souvent venue à Venise avec mon mari, cela faisait partie de nos escales obligées, lorsque nous participions à des régates en Méditerranée à bord de notre voilier, le *Gitana.* On s'amarrait en face de la place Saint-Marc, sur l'île de la Giudecca, au pied de l'église du Redentore. Nous couchions sur le bateau ou au Cipriani, qui est à côté, et le soir nous allions dîner avec l'équipage au Harry's Bar.

De nombreuses fêtes avaient lieu dans les palais, ce qui m'obligeait à prendre quelques robes, au grand désespoir d'Edmond qui trouvait que j'emportais toujours trop de valises ! Mais les hommes ne comprennent pas que, s'ils enfilent chaque soir le même smoking, une femme est tenue de porter une robe différente. D'autant que la compétition était serrée : il y avait de grandes figures vénitiennes, comme la comtesse Volpi ou la comtesse Brandolini, des Américaines couvertes de bijoux et des beautés internationales dont l'unique parure était un bronzage très flatteur.

Thomas Mann dit qu'il n'y a rien de plus beau que d'arriver à Venise par la mer. C'est sans doute vrai, mais il faut avoir du temps devant soi. J'avais pensé un moment descendre en Orient-Express, ce qui donnait à ce voyage un certain panache, mais une grève des trains italiens m'en a empêchée. Finalement, j'ai opté pour la solution de facilité, l'avion, qui contrairement à ce qu'on pourrait croire a beaucoup de charme, car depuis l'aéroport, c'est en bateau que l'on rejoint Venise.

J'aurais pu monter dans la navette de l'hôtel Danieli, mais j'ai préféré jouir en solitaire de cette traversée de la lagune. Il faut être seul pour profiter pleinement du plaisir de prendre place dans un *motoscafo*, ce merveilleux canot à moteur en acajou qui brille sous le soleil et fend les flots avec élégance. Mon chauffeur s'appelle Massimo, il a le sourire, les yeux, la gentillesse légendaire des Vénitiens.

Nous échangeons quelques mots et de grands éclats de rire. Je lui raconte mon expérience des bateaux et aussitôt il me propose de prendre sa place. Me voilà installée à la barre ! Ah, ces Italiens... Je lui rends vite le volant et m'assieds à l'intérieur de l'embarcation, décorée de deux banquettes en velours et de petits rideaux de dentelle. Derrière les vitres, je vois défiler les pieux plantés dans l'eau qui marquent le chemin au milieu d'une lagune pleine de pièges, j'aperçois au loin l'île de San Michele qui cache derrière ses hauts murs ocre un des plus jolis cimetières qui existent au monde. Un jour, Boris Vian, qui avait une passion pour les tombes, m'y avait entraînée, mais c'est une autre histoire...

Je me laisse bercer par le bruit du moteur, les secousses des vagues, et je sens un profond bonheur m'envahir. Pourquoi Venise nous rend-elle ainsi euphorique ? Sans doute cette superbe journée d'été, cette atmosphère de vacances y est-elle pour beaucoup, mais en plein hiver l'impression n'est guère différente : à la joie rayonnante se substitue un sentiment plus mélancolique, plus grave, mais tout aussi serein et agréable. Cette ville a le pouvoir d'apaiser, car face à sa beauté on baisse la garde. Ici, aucune agression possible.

À l'approche de la ville, le canot ralentit sa vitesse, je sors m'asseoir à l'arrière pour mieux contempler les canaux, les façades des palais rongés par le temps et l'humidité, les innombrables petits ponts sous lesquels nous passons. Des groupes de touristes me saluent, me filment avec leurs caméscope, j'ai l'impression d'être une vedette de cinéma. Enfin, la gloire ! Nous arrivons devant la place Saint-Marc, le palais des Doges et bientôt la façade rose, finement découpée, si reconnaissable, de l'hôtel Danieli.

Je dois avouer que je n'ai pas complètement joué le jeu pour cette évocation de George Sand et d'Alfred de Musset... Car si je descends comme eux au Danieli (difficile de résister), je n'ai pas choisi d'arriver un 31 décembre dans la brume et le froid. Et leur voyage avait été autrement plus épique. Partis de Paris le 12 décembre 1833, ils avaient rejoint Lyon en malle-poste, puis Avignon en bateau à vapeur sur le Rhône, enfin Marseille où ils s'étaient embarqués pour Gênes. Une fois en Italie, ils avaient fait une courte halte à Florence, avant de toucher au but. À Mestre, ils étaient montés dans « une gondole noire, basse, fermée de partout, qui ressemblait à un cercueil »... Un présage de ce qu'ils allaient bientôt vivre ?

D'autre part, le Danieli de l'époque n'avait rien à voir avec le palace d'aujourd'hui. Si l'hôtel se trouvait dans un des plus beaux palais de Venise, le palazzo Dandolo, construit vers la fin du XIVe siècle, il n'offrait que quelques chambres. En 1822, son propriétaire, Giuseppe Dal Niel, n'en avait acquis qu'une partie. Ce n'est qu'en 1840 qu'il put s'agrandir et donner à son hôtel modeste un tout autre prestige. Il le baptisa le « Royal Danieli » et dès lors, sa notoriété ne fit que croître.

Donc, lorsque George Sand et Alfred de Musset s'y installent, ils ne mènent pas un si grand train. Pourtant, ils se plaignent que l'hôtel est trop cher. Déjà ! Bien sûr, la situation est merveilleuse, à deux minutes de la place Saint-Marc, et les vestiges de la splendeur passée du palais dégagent un indéniable parfum de grandeur. On peut imaginer que pour ces deux écrivains pétris d'idéal romantique, le décor est parfait. Mais leurs chambres n'ont rien d'extraordinaire.

Bien évidemment, j'ai réservé *la* chambre, la numéro 10. Quelle n'est pas ma surprise, en découvrant qu'elle n'est pas du tout la suite royale qu'on imagine, mais une petite chambre d'angle, au premier étage, sans rien de luxueux. Et ses deux fenêtres s'ouvrent au-dessus d'un pont sur lequel défilent des milliers de touristes ! À déconseiller en cas de lune de miel. D'ailleurs, les événements que vont vivre George Sand et Alfred de Musset devraient dissuader n'importe quel couple...

Une fois ma stupeur passée, je dois reconnaître que la chambre a un charme fou. Par les fenêtres en ogive, je vois San Giorgio Maggiore, le ballet des vaporettos, les gondoles qui partent juste devant le Danieli, *servicio gondole*... Et puis, j'entends la rumeur de la foule, la corne de brume, les cloches qui carillonnent, et cette langue italienne qui vous fait tout de suite chaud au cœur. Nul doute, je suis à Venise !

La chambre est tendue d'un joli tissu de chez Rubelli brodé d'un motif fleuri dans les tons verts et bleus. Les meubles n'ont pas grand intérêt, typiquement vénitiens, peints couleur pistache, une chose qui n'est possible qu'ici. Une commode, un miroir, un lit et un lustre de Murano, autre *must* de Venise. Mais ce qui fait la valeur de la pièce, c'est l'inscription qui se trouve au-dessus de la porte : « *Alfredo de Musset e George Sand 1833-1834* ». Elle est encadrée d'une frise de petites corbeilles de fleurs, une décoration désuète, très 1900, bien éloignée du climat qui a régné dans ces lieux.

Car cela ne s'est pas très bien passé entre les deux amoureux. Le voyage devait être une source de joies et de bonheurs renouvelés, il ne fut que contrariétés, disputes et, finalement, rupture ! Dès l'arrivée, l'humeur n'est pas aux étreintes passionnées. George Sand est malade. Elle a de la fièvre, des maux d'estomac, et reste au lit pendant deux semaines. On parle d'une dysenterie. Évidemment, ce n'est pas très poétique. Et Musset sent son bel élan juvénile se rétracter chaque jour. Il la veille bien un peu au début, mais il n'a pas la vocation de garde-malade. Il préfère sortir, arpenter Venise en tous sens, et couvrir ses carnets de notes en vue d'un futur livre. Quand il rentre auprès d'elle, la tension est palpable, elle se traduit vite en amertume, reproches, mots qui font mal.

Il semblerait que, dès leur départ, l'entente entre eux se soit détériorée pour une raison hélas courante : l'incompatibilité sexuelle. Le poète a vingt-trois ans et sa libido est débridée. À Paris, il est connu pour fréquenter des lieux de débauche et mener une vie dissolue. Cela fait partie de son personnage de dandy cynique, écorché, obsédé par l'idée de tout expérimenter. « Je sens en moi deux hommes, l'un qui agit, l'autre qui regarde. Si le premier fait une sottise, l'autre en profitera. »

Mais ce jouisseur est pétri de contradictions, tiraillé entre deux mondes, le pur et l'impur, comme en témoigne sa pièce *Les Caprices de Marianne*, où le libertin Octave et le sentimental Cœlio composent les deux faces de sa personnalité. Cette dualité qui est au centre de sa vie le rend fascinant et cette souffrance en quête d'idéal a séduit George Sand.

Lorsqu'elle fait sa connaissance, le 19 juin 1833, elle est sur ses gardes. Elle n'a jamais caché son goût pour les hommes, mais Musset lui inspire de la méfiance. Ne se vante-t-il pas d'aimer les femmes, « non pour être heureux, mais pour les tourmenter jusqu'à la mort » ? De les aimer toutes et de les mépriser toutes ? Une pose de jeune coq arrogant qui ne mérite pas beaucoup d'estime... En mars, son ami Sainte-Beuve (oui, celui d'Adèle Hugo...) avait proposé à Sand de le lui présenter. Elle lui avait répondu : « Réflexion faite, je ne veux pas que vous m'ameniez Alfred de Musset. Il est très dandy, nous ne nous conviendrions pas, et j'avais plus de curiosité que d'intérêt à le voir. Je pense qu'il est imprudent de satisfaire toutes ses curiosités et meilleur d'obéir à ses sympathies. À la place de celui-là, je veux donc vous prier de m'amener Dumas. »

Le rendez-vous avec le destin est remis à plus tard... En juin, ils se retrouvent lors d'un dîner assis côte à côte et Musset lui fait un numéro de charme. Intelligent, il n'attaque pas franchement, mais s'en tient à une complicité entre écrivains. Ils promettent de s'envoyer des fragments de ce qu'ils écrivent. Le lendemain, il lui adresse des vers qui sont un habile moyen de la tester. Il y parle d'amour. Ce subtil marivaudage n'est pas pour déplaire à George Sand. Elle répond sur le même ton, jouant au chat et à la souris, félicitant Musset et l'invitant à passer la voir à l'occasion, s'il était « tenté d'entrer dans la cellule d'une recluse ». Il ne se le fait pas dire deux fois.

Elle le reçoit chez elle, 19 quai Malaquais, habillée d'une robe d'intérieur et de babouches marocaines, assise sur un coussin et fumant une longue pipe... Une mise en scène qui s'harmonise avec sa beauté particulière. Musset la décrit « brune, pâle, olivâtre, avec des reflets de bronze et des yeux énormes, comme une Indienne » – ou comme les Andalouses de ses poèmes.

Au début, elle contrôle la situation. Elle a déjà connu ce genre de rapports. Son amant précédent, Jules Sandeau, était également plus jeune qu'elle. Femme de tête, elle aime faire preuve d'une certaine autorité avec les hommes. Mariée à dix-huit ans au baron Casimir Dudevant, elle s'est vite libérée de ce mari avec lequel elle n'entretenait plus qu'une « camaraderie tranquille », pour venir à Paris et mener sa vie comme elle l'entend. Sa forte personnalité et ses talents de plume lui ont rapidement assuré un auditoire. Farouchement indépendante, elle choisit ses amants et les quitte quand elle s'en lasse. En un mot, elle se comporte comme un homme.

D'abord réticente, elle est flattée par l'admiration que Musset lui témoigne, puis elle s'attendrit au fur et à mesure qu'il lui raconte ses tourments et finalement s'attache à cet « enfant malheureux ». Et quand il lui écrit : « Mon cher George, j'ai quelque chose de bête et de ridicule à vous dire. [...] Vous allez me rire au nez, me prendre pour un faiseur de phrases. [...] Vous me mettrez à la porte et vous croirez que je mens. Je suis amoureux de vous », elle se laisse séduire.

Malgré tous ses défauts, le garçon est aimable et d'une grande intelligence. Sans nul doute, le pouvoir des mots, le plaisir d'en écrire et d'en lire, a joué pour beaucoup dans cette séduction. Tous deux aiment mettre leur chair à vif et l'exposer. Ce goût de l'introspection est le ferment de leur amour. « Je puis embrasser une fille galeuse et ivre morte, mais je ne puis embrasser ma mère. Aimez ceux qui savent aimer, je ne sais que souffrir... Adieu George, je vous aime comme un enfant. »

Elle n'a que six ans de plus que lui, mais on a l'impression qu'elle pourrait être sa mère... Est-ce là l'amour idéal tel que Musset le rêve ? Sans aucun doute. George Sand l'a tout de suite compris et a joué le jeu. Si la vision des femmes qu'a son soupirant est assez réductrice – en somme, c'est la maman ou la putain –, elle est celle de beaucoup d'hommes qui sont incapables d'en parler aussi bien. Et la vraie maman d'Alfred est plus que présente : George Sand devra venir lui demander la permission d'emmener son grand fils à Venise !

Elle accepte donc d'être cette femme admirable que l'on aime avec respect. Celle à qui l'on peut tout dire, qui vous comprend et vous réconforte. Elle est l'objet d'une affection fusionnelle, mais maternelle, voire fraternelle. Ce qui explique toutes ces lettres envoyées à « mon frère chéri », « mon George bien-aimé », en fait à un être androgyne, ou plus exactement asexué.

Alors, les plaisirs de l'amour... Il semblerait que sensuellement l'union ne soit pas très heureuse. Elle reconnaît ne pas pouvoir le satisfaire, elle l'aime « avec sa tête, avec son cœur ». Cela ne suffit pas. « La chair est faible... » En chemin, Musset est allé à la recherche de filles et à Venise il fréquente les bordels. Sans doute par dégoût de lui-même, il en devient méchant. Un soir, il lui dit : « George, je m'étais trompé, je t'en demande pardon, mais je ne t'aime pas. » Alors qu'il veut plus certainement dire : pardon, George, mais je ne suis pas digne d'être aimé de toi.

Une ingratitude qu'il regrettera bientôt. À son tour, il tombe malade. Il a la fièvre, il délire, il a des hallucinations. George Sand se ronge d'inquiétude. Elle a déjà assisté à une de ses crises. Une nuit dans la forêt de Fontainebleau, ils se promenaient au clair de lune, quand Musset s'est mis à hurler d'effroi, comme s'il avait vu un spectre...

Elle écrit au médecin qui l'a soignée quelques jours auparavant. Pietro Pagello se rend à nouveau au Danieli. Durant dix-sept jours, Musset reste entre la vie et la mort. On ne sait s'il souffre d'une fièvre typhoïde, de delirium tremens, ou s'il est tout bonnement devenu fou. Les nuits sont ponctuées de cris, de convulsions, et d'états semi-comateux. George est à son chevet, elle veille « le pauvre ange », en compagnie du gentil médecin.

C'est long, une nuit de veille. Pour passer le temps, ils parlent poésie, écrivains italiens, puis de sujets plus personnels, se découvrent et s'apprécient... Brusquement, la très maternelle George redevient la femme de trente ans, vibrante de fantasmes. Elle ouvre les yeux sur le bel Italien et constate qu'il est « terriblement sexy », pour parler comme aujourd'hui. Une nuit, elle lui écrit spontanément une lettre enflammée : « l'ardeur de tes regards, l'étreinte violente de tes bras, l'audace de tes désirs me tentent et me font peur... » Alors que lui n'avait rien demandé. Quoi qu'il en soit, après avoir été légèrement ébranlé par sa lecture, il se laisse tenter.

Il n'y va pas à contrecœur. Dans les mémoires qu'il écrira plus tard, il raconte qu'il avait été séduit par George Sand avant même de savoir qui elle était et d'aller la soigner. Un jour qu'il passait avec un ami devant le Danieli, il avait remarqué, assise au balcon du premier étage, une femme étonnante en train de discuter avec un jeune homme blond. Et cette vision l'avait marqué : elle portait une cravate, un foulard en turban et « avec la désinvolture d'un soldat, elle fumait un paquitos ». Le lendemain, le patron de l'hôtel l'appelait pour sa cliente malade.

Ce récit me fait réaliser que ma chambre n'a pas de balcon, contrairement à celle d'à côté. Ce qui veut dire que si George Sand habitait ici, Alfred de Musset occupait sans doute l'autre. Ou inversement... Un scénario possible, car les deux chambres ont une porte communicante. Voilà un détail important : et s'il fallait demander la chambre n° 9 plutôt que la n° 10 ? Je m'empresse d'aller voir à quoi elle ressemble.

Elle est également tendue d'un tissu Rubelli, mais celui-ci est damassé bleu. Le plus incroyable, c'est que j'ai le même en jaune dans ma chambre à Paris ! Deux fenêtres s'ouvrent sur ledit balcon, où l'on peut à peine mettre une chaise, tant il est étroit. Mais la vue y est très jolie, car un store vert à franges ajoute du charme. Le mobilier d'acajou est plus formel et il n'est pas question ici de lune de miel : la chambre dispose de lits jumeaux... Pour bien faire, il faut réserver les deux chambres.

Revenons à ce mois de février 1834. Un début d'idylle entre George et Pagello se noue donc dans ces murs, sur fond de saignées et de médicaments... À demi conscient, Musset voit bien qu'il se trame quelque chose. Il les a vus s'embrasser, et l'autre jour, ils buvaient dans la même tasse... Mais quand il demande des comptes à son ancienne muse, elle feint de ne pas comprendre et met cela sur le compte de la maladie. Pratique !

Durant deux mois, ils forment un curieux ménage à trois. Encore un ! Mais celui-ci est douloureux, torturé et finalement cruel. Car tout le monde souffre dans cette relation complexe. George Sand semble s'éveiller à la vie, elle écrit à Pagello : « C'est toi que j'aurais dû toujours aimer. Pourquoi t'ai-je rencontré si tard ? » et en même temps, elle reste viscéralement liée à Musset. Même chose pour lui, qui une fois guéri quitte Venise, mais continue à lui écrire : « Sois fière, mon grand et brave George, tu as fait un homme d'un enfant. Sois heureuse, sois aimée, sois bénie, repose-toi, pardonne-moi. Je ne voudrais pas vous voir ensemble, et je suis heureux de penser que vous êtes ensemble. » Quant à Pagello, la situation n'est guère confortable, mais il profite du moment présent et il a raison, car bientôt il va déchanter.

À Venise, impossible de rester enfermée dans sa chambre. Je me change pour aller dîner. À travers la porte me parvient le son d'un piano qui invite à se rendre au bar. C'est une ambiance élégante et chaleureuse qui n'existe plus que dans très peu d'hôtels. Tout en descendant le magnifique escalier, j'admire le hall théâtral, ses colonnades gothiques, ses plafonds à caissons, le marbre partout présent, les tissus damassés, lourds et précieux. Cette atmosphère me fait penser à l'univers d'Agatha Christie, mais je me trompe de roman !

Je pars en pèlerinage à mon ancienne cantine, le Harry's Bar. Sur le chemin, je flâne le long du quai, l'humeur légère, je plaisante avec les gondoliers et même les flots de touristes ne me dérangent pas. Il suffit de ne pas les voir. Je pousse la porte vitrée de l'endroit le plus chic de Venise et suis très vite rassurée : rien n'a changé. Dans un décor de boiseries blondes, le patron, Arrigo Cipriani, est toujours aussi souriant, la salle toujours aussi bondée et les serveurs en veste blanche toujours aussi facétieux... J'ai bien entendu réservé ma table, mais quand il me voit entrer, le garçon recule avec son doigt l'aiguille de la pendule d'une demi-heure !

Installée au bar, je commande le traditionnel *Bellini*, un mélange de Prosecco (le champagne italien) et de jus de pêche. C'est ici qu'il a été créé, tout comme le *Carpaccio* inventé en 1950 par le père d'Arrigo. Autour de moi, le brouhaha est général. Tout le monde prend un verre en attendant sa table. Cela me permet de vérifier un lieu commun : l'élégance italienne est imbattable. À ma droite, un homme en veste bleu ciel, petite pochette, pantalon blanc, cheveux plaqués, bronzé bien sûr, un autre tout en blanc, pantalon et chemise de lin, pieds nus dans ses mocassins, impossible d'imaginer cela en France. Bien sûr, c'est un style estival, mais même sur la Côte d'Azur, vous ne trouvez pas ce sens des couleurs et cette audace toujours maîtrisée.

Les tables sont les unes sur les autres, si bien que les conversations n'ont de secret pour personne ! Tous les clients s'observent, commentent les nouveaux arrivants, s'apostrophent, s'embrassent, quelques vieilles connaissances me saluent, dans un cliquetis de fourchettes, de bijoux et de rires. Je jette à peine un œil sur la carte et me laisse entièrement prendre en charge par le maître d'hôtel, de toute façon tout est délicieux ici. Les pâtes gratinées, les risottos, le gâteau au chocolat, sans parler des merveilleux petits croque-monsieur frits dans l'huile d'olive.

Je rentre à pied, à Venise on marche beaucoup, aucune importance, il fait si bon, la nuit est délicieuse, c'est idiot, mais l'absence de voitures change tout. Sur l'eau sombre se découpent les façades éclairées de San Giorgio et de la Salute, mes gondoliers sont assis sur un banc et parlent fort, une scène de film. Tout est cinéma ici, et dans ce décor on se prend à rêver d'une autre vie, ou du moins on imagine possibles des situations qu'on croyait auparavant faites pour d'autres.

Samedi 22 juin

Tout d'abord, je me dois de raconter ma nuit dans la chambre de George Sand. Elle a été courte... Je n'ai pour ainsi dire pas fermé l'œil, parce que je dors toujours les fenêtres grandes ouvertes. Alors pour être au calme... Il y a eu le bruit des touristes jusque très tard puis, vers trois heures du matin, quand peu à peu le silence s'est installé et que j'ai pu me laisser bercer par le clapotis des vagues, une voix grave, chantante, italienne, masculine, a résonné. Je me suis mise à la fenêtre pour voir qui me tirait encore du lit, et comme j'avais allumé, l'homme est venu me parler.

C'était un gondolier, ou plus exactement un masseur de gondoliers... Cela ne s'invente pas ! Il m'a expliqué que ces hommes qui manient la rame toute la journée ont des *« tennis elbow »*, la crampe du joueur de tennis. J'aurai au moins appris quelque chose. Durant un quart d'heure, nous avons eu une conversation sympathique et légèrement surréaliste, moi à ma fenêtre et lui sur le petit pont. Je ne sais s'il a eu la même émotion que Pagello découvrant George Sand, hélas je ne reste pas assez longtemps pour poursuivre le scénario...

Je prends mon petit déjeuner dans mon lit, qui semble être, par la fenêtre ouverte, au même niveau que l'eau et que San Giorgio. Les chambres du troisième étage doivent être plus calmes, mais moins vivantes. J'aime ce contact direct avec l'animation de la ville. À dix heures et demie, je vois arriver les premiers groupes de touristes qui viennent sacrifier au rituel de la gondole.

Et si j'osais... Je m'habille en vitesse et à mon tour, je vais m'asseoir dans un de ces noirs esquifs. Nous commençons notre expédition en remontant le canal du pont des Soupirs. J'adore l'idée que la plupart des touristes voient là une chose très romantique, quand en vérité les soupirs poussés dans ce pont fermé étaient ceux de prisonniers !

J'entame la conversation avec mon gondolier, Ugo de son prénom. Il m'apprend qu'ils sont quatre cent deux gondoliers à Venise et que leur nombre est limité. Ils doivent attendre qu'une charge se libère pour la racheter. Son père était aussi gondolier et il est propriétaire de sa gondole. Je lui en demande le prix. Moi qui souhaite m'acheter une vieille « mouette », ces bateaux qu'on trouve sur le lac de Genève, je me laisserais bien tenter par une gondole à Venise, comme celle de George Sand et Musset à leur arrivée, toute fermée avec des rideaux noirs ! Mais ce n'est pas donné : vingt-cinq mille euros.

Nous remontons de petits canaux, dans un silence parfait, majestueux, parfois entrecoupé par la voix du garçon, qui aux intersections met sa main en porte-voix et lance un « oil » grave et viril : le klaxon vénitien. La gymnastique qu'il fait pour guider la gondole est aussi très amusante à observer : il prend appui avec sa jambe sur les murs en poussant plus ou moins fort. Quand il tourne, la proue passe à quelques millimètres des façades.

Dès qu'on s'éloigne des artères touristiques, un autre univers apparaît, comme abandonné, oublié de toute modernité. Il n'y a plus que l'ocre rouge des palais délabrés, les pontons de bois vermoulus, de petites places perdues avec des arbres, des restaurants cachés sous des tonnelles. Un rêve ! Puis, c'est le Grand Canal que nous remontons en direction du Rialto et le retour. Je suis enchantée de ma promenade. C'est la première fois que je prends du temps pour sillonner Venise en gondole, ce n'était pas du tout le genre d'Edmond qui n'aurait pas tenu plus de cinq minutes !

Déjeuner sur le toit du Danieli d'une friture de poissons, calamars, *scampi fritti e zucchini* arrosés d'un jus de citron... Rien de meilleur au monde ! Il n'y a que les Italiens qui savent faire des fritures légères. Un grand soleil brille, le ciel est pur et la vue à 360 degrés est à couper le souffle, mais tout est tellement beau à Venise que finalement on ne s'en rend presque plus compte.

Cet après-midi, je me replonge dans la lecture de la correspondance de mes deux amants terribles. Après une telle expérience, on pourrait imaginer qu'ils ne voulaient plus entendre parler l'un de l'autre. Pas du tout. Non seulement, ils s'écrivent pour se dire qu'ils s'aiment toujours, mais ils redeviennent amants. C'est « je t'aime, moi non plus » !

Musset parti fin mars, George Sand est restée quatre mois avec son cher médecin. Ils se sont même autorisé une petite escapade dans les Alpes. Elle s'est finalement très bien faite à cette vie. Elle écrivait, faisait des courses, assistait à des spectacles, s'amusait à redécorer le logis de Pagello. Ensemble, ils parlaient du poète génial et fou, avec beaucoup de tendresse. Mais dans le même temps, elle écrivait à son ancien amant : « Comment me passerai-je du bien et du mal que tu me faisais ? »

Un jour pourtant, il a bien fallu rentrer. Que faire ? George assume son choix et débarque à Paris le 31 juillet, avec à son bras son nouveau chevalier servant. Émoi dans la capitale. On ricane, on médit. Elle fait scandale, tient tête, mais s'aperçoit vite que la situation n'est pas viable. Malgré ses efforts et sa courtoisie, Pagello ne s'intègre pas dans les salons parisiens. De toute façon, on ne lui en laisse pas le temps : en retrouvant ses marques, George voit les choses différemment. Loin de Venise, la relation n'est plus la même, le feu s'éteint. Elle se retire seule dans son château de Nohant, envoie de l'argent à Pagello pour qu'il reprenne sa liberté, et plus concrètement le chemin du retour.

En femme libérée et farouchement opposée au mariage traditionnel, elle aurait bien aimé l'idée d'un trio harmonieux : « Je l'aimais comme un père et tu étais notre enfant à tous deux », écrit-elle à Musset. Et aussi : « Pourquoi ne pouvais-je pas vivre entre vous deux, et vous rendre heureux sans appartenir ni à l'un ni à l'autre ? » Mais cette conception de l'amour était un peu révolutionnaire pour l'époque. Même aujourd'hui, les trios sont assez peu courants. Le film *Jules et Jim* fait rêver beaucoup de monde, mais dans les faits, cela ne marche pas.

Nostalgiques de leur histoire passée, nos deux grands torturés s'exaltent à nouveau. L'amour renaît par courrier interposé. Quel plus beau prétexte que ces déclarations lyriques et enflammées pour façonner de jolies phrases, explorer le fond de son âme et en tirer l'assurance que l'on est différent des autres et tellement plus passionnant ? Il ne faut pas oublier qu'ils sont avant tout des écrivains qui ne perdent jamais de vue la postérité.

L'amour les anime, mais aussi un peu d'orgueil. On aimerait penser que Musset parle par la bouche de son personnage dans *On ne badine pas avec l'amour* lorsqu'il dit : « J'ai souffert souvent, je me suis trompé quelquefois, mais j'ai aimé. C'est moi qui ai vécu et non pas un être factice créé par mon orgueil et mon ennui. » Hélas, on ne peut y croire, quand on sait que cette phrase a été inspirée par une lettre de George Sand !

Ces deux-là s'aiment, mais d'un amour qui n'existe que dans les livres, dans les pièces de théâtre, et qui dure le temps d'une représentation. Quand ils se revoient, ils tombent dans les bras l'un de l'autre. Larmes et baisers. C'est la scène de la réconciliation. Mais à l'acte suivant, ils se déchirent à nouveau.

Par haine de soi, Musset est invivable. Il lui fait des scènes de jalousie terribles, elle a de plus en plus peur et quand, un jour de février 1835, il brandit un poignard, elle prend la décision de rompre définitivement, de baisser le rideau. « C'est assez ! Je te plains, je te pardonne tout, mais il faut nous quitter. Je deviendrais méchante. Mon amour n'est plus que de la pitié. Je te le dis, il faut en guérir... » Elle s'enfuit à Nohant et ils ne se reverront plus.

Alfred de Musset n'a plus que douze ans à vivre. Son idéal perdu, il sombre plus encore dans la débauche. Mais il écrit les *Confessions d'un enfant du siècle*, où George apparaît en filigrane. Et surtout, elle lui inspire de très beaux poèmes : dans *La Nuit d'octobre*, il dit son amertume, et dans *La Nuit de mai* il touche au sublime : « Les plus désespérés sont les chants les plus beaux. Et j'en sais d'immortels qui sont de purs sanglots ». Pour ce simple vers, on lui pardonne sa folie.

À son tour, George Sand évoque Venise dans *Lettres d'un voyageur* et *Consuelo*. Puis, elle fait le récit de leur histoire d'amour dans *Elle et Lui*. À quoi répond le frère de Musset, Paul, dans un livre intitulé *Lui et Elle* ! Chacun donne sa version, jusqu'à la maîtresse d'Alfred, Louise Colet, qui ajoute la sienne, *Lui* ! Ce qui comble de joie le poète. Il avait toujours dit que ce qu'ils avaient vécu ensemble constituait une merveilleuse matière à roman. C'est fait. Son histoire est devenue littérature.

Contrairement à son amant fou, George Sand vivra jusqu'à soixante-douze ans, connaîtra une longue carrière littéraire et d'autres grandes histoires d'amour, entre autres avec Chopin. Elle fera donc mentir le vœu de Musset. « La postérité répétera nos noms comme ceux des amants immortels qui n'en ont plus qu'un à eux deux, comme Roméo et Juliette, comme Héloïse et Abélard. »

Non, nous ne nous souvenons pas d'eux en amants immortels, mais comme les personnages symboliques d'une époque, où les jeunes filles découvraient l'amour dans les livres et se pâmaient avant qu'on leur ait touché la main. L'amour était un sentiment passionné, dangereux, capable de détruire une vie. On s'y livrait, comme on se donnait à l'être aimé, sans retenue. L'attente et l'éloignement étaient sources d'exaltation. Les lettres le moyen d'aiguiser son sentiment, de le polir et de le montrer sous son meilleur jour. Les larmes, le passage obligé de toute grande histoire. Elle n'en prenait que plus de valeur.

George Sand et Alfred de Musset n'ont pas été très heureux ensemble, mais est-ce tellement important ? Ils n'étaient pas des « amants ordinaires ». À leurs yeux, seule comptait la passion et ce qu'elle leur faisait vivre. Car comme ils le disaient, « il n'y a que l'amour qui soit quelque chose ».

Juliette et Roméo
Vérone

Samedi 22 juin

La décision s'est imposée d'elle-même... Je ne pouvais pas me rendre à Venise sans faire un crochet par Vérone et voir de plus près à quoi ressemble la ville des « amants immortels » chers au cœur d'Alfred de Musset. Comme tout le monde, j'ai été touchée par l'histoire de Roméo et Juliette. Adolescente, je m'insurgeais contre cette tragédie, je rêvais de Roméo et pleurais Juliette. Je pensais que l'amour était ainsi : une lutte permanente, un bonheur à conquérir, toujours menacé, et qu'il pouvait entraîner la mort.

Avec les années, j'ai vu les limites du genre. La pièce de Shakespeare était avant tout une formidable création dramatique, qui enchaînait les rebondissements pour mieux développer la psychologie des personnages, quitte à prendre quelque liberté avec la vraisemblance. Mais cette histoire d'amour qui est condamnée, parce qu'elle unit deux êtres issus de familles ennemies, n'a jamais perdu sa portée universelle. En 1961, dans *West Side Story*, elle divisait deux communautés de New York. Et aujourd'hui, il suffit d'imaginer ce qui pourrait arriver si une jeune Israélienne tombait amoureuse d'un Palestinien...

De Venise, aller à Vérone ne prend qu'une heure en train, m'a indiqué le concierge du Danieli. En fin d'après-midi, j'ai donc quitté l'hôtel, pris place dans un *motoscafo* qui a remonté le Grand Canal et m'a déposée devant la *stazione*. Une demi-heure plus tard, j'étais installée dans le train.

Le voyage est agréable, on traverse la lagune, puis une campagne plaisante, avant d'arriver dans une très jolie ville à l'architecture médiévale. Vérone est célèbre pour son festival d'art lyrique qui se tient dans de gigantesques arènes, pouvant contenir vingt-deux mille spectateurs. Indépendamment de cela, elle a un irrésistible charme.

De taille humaine, on peut y flâner en toute tranquillité, le long du fleuve qui la traverse, et de ses palais aux murs crénelés qui évoquent le décor du drame shakespearien. Sur une colline, un château du XIIIe siècle renforce cette impression. Construits en brique, ces monuments prennent une très belle couleur rose dans le soleil couchant. Des ruelles sans voitures, des places désertes, des arcades discrètes, autant de lieux propices aux étreintes. C'est aussi pour cette raison que la ville a été élue par les couples d'amoureux.

J'ai réservé à l'hôtel Due Torri Baglioni, le plus vieil hôtel de la ville. Il est idéalement situé à côté du quartier historique sans en subir les désagréments. Son entrée donne sur une petite place, à côté de l'église de Sant' Anastasia, à l'architecture gothique magnifiquement décorée de fresques dans les tons pastel. Je défais ma valise en cinq minutes et redescends. Avant la fermeture, j'aimerais voir la maison de Juliette, qui est toute proche. Vais-je y retrouver l'atmosphère de la pièce de Shakespeare ?

On connaît l'histoire par cœur. À Vérone, deux familles nobles, les Montaigu et les Capulet, se portent une haine tenace, émaillée de querelles et de duels incessants. Lors d'une fête, Roméo, héritier des Montaigu, rencontre Juliette, fille des Capulet. Le coup de foudre est immédiat. Elle n'a pas ouvert la bouche qu'il l'aime déjà, à cause de sa beauté, « car jamais avant cette nuit je n'avais vu la vraie beauté »... L'apparence physique est là synonyme de pureté, de qualité d'âme, de perfection morale, ce qui est légèrement vexant pour bon nombre de femmes, mais c'est un autre débat.

Il faut dire que Juliette a quatorze ans et qu'elle ne sait rien de l'amour. Roméo, lui, est plus au fait. Avant cette rencontre déterminante, il était épris d'une certaine Rosaline. Dans le premier acte, il se meurt d'amour pour elle... Mais ce n'était qu'un feu de paille qui n'avait rien à voir avec la passion que Juliette lui inspire à présent. Avec audace, il lui prend la main et l'embrasse à deux reprises. La jeune fille se laisse faire. Mais leur bonheur est vite assombri, car ils découvrent en même temps qu'ils appartiennent à deux familles ennemies : « Ô mon unique amour né de ma seule haine ! »

Ils décident de passer outre. Ils croient qu'ils peuvent être plus forts que cette fatalité. Peut-être qu'au contraire leur amour réussira à réconcilier leurs familles. Tout de suite, Juliette parle mariage. Notons qu'elle prend alors les choses en main. Elle veut bien se donner à lui, mais pas sans engagement. Roméo accepte et demande à un moine, frère Laurent, de les unir secrètement. C'est chose faite le lendemain de leur rencontre ! Un peu invraisemblable, mais nous sommes au théâtre et l'action ne doit pas traîner. Ce raccourci exprime l'intensité de leur passion. L'histoire aurait pu s'arrêter là et finir bien. D'ailleurs, une version heureuse avait circulé du temps de Shakespeare, mais c'était compter sans le destin qui veille...

Lors d'une bagarre, Roméo tue Tybalt, le cousin de Juliette. Roméo est banni de la ville de Vérone. Juliette est désespérée, partagée entre son amour et la loyauté à sa famille, mais elle pardonne vite à Roméo. Elle lui fait porter un anneau et l'invite à venir la retrouver pour leur nuit de noces. On l'oublie souvent, mais les amants de Vérone étaient mari et femme. Roméo grimpe au balcon à l'aide d'une corde et passe la nuit avec elle. Au réveil, ils sont pleinement heureux, n'arrivent pas à se quitter, prêts à tous les courages, tous les combats.

Hélas, le sort s'acharne, le vieux Capulet veut marier sa fille de gré ou de force, elle se récrie, va chercher assistance auprès de frère Laurent, menace de se suicider. Le moine lui propose de prendre une potion qui provoquera pendant deux jours un sommeil semblable à la mort. Il viendra la réveiller dans son tombeau, préviendra Roméo et elle s'enfuira avec lui à Mantoue. Juliette accepte ce plan avec un bel héroïsme et une grande maîtrise de soi. Ce n'est plus l'adolescente de quatorze ans, mais une femme transformée par l'amour.

Docilement, elle se prépare à son mariage et dans la nuit, elle avale le philtre. Retrouvée « morte » au matin, elle est portée au caveau des Capulet. À Mantoue, Roméo apprend la nouvelle par son serviteur. Effondré, il se procure du poison et décide de la rejoindre dans la mort. Il ne sait rien du stratagème. Une nouvelle fois, le destin contraire a retenu le messager que frère Laurent lui a envoyé pour lui révéler la supercherie... De nuit, il se rend au caveau et ouvre le cercueil. Il est frappé par la beauté de Juliette, son éclat, qui transforme le tombeau en « lanterne ». Il lui donne un dernier baiser et avale le poison.

Venu réveiller la jeune femme, le moine découvre Roméo sans vie sur le corps de Juliette. Celle-ci ouvre les yeux et, voyant son époux mort, lui donne à son tour un dernier baiser, puis s'empare de sa dague et se tue. Mais pourquoi ne s'est-elle pas réveillée deux minutes plus tôt ! On n'échappe pas à son destin...

C'est une tragédie implacable, noire, révoltante. Seule petite consolation, les deux pères se réconcilient sur les cadavres de leurs enfants, le vieux Montaigu promet d'élever une statue d'or pur en mémoire de Juliette, mais ils n'ont plus d'héritiers. Leur réconciliation n'a donc guère d'avenir.

Bien évidemment, Shakespeare n'est jamais allé à Vérone. Il a écrit sa pièce en s'inspirant d'un poème d'Arthur Brooke, qui lui-même avait retranscrit un drame signé d'un certain Matteo Bandello, qui lui-même avait transformé une nouvelle de Luigo da Porto, qui lui-même avait transposé à Vérone un récit de Masuccio qui se passait à Sienne ! Les amoureux malheureux s'appelaient alors Giannoza et Mariotto... Pourquoi est-ce tout de suite moins romantique ? Tout porte donc à croire que les amants de Vérone n'ont jamais existé, mais ces considérations n'ont pas cours ici. La ville a acquis sa réputation de « Lourdes de l'amour » – à cette différence près qu'ici personne n'a envie de guérir ! – et tient à l'honorer dignement.

Première étape donc, la *casa di Giulietta*, la maison de Juliette, à cinq minutes à pied. On m'indique une ruelle et à peine ai-je fait quelques pas que je vois des groupes de touristes entrer sous un porche. Ce doit être là. Aucun doute possible. Les murs sont couverts d'inscriptions, de déclarations d'amour, de cœurs, de prénoms, de dates, de milliers de graffitis qui se chevauchent, s'emmêlent, se confondent et forment des strates de couleurs assez belles, comme un tableau de Willem de Kooning ou de Basquiat. Je me demande combien de ces couples d'amoureux ont résisté à l'usure du temps, mais ne soyons pas pessimiste.

Passé le porche, j'arrive dans une petite cour pavée et bondée. On peut à peine circuler, des centaines de personnes sont agglutinées, des jeunes, des vieux, des touristes en short, des adolescents hilares, des couples de retraités, rassemblés pour la même raison, l'amour. Et même si les rires fusent pour montrer qu'on ne prend pas tout cela au sérieux, ils ont cependant fait le déplacement.

Au fond, une statue de Juliette, à côté de laquelle les garçons se font prendre en photo. Ils l'enlacent et lui caressent le sein droit, comme une relique sacrée... Quel genre de vœux forment-ils ? De revenir dans dix ans avec la même fiancée ? Pas sûr. Ou peut-être est-ce des célibataires qui espèrent rencontrer leur Juliette... Mais je les plains : le spectacle de tous ces couples énamourés doit être d'un déprimant quand on est seul ! La ville de Vérone devrait créer un club de rencontres, le club Roméo et Juliette, je suis certaine qu'il aurait un succès fou.

La mairie reçoit déjà des milliers de lettres par an : « À Juliette, Vérone, Italie. » Avant, elle engageait des étudiants pour répondre, maintenant un *Club di Giulietta* s'en charge. Chaque année, il remet un prix qui récompense la plus belle lettre. Je devrais tenter ma chance. Mais je préférerais écrire à Roméo. Je lui dirais que j'aime un autre Roméo que j'ai rencontré à Venise, tendre et doux, hélas trop jeune pour moi, est-ce un problème, j'ai déjà beaucoup souffert à cause des hommes, je ne voudrais pas être à nouveau malheureuse...

Le *Club di Giulietta* organise également tous les 16 septembre l'anniversaire de Juliette. Ne me demandez pas comment ils ont trouvé la date, c'est sans doute l'office de tourisme qui la leur a donnée... Toujours est-il que ce jour est l'occasion d'une grande fête dans la maison de Juliette, avec représentation théâtrale en costumes d'époque, musique et danse.

Allons voir de plus près à quoi ressemble cette maison. À nouveau, des milliers d'inscriptions sur la lourde porte en bois. Il faut faire la queue. Je renonce, je reviendrai demain à l'ouverture. Mais je reste encore un moment pour observer la vraie attraction de l'endroit... le fameux balcon ! C'est au tour des filles de se faire prendre en photo. Comme il est mignon à voir, ce défilé de Juliette modernes qui sourient et adressent un petit signe à leurs Roméo restés en bas. L'une après l'autre, de la Japonaise timide à l'Espagnole rayonnante, elles s'avancent au bord du balcon et se penchent vers la cour, où des centaines de touristes les contemplent. Une légère appréhension se devine, mais il faut passer outre pour immortaliser le souvenir. Détail amusant : au milieu de toutes ces jeunes filles, quelques Roméo se glissent et se font à leur tour photographier par... d'autres Roméo ! Le romantisme a encore de l'avenir.

Dimanche 23 juin

J'adore les touristes, car ils sont sans surprise. Ce matin à huit heures et demie, il n'y a absolument personne sur le seuil de la *casa di Giulietta*. Je peux en toute quiétude me promener et admirer la très belle architecture de l'édifice. La façade est en pierre et en brique, percée d'une grande porte gothique, de fenêtres en ogive et ornée d'un petit balcon. Je m'interroge : le balcon étant placé presque au-dessus de la porte d'entrée, comment les amoureux ont-ils pu se déclarer leur flamme sans être importunés ? Mais je suis sans doute trop pointilleuse...

Hier soir, je me suis penchée sur le bien-fondé de l'emplacement de la maison de Juliette. Il semblerait que la tradition ait désigné cette maison du XIIIe siècle comme celle de Juliette simplement par analogie, une famille da Capello vivait ici approximativement à la même époque. Capello, Capulet... Une chose est sûre : la maison a été achetée par la ville en 1907 et, à partir de cette date, tout a été fait pour asseoir la légende, lui donner une réalité concrète, ou du moins de quoi contenter les touristes.

Ainsi en est-il de la statue en bronze de Juliette, qui a été placée là en avril 1972 ! Pour exaucer le vœu que fait le père de Roméo à la fin de la pièce : « Je vais lui élever une statue d'or pur »... La démarche est sympathique, mais loin d'être innocente : elle entretient le mythe. Et ça marche : Juliette tient d'une main le pan de sa robe, tandis que son autre bras est replié, ce qui permet aux fans d'y glisser un petit bouquet de fleurs. Je suis fascinée par une telle dévotion. On se croirait au mémorial de Diana, au pont de l'Alma.

J'entre dans la maison. Un grand escalier de bois monte à l'étage et j'arrive dans une grande salle vide, simplement décorée de quelques tableaux qui ont bien sûr pour sujet Roméo et Juliette. Des œuvres signées Angelo Dall'Oca Bianca ou Gaetano Chierici. Les murs peints à la chaux, le plafond à caissons, les deux petites colonnes qui découpent la pièce, les dalles de marbre au sol et les rares meubles de bois évoquent une décoration dans le goût Renaissance, mais la pièce tient plus de la salle d'exposition que de la chambre de jeune fille. On n'a tout de même pas poussé le zèle jusqu'à recréer le lit de Juliette !

Peu importe, une seule chose compte ici, le balcon. Existe-t-il un symbole plus puissant pour exprimer l'attente, l'espoir, le désir, la passion d'un être pour un autre ? Les jeunes filles s'y pressent à tour de rôle en se recoiffant dans le reflet de la fenêtre. Pas question de rater la photo, même si c'est une blague... L'office de tourisme avait bien compris qu'une maison de Juliette sans balcon était inconcevable, il en rajouta donc un en... 1935 ! Sur une photo de 1926 prise dans le château qui domine la ville, on peut voir par terre un sarcophage abandonné... Il allait connaître une seconde vie en devenant le balcon de Juliette.

À mon tour de faire une apparition. Le balcon est en marbre rose, sculpté à l'extérieur d'un bas-relief en forme de colonnes, assez étroit, on y tient à peine à deux, mais on n'a pas besoin d'être plus nombreux. L'encadrement de la fenêtre est en vieilles pierres, et en réfléchissant on s'aperçoit que les autres fenêtres de la pièce sont symétriques, en ogive, et qu'il n'y avait aucune raison de mettre un balcon à cet endroit.

Je sais : le romantisme en prend un coup, mais avec *Roméo et Juliette*, œuvre de fiction, il ne faut pas s'attacher à la vérité vraie. Il faut se laisser porter par l'histoire, et ne pas y regarder de trop près. Se souvenir avant tout de la beauté des paroles échangées quand Roméo, tout à son amour naissant, ne peut s'éloigner de sa bien-aimée, et revient sous son balcon lui déclarer sa flamme. Il la surprend alors qu'elle parle toute seule et confie à la nuit son amour pour lui. Il goûte en silence ce plaisir délicieux de se savoir aimé, puis lui fait sa déclaration. Elle y répond avec le même élan, puis l'engage à partir, par crainte qu'il ne soit surpris, mais elle-même fait des allers-retours au balcon, incapable de le quitter.

Une fois mariés, il grimpe au balcon grâce à une échelle de corde et rejoint Juliette pour leur nuit de noces dont, soit dit en passant, on ne nous dit rien... Ils sont réveillés à l'aube par le chant des oiseaux et ne se décident pas à se séparer. Ils ne le savent pas encore, mais ils ne se reverront plus vivants. Au mur, le tableau de Gaetano Chierici représente cette scène, avec la nourrice à l'arrière-plan et un paysage qui ne correspond pas à ce qu'on voit dehors, mais ce n'est pas très grave.

Les deux jeunes gardiennes du musée sont particulièrement élégantes dans leur jupe grise et leur chemisier blanc, très Juliette façon XXIe siècle ! Il doit y avoir un casting spécial, c'est vrai que c'est une place de rêve, si on cherche un Roméo ! Encore que les garçons qui viennent ici soient par définition déjà pris... En témoigne le livre d'or, où les jeunes femmes laissent parler leur cœur : « *I love Francesco, I love Massimo, I love Andrea...* » Je précise tout de suite que ce n'est pas la même main qui a écrit ces déclarations. En tournant les pages du livre, je tombe aussi sur « *I love Shakespeare* »... Celle-ci a dû être écrite par le maire de Vérone pour exprimer son éternelle reconnaissance. Il pourrait même lui élever une statue sur la place de la ville.

Un autre escalier mène à un étage supérieur, sous les toits. Y sont accrochées deux fresques du XVIe siècle, dont l'une représente une femme au balcon, les seins à l'air, sans doute une courtisane. Est-ce bien convenable dans la maison de Juliette ?

Je redescends. À côté de la caisse, une boutique propose tous les gadgets imaginables à l'effigie de Romeo et Juliette. Un tableau surtout est sans cesse reproduit, c'est *Le Baiser*, de Francesco Hayez, de 1859. Ce peintre était obsédé par son sujet, il en a fait une dizaine de versions, dont un *Adieu de Roméo à Juliette*, où l'on voit le jeune homme donner un dernier baiser à Juliette, avant de repartir... par une fenêtre ! Roméo y est plutôt bel homme, le visage viril encadré d'une courte barbe, le corps musclé et les mains larges. Juliette est plus commune. Dans un coin, la nourrice surveille toujours la scène. Il y a aussi des cartes postales reproduisant les graffitis de l'entrée... Sans doute pour la clientèle plus jeune, plus branchée ! Enfin, des disques avec des extraits d'œuvres de Verdi, de Donizetti, de Puccini, qui ont comme point commun une scène de baiser. De quoi donner de l'inspiration !

En sortant de la maison de Juliette, juste à droite, se trouve une pâtisserie qui propose justement « les baisers de Juliette », « *i baci di Giulietta* »... Ce sont des biscuits secs nappés de crème au beurre et aux noisettes. Ils existent aussi au chocolat et s'appellent alors « les soupirs de Roméo » ! Il n'y a que les Italiens pour mettre tant de poésie dans la pâtisserie. J'en achète deux, rien que pour le plaisir de la boîte, une petite boîte en carton en forme de coffret à bijoux ou de tombeau, pour rester dans la note...

Je commande un café sur la grande place centrale, la piazza delle Erbe. Elle est entourée de façades de palais décorées de fresques et surmontées de tours. J'imagine les jolis appartements qui doivent s'y trouver et je me prends à rêver d'y avoir un petit pied-à-terre. J'aime cette ambiance de village, le marché très animé, les terrasses des cafés sous les parasols, le bruit des cloches, les dames qui se sont « habillées » pour aller à la messe.

Je me promène aux alentours et débouche sur une autre place, la piazza dei Signori, beaucoup plus calme et austère. Elle ressemble à un décor de théâtre, avec le palais Renaissance qui la domine et la loggia qui la ferme. Au centre se dresse la statue d'un homme pensif et couvert d'une cape. C'est Dante, en train de composer son *Enfer*. On imagine très bien les Montaigu et les Capulet venir ici se battre en duel.

D'ailleurs, ils ne sont pas loin, ces seigneurs sanguinaires. Juste à l'angle, je tombe sur un monument aux morts étonnant. Ce sont les tombeaux des Scaligere, les tyrans qui régnaient sur la ville à la même époque. Dans la pièce, le prince de Vérone s'appelle Escalus.

Dans une rue derrière se trouve la maison de Roméo... Encore plus improbable que la maison de Juliette, mais ce n'est pas important, je ne suis plus à cela près. On n'en voit que la façade sur rue, un long mur de brique surmonté de créneaux en forme de queue d'alouette et percé d'une belle fenêtre Renaissance. C'est l'une des plus vieilles maisons de la ville, elle faisait autrefois partie du rempart qui la protégeait. Un document stipulerait qu'un Montaigu aurait vécu ici. Alors...

En prenant une rue adjacente, je passe devant l'*osteria* Romeo e Giulietta. Par curiosité, je regarde la carte. On y propose les *penne alla Romeo* et la salade *Giulietta e Romeo*... Espérons qu'ils ne poussent pas le zèle jusqu'à y verser quelques gouttes de poison ! Je préfère revenir sur la piazza dei Signori, où j'ai remarqué une jolie terrasse derrière la statue de Dante. Je déjeune là, d'une grande assiette de jambon, de quelques tranches de melon, et de l'incontournable salade tomates-mozzarella.

Il me reste un dernier lieu à visiter, le cadre où s'est joué le dernier acte de la tragédie : le tombeau de Juliette. Si j'ai pu tout faire à pied ce matin, il me faut à présent prendre un taxi pour y aller. Le tombeau se trouve à l'écart de la vieille ville, à San Francesco al Corso, un ancien couvent de capucins, construit en 1230 à cet emplacement parce que saint François d'Assise s'y était arrêté dix ans plus tôt.

L'éloignement décourage les touristes et l'endroit est beaucoup plus calme que la maison de Juliette, ce qui est appréciable, car le couvent a un charme réel. À l'entrée, je suis intriguée par un curieux arbre. Des feuilles de papier s'y balancent. Je m'approche. C'est l'« arbre des désirs », on écrit un vœu et on l'accroche aux branches... « Accroche ton désir, il sera baigné de soleil, caressé par la lune, mouillé par la pluie, éclairé par les étoiles » dit la pancarte en précisant bien que l'arbre est magique et qu'il vient de la forêt de Brocéliande. Bien sûr, bien sûr... Rien à voir avec Juliette, mais ce n'est pas grave, cela fait partie du parcours amoureux. Et je m'empresse de m'exécuter !

Après avoir fait quelques pas, je passe sous une pergola recouverte de vignes et arrive dans un ravissant cloître. L'atmosphère y est très paisible. Le soleil se glisse entre les colonnes, des oiseaux chantent dans les arbres et un puits au milieu du jardin complète cette note bucolique.

C'était donc là le refuge de frère Laurent, si on en croit la légende, et son rôle dans l'histoire est aussi important que le balcon. Roméo y épouse Juliette en cachette, il s'y cache quand il est banni de Vérone, Juliette vient y chercher de l'aide et repart avec une potion magique, enfin elle y est mise au tombeau, avant que Roméo vienne s'y tuer, suivi de Juliette ! C'est dire si ce cadre idyllique est loin de refléter les drames qui s'y déroulèrent.

Sur la gauche, un musée de fresques que je parcours assez vite. Je suis impatiente de voir la tombe. Elle se trouve de l'autre côté du cloître. Je traverse le jardin et descends un escalier très raide qui mène à la crypte. J'entre dans une première salle voûtée dont le sol est tapissé de pierres tombales. Le caveau se trouve dans la pièce à côté, plus petite et fermée de barreaux, comme un cachot. Au centre, un sarcophage de marbre rose, ouvert, vide, détérioré, le tombeau de Juliette...

L'intérieur est rempli non pas de la dépouille, mais d'un tas de petits mots, écrits sur des bouts de papier et même sur un ticket de métro ! Je ne suis pas sûre que cela soit très respectueux. Même si l'intention est bonne, puisque tout cela est fait au nom de l'amour. Je prends le ticket de métro et lis : « Que l'amour que je porte à Ninou et que celui qu'elle me porte se renforcent l'un l'autre chaque jour et qu'à la fin ils se confondent en une immensité d'amour. Aurélien. » C'est touchant, et comme dit le poète : qu'importe le flacon pourvu qu'on ait l'ivresse !

L'ambiance est recueillie, silencieuse. Nous sommes cette fois dans un véritable lieu saint. Près de moi, une jeune fille accroche avec beaucoup d'application un mot sur les barreaux de la fenêtre. Incroyable : les gens jouent vraiment le jeu, ils y croient ou feignent d'y croire. C'est surtout un symbole, un prétexte pour exprimer son émotion, les occasions sont tellement rares de nos jours. Il paraît qu'entre les deux guerres, le gardien de l'endroit avait poussé le zèle jusqu'à dresser des colombes blanches qui venaient se poser sur l'épaule des visiteurs. Effet garanti ! Et pourboire aussi !

Les parois de marbre du tombeau sont toutes ébréchées, parce que, au début du XIXe siècle, certains visiteurs indélicats repartaient avec un petit morceau. Et pas des inconnus : le poète romantique Byron, ou encore Marie-Louise d'Autriche, qui en fit un collier. Dès 1548 existait un véritable engouement pour Juliette, et afin de décourager cette vénération païenne, les autorités ecclésiastiques avaient été jusqu'à transformer le tombeau en abreuvoir ! Heureusement, ce « sacrilège » ne dura pas, on le changea simplement de place pour le mettre dans cette crypte.

En remontant, je remarque à côté de l'escalier une plaque avec les vers de Shakespeare : « *A grave ? O no, a lantern, slaughtered youth ; For here lies Juliet, and her beauty makes this vault a feasting presence full of light.* » Vous voulez sans doute la traduction française ? C'est Roméo qui parle peu de temps avant de s'empoisonner : « Un tombeau ? Mais non, ô jeune assassiné, une lanterne ; car ici Juliette est étendue, et sa beauté fait de sa tombe une salle royale emplie de lumière. » On ne peut hélas plus en juger.

Au fond du patio, enfin un buste de Shakespeare ! C'est tout de même la moindre des choses. Il date de 1910 et je lui trouve un côté un peu « Troisième République ». Je m'approche et m'étonne de ne voir aucune date, aucun hommage. Même si on sait peu de chose du dramaturge anglais, on connaît l'année de sa naissance, celle de sa mort et celle de la création de *Roméo et Juliette* : 1564, 1616, 1594. J'ai vu sur le plan de la ville qu'on avait donné son nom à une *via* pas loin d'ici. C'est bien, mais devant son buste, une petite gerbe aurait été la bienvenue. Je regrette de ne pas avoir apporté une fleur, comme le demandait Alfred de Musset dans un de ses livres. En témoignage de respect et d'admiration pour l'auteur et son héroïne. Car comme il le disait déjà il y a cent cinquante ans, « aujourd'hui plus personne ne se tue par amour »...

À la sortie du couvent, je m'arrête à la terrasse d'un café et commande un Campari soda, pour me remettre de mes émotions. Retour dans le monde moderne ; autour de moi, des immeubles des années 1960, sans charme. Brusquement une idée me traverse la tête : et sa tombe à lui ? On parle toujours de la tombe de Juliette, mais Roméo a bien été enterré quelque part... L'office de tourisme doit absolument nous trouver ça ! Je demande à la patronne du café si elle a une idée. Elle me répond avec philosophie : « *Signora, la tomba è simbolica, l'amor è infinito, la storia è universale, e se non vera, resta comunque una bella favola...* » « Madame, la tombe est symbolique, l'amour est infini, l'histoire est universelle, et si elle n'est pas vraie, la fable est quand même belle... »

Elle a bien raison. Tant qu'il y aura de l'amour sur cette terre, l'histoire de Juliette et de Roméo fera battre les cœurs.

Vita Sackville-West et Harold Nicolson
Kent

Vendredi 5 juillet

La patrie de Shakespeare ne pouvait pas être absente de ce livre. Mais quelle histoire choisir ? J'aurais pu essayer de me rendre à Fort Belvedere, pour voir le cadre où était née l'idylle entre le duc et la duchesse de Windsor, mais tout a été dit sur le sujet. J'ai alors songé à une maison dont une amie anglaise m'avait parlé lors d'un week-end chez elle dans le Kent : Sissinghurst Castle. C'était la demeure d'un couple célèbre en Angleterre, Vita Sackville-West et son mari Harold Nicolson. Les deux étaient écrivains, mais en France nous connaissons mieux les livres de Vita. Amie de Violet Trefusis et de Virginia Woolf, elle a écrit quelques best-sellers, comme *Les Édouardiens* ou *Toute passion bue.* On ne peut pas dire qu'elle formait avec son mari un couple façon « Roméo et Juliette », loin s'en faut, mais leur amour a été sincère, profond, partagé. Et aujourd'hui encore, un château entouré d'un magnifique jardin témoigne de cette relation originale et, en un sens, exemplaire...

Aller en Angleterre est toujours un plaisir. Le dépaysement est chaque fois garanti. L'Europe et le tunnel sous la Manche n'en viendront jamais à bout. La Grande-Bretagne est unique, intemporelle, fidèle à notre attente nourrie de lectures, de films et de clichés. Dernier endroit civilisé, et même si les Anglais peuvent se montrer parfois exaspérants, ils n'en possèdent pas moins un mélange de tradition, de bonne éducation et de savoir-vivre, qui vous réconcilie avec le genre humain.

Un exemple de la courtoisie des Anglais ? J'arrive à la gare d'Ashford, après deux heures d'Eurostar dont je ne dirai rien pour ne pas être désagréable... Mais tout de même : prix exorbitant, voiture à la limite du délabrement, moquette usée jusqu'à la corde, nourriture indigeste... Passons. Je sors donc de la gare très moderne d'Ashford et cherche un taxi. À l'office de tourisme anglais, on m'avait assuré que j'en trouverais un sans problème... Las ! Pas âme qui vive. Je ne me décourage pas et loue une petite voiture au comptoir Avis. Je n'ai jamais qu'une quarantaine de kilomètres à faire. Me voilà avec ma clef, dans le parking souterrain, en train de chercher ma voiture... Et bientôt je réalise que j'ai omis un léger détail : la conduite à droite. À peine me suis-je assise au volant que je comprends l'ampleur du défi à relever. Mais après tout, si des millions d'Anglais y arrivent, pourquoi pas moi ?

Quelle crise de fou rire ! Ce n'est pas conduire qui est compliqué, on se positionne une fois pour toutes sur la voie de gauche et on suit le trottoir... Le problème, c'est qu'on cherche sans arrêt le levier de vitesse. Avançant à vingt à l'heure, je me lance courageusement sur la route, la carte du loueur à portée de main. À l'écouter, Sissinghurst semblait très facile à trouver. Je n'avais qu'à tourner à gauche au feu, revenir un peu sur mes pas, tourner à droite au sens giratoire, prendre l'autoroute, sortir à... Dix minutes plus tard, j'étais totalement perdue. *Warning* et arrêt sur le bas-côté.

Je sors de la voiture et demande mon chemin au conducteur qui se trouve derrière moi. Patiemment, il commence à m'expliquer comment rejoindre la route de Sissinghurst, mais sans doute ma façon d'acquiescer à ses indications ne le convainc pas... Ou est-ce mon charme ? Toujours est-il qu'après m'avoir répété l'itinéraire une énième fois, l'homme propose plutôt de me guider... Et je me retrouve ainsi en train de suivre en voiture un inconnu dans les faubourgs d'Ashford.

Il me quitte à un croisement, après m'avoir indiqué la bonne direction. Quelle courtoisie ! Je m'engage sur une petite route de campagne charmante, semée de villages dignes de cartes postales avec leurs pubs et leurs vieilles enseignes. Çà et là des cottages en briques rouges, presque gais dans le soleil, et des constructions curieusement surmontées de grands cônes blancs dont je ne m'explique pas la fonction. Après une heure de trajet, j'aperçois enfin la pancarte de Sissinghurst Castle.

Pour être tout à fait dans l'ambiance *british*, j'ai réservé dans un *Bed and Breakfast* plutôt qu'à l'hôtel. La maison est au pied du château ; en pierre, de style géorgien, décorée comme seuls les Anglais savent le faire (Dieu soit loué !), mais chaleureuse, une vraie maison de famille. D'ailleurs, les photos des enfants sont partout présentes, disséminées au milieu d'un fouillis de vieux meubles, de coussins, de canapés en chintz et de napperons. Un escalier de bois, orné d'un miroir et d'un tableau trop grands pour l'endroit, sans doute les vestiges d'un château familial, mène aux chambres. Au pied de l'escalier, l'incontournable vieux chien qui dort.

Ma chambre est une pièce d'angle, d'un côté le parc, de l'autre la vue sur le château que je peux contempler à travers la fenêtre à guillotine, si typique. Les murs sont jaunes et les rideaux bleus Wedgwood. Des tableaux représentent des paysages de campagne, des chevaux, des bateaux. À côté du lit, la petite coiffeuse recouverte de dentelle ; sur un autre meuble, l'indispensable bouilloire électrique et les sachets de thé. Il y règne un calme total, c'est à peine si on entend au loin le son d'une cloche. L'endroit est idéal pour un week-end en amoureux, ou un rendez-vous secret, personne ne viendra vous trouver ici.

Le seul petit désagrément, c'est qu'on doit partager la salle de bains avec les autres chambres, encore que... Au moment d'ouvrir la porte, je tombe nez à nez avec un homme charmant, grand, entre trente et quarante ans, très aimable et souriant. Voilà qui donne à ce *Bed and Breakfast* un autre relief ! La décoration de la salle de bains est aussi unique : moquette moelleuse, murs mauves, canapé défoncé devant la baignoire, cheminée ; en fait, une chambre transformée en salle de bains.

Je ressors. Il est quatre heures, le soleil joue à cache-cache avec les nuages de pluie. Un temps typiquement anglais. Je suis à une minute à pied du château. Je vais m'y promener avant la fermeture. Sissinghurst est constitué d'un long corps de bâtiment en brique, les anciennes écuries j'imagine, que l'on traverse pour arriver au pied d'une haute tour. C'est tout ce qu'il reste du château construit au XVIe siècle. Et c'est ce qui a séduit Vita Sackville-West. Cette tour un rien incongrue, qui se dresse avec majesté, mais dont on voit qu'elle n'est que le vestige d'une splendeur passée... Le jardin, célèbre dans toute l'Angleterre, s'étend autour.

Avant d'entrer, la dame de l'accueil m'explique avec une amabilité toute britannique que, si je veux me familiariser avec l'histoire du jardin, une salle d'exposition est prévue à cet effet... Comment lui refuser ? Moi qui voulais seulement faire quelques pas, le nez en l'air, j'ai brusquement mauvaise conscience : il est juste que je sois ici pour tout savoir de Vita et de son mari Harold.

Dans cette grange réhabilitée, je découvre donc l'origine de ce jardin, symbole d'un amour entre deux êtres, à nul autre pareil. C'est en 1930 qu'ils se portent acquéreurs de Sissinghurst. Une presse à imprimer est là pour le rappeler... C'est le cadeau que Virginia Woolf leur a fait pour fêter leur achat. Première pièce de mobilier installée ici. Cadeau un peu particulier, généralement on offre de la vaisselle ou du moins quelque chose d'utile pour la maison, mais cadeau très symbolique : c'est sur cette presse que Virginia et son mari Leonard avaient imprimé leurs premiers livres.

Aux murs, des photos racontent la vie quotidienne de Vita et d'Harold. On les voit en 1932, lui très anglais avec sa moustache, sa pipe et son tweed, elle un faux air de Marie-Laure de Noailles. Ils sont déjà des écrivains reconnus. Vita est une romancière à succès, son livre *Les Édouardiens* lui a rapporté beaucoup d'argent, Harold est un diplomate et un historien qui a publié d'éminentes biographies.

S'ils passent leur temps dans les livres, ils n'en sont pas moins d'actifs jardiniers. Aussitôt Sissinghurst acheté, ils commencent à concevoir leur jardin. Chacun a sa fonction, Harold dessine et Vita plante. Peu à peu sortent de terre, non pas un jardin, mais dix jardins différents, les plans évoluant au fil des ruines trouvées sur place, les fondations des anciennes ailes du château. Il y a le jardin blanc, le jardin des quatre saisons, une roseraie, un carré entièrement dédié aux plantes aromatiques, un grand verger que Vita rend unique en faisant grimper des rosiers sur les troncs des pommiers. Elle obtient ainsi une floraison au printemps et une en été. Pas bête ! Harold trace des haies d'ifs taillés, dispose avec soin des statues classiques au bout d'allées, aménage de petits espaces secrets.

Forte de cette initiation, je peux à présent aller me promener au milieu des fleurs. Je passe sous un porche, traverse une pelouse et arrive au pied de la tour. Je ne résiste pas à la curiosité et commence à gravir l'escalier en colimaçon qui mène au sommet. Ses marches en bois sont hautes et il faut s'aider de la rampe pour tenir la distance. Quand je pense que Vita l'a fait jusqu'à sa mort... Sur le rebord d'une fenêtre, elle a mis sa marque justement, quatre carreaux de faïence vernissée bleue avec les lettres VITA. Un peu plus haut, on arrive à son bureau. Tout est resté en l'état, mais on ne peut en distinguer les détails qu'à travers une grille. Dommage. Au-dessus, deux autres pièces blanchies à la chaux ont été transformées en salles d'exposition, où sont accrochées des photos et des planches d'herbier.

Je redescends flâner dans le jardin. Je vais un peu au hasard, traverse le verger, tombe sur le jardin aromatique, longe un étang, reviens par le jardin blanc. Sans doute le plus impressionnant : délimité par des haies de buis, d'énormes massifs de marguerites et de lys encadrent une grande tonnelle qui croule sous les roses blanches. C'est magnifique. Derrière, la silhouette de la tour se découpe dans le ciel et semble gigantesque.

Je rentre prendre le thé et discute un peu avec mes hôtes, Mr et Mrs Stearns. Ils m'apprennent que le fils de Vita Sackville-West habite toujours la maison et que peut-être il me recevrait... Âgé de quatre-vingt-cinq ans, il a écrit plusieurs ouvrages sur ses parents et en parle volontiers. Ils l'ont toujours connu, car eux aussi sont là depuis de nombreuses générations, et ils m'expliquent qu'il est absolument charmant. J'accepte volontiers qu'ils l'appellent et rendez-vous est pris pour demain matin.

J'en profite pour leur demander s'il existe au village un pub où je pourrais dîner. Le *Bed and Breakfast* a tous les charmes, sauf celui du room service ! Mrs Stearns me conseille à quelques miles une auberge, qui est paraît-il le *must* de la région. À huit heures, je pars donc à la recherche de *The Three Chimneys*, dont le nom contrairement à ce qu'on pourrait croire ne signifie pas « les trois cheminées », mais est une traduction approximative des « trois chemins ». L'histoire veut que des Français présents ici en 1745 en soient à l'origine.

Avec une chance incroyable, je découvre après un virage l'enseigne de l'auberge. Un vrai décor de film : j'entre dans une pièce basse, ornée de poutres, d'un plancher brut et de tables en bois simplement éclairées d'une bougie. Derrière le bar, un homme sert force bières et m'invite à en goûter une, en attendant ma table. Il m'explique que les cônes blancs que je vois partout dans les champs sont des séchoirs à houblon. J'en apprends des choses... J'ai oublié de dire que devant la façade en pierre sont garées quelques Bentley et autres Ranger Rover. On se croirait dans un épisode de *Chapeau melon et bottes de cuir*. Le dîner est délicieux et le garçon qui s'occupe de moi parle quelques mots de français. Nous bredouillons de concert et tout cela est très sympathique.

Je ne rentre pas trop tard, car je dois ce soir compléter mes informations sur Vita et Harold. Il faut que je sois à la hauteur pour mon rendez-vous de demain. Je connais les grandes lignes de leur histoire d'amour, sa singularité et sa qualité, mais il me manque quelques repères biographiques. Et ce que je découvre me les rend encore plus attachants.

Ils ont acheté Sissinghurst, parce que Vita était tombée amoureuse de cette vieille tour qui lui rappelait le château de son enfance. La fille unique de Lord et Lady Sackville était née et avait vécu jusqu'à son mariage dans l'un des plus beaux châteaux d'Angleterre, Knole. Un cadre dont elle s'est servie pour son roman *Les Édouardiens*, grande fresque autobiographique sur les aristocrates à la campagne. Malheureusement, elle ne put en hériter et en conçut une éternelle nostalgie.

Enfance rêvée donc, mais adolescence torturée. Elle se trouve « laide, efflanquée, noirâtre, sauvage et déplaisante ». Un vrai garçon manqué qui grimpe aux arbres, aime la solitude et se réfugie dans l'écriture. Autant passionnée qu'elle peut être timide et réservée, la jeune Vita est complexe, insaisissable, double. Une dualité qui ne la quittera pas.

En 1913, elle épouse le diplomate Harold Nicolson. Elle a vingt et un ans, un côté un peu masculin, elle est très grande (1,79 m), pas vraiment belle. Ce qui ne semble pas gêner son mari. Elle dira de lui : « Certains hommes sont nés pour devenir des amants, d'autres des maris. Harold appartient à cette deuxième catégorie. » L'entente est réelle et l'affection partagée. Quant au reste... Vita avoue apprécier cette relation « si fraîche, si intellectuelle, si peu physique ».

Nous y voilà ! Le grand secret de la réussite de ce couple, c'est qu'ils sont tous les deux homosexuels ! Original, non ? Bien sûr, c'est une forme d'amour un peu particulière, mais finalement est-ce que chacun n'a pas sa façon d'aimer ? Seul le résultat compte, or Vita et Harold vont partager près de cinquante ans de vie commune. Pour être plus précis, ils ne sont pas homosexuels, mais bisexuels, ce qui explique la naissance de deux garçons, Benedict en 1914 et Nigel en 1917. Au fond, une famille presque banale.

Pour Vita, « il existe des personnalités doubles, alternativement dominées par des éléments féminins ou masculins », les deux tendances cohabitant et oscillant plus d'un côté que d'un autre, en fonction des rencontres, de l'humeur, du désir. Très en avance sur son temps, elle prédit que dans le futur les relations homosexuelles cesseront d'être considérées comme anormales et que « les sexes se confondront plus ou moins en raison de leur ressemblance croissante »... Des paroles prophétiques, car nous y sommes : le XXIe siècle, c'est la naissance du troisième sexe. Il n'y a qu'à voir la nouvelle génération, totalement androgyne.

Un an après la naissance de son second enfant, elle se laisse emporter dans une relation passionnelle avec son amie d'enfance Violet Trefusis, qui ne s'est pas encore mariée et porte toujours le nom de sa mère, Alice Keppel. Ce nom vous dit quelque chose ? Et pour cause...

Elle était la maîtresse d'Édouard VII et l'arrière-grand-mère de Camilla Parker-Bowles. Qui doute encore de la génétique ?

Contrairement à sa mère qui était la discrétion même, Violet se moque du qu'en-dira-t-on et affiche sa relation avec Vita. Les deux femmes partent à Paris vivre en toute impunité leur histoire d'amour. Vita s'habille en homme et se fait appeler Julian... Pour éviter le scandale qui est à deux doigts d'éclater, Alice Keppel annonce les fiançailles de sa fille avec un officier des Royal Horse Guards. Deny Trefusis est très épris de Violet et il est prêt à tout pour l'épouser : jusqu'à accepter l'idée de ne pas avoir de relations sexuelles avec elle !

Il semblerait qu'en fait le pauvre garçon ait terriblement souffert lors de la Première Guerre mondiale et soit depuis un peu limité physiquement... Ce qui expliquerait sa tolérance. Cela me rappelle l'histoire de *La Comtesse aux pieds nus* : lorsque Ava Gardner épouse son comte italien, elle croit le bonheur arrivé, elle s'offre à lui lors de la nuit de noces, mais lui se détourne. Il lui tend un papier officiel de l'armée... qui déclare qu'il n'a plus toute sa virilité !

Le mariage de Violet bouleverse Vita, elle se sent abandonnée. Elle s'en ouvre à Harold, qui la réconforte. Il l'assure de son amour et de son soutien. Voilà un homme plus que compréhensif. Mais quand les deux femmes se retrouvent et font une deuxième fugue en France, leurs maris sont solidaires et partent à leurs trousses ! Ce sera la seule fois où le mariage paraîtra sérieusement menacé. Après avoir traversé les trois années que durera la passion entre Vita et Violet, le couple sera invincible.

En 1922, une autre figure féminine fait son apparition : Virginia Woolf. Elle a dix ans de plus que Vita et leur relation sera surtout intellectuelle, mais extrêmement puissante. Fascinée par son génie, sa folie, sa force de création, Vita est profondément influencée par Virginia. Celle-ci subit aussi le charme de Vita. Elle la prend comme modèle pour son roman *Orlando*, ce héros tantôt homme tantôt femme qui traverse les siècles. Une abondante correspondance témoigne de leur amitié amoureuse, quelquefois émaillée de scènes de jalousie.

Car Vita noue des liaisons avec d'autres femmes et même, pendant une courte période, avec un homme. Elle est incapable d'avoir une vie amoureuse simple, il lui faut des émotions fortes, des déclarations, des ruptures, des drames. C'est pour elle une nécessité afin d'apaiser tension et dépression. Cet état amoureux permanent l'aide à écrire. Pourtant, elle conçoit des romans tout ce qu'il y a de plus classiques, au désespoir de son mari qui souhaiterait la voir mettre « un peu plus d'excentricité dans son œuvre et un peu moins dans sa vie » !

De son côté, Harold a des aventures dans les capitales étrangères où il est envoyé en poste, mais le sexe ne l'intéresse pas vraiment. Il considère que le physique est secondaire. J'ai rencontré au cours de ma vie beaucoup d'hommes comme cela, esthètes raffinés, aimant les jeunes gens dans la peinture, la sculpture, mais jamais dans un lit... Sans doute un reste d'éducation stricte, de puritanisme, de principes moraux les empêchait-il de sauter le pas, ou était-ce simplement par timidité ?

Harold suit avec flegme les coups de cœur de son épouse. Ils ne remettent pas en cause son amour pour elle. Leur mariage est fondé sur une confiance absolue et une grande complicité. La notion de fidélité n'est plus la clef de voûte de l'édifice, d'autres principes la remplacent. Ils se confient tout, non sans humour. Pour parler de leurs affaires de cœur, il dit « tes complications », elle « tes amusements »... Respect mutuel et intelligence président à leur entente. Leur union est un partenariat où chacun peut compter sur l'autre.

Cela ne me choque pas du tout. Je connais de nombreux ménages où la dame s'accommode très bien de la compagnie d'un homme qui dans son passé a préféré les garçons. J'ai même un couple de mes amis qui vit exactement la même situation que celle de Vita et d'Harold. Lui est écrivain, elle est peintre, ils sont très unis et parfaitement heureux ensemble. Sans doute le fait qu'ils soient artistes explique que cela marche : chacun a l'habitude et le besoin d'être seul pour créer, donc ils se laissent une grande indépendance. Une situation plus difficile à imaginer, par exemple, avec le boulanger et la boulangère.

L'attachement entre Vita et Harold est tel que, malgré leurs aventures, ils souffrent d'être éloignés l'un de l'autre. Obligé de voyager fréquemment à l'étranger, Harold finit par démissionner du ministère des Affaires étrangères, pour rester près de sa femme. Il devient écrivain, journaliste et animateur de radio. Au début des années 1930, il se lance dans la politique et il est élu au Parlement comme membre du parti travailliste. Ce qui peut paraître incroyable pour un couple aussi original.

Il habite un appartement à Londres, elle vit dans une maison à la campagne où il vient la retrouver les weekends. Ils s'y livrent déjà à leur passion du jardinage. Mais la ferme voisine a été achetée par des éleveurs de volailles et la perspective d'être cernés par une dizaine de poulaillers les effraie. Ils vendent leur maison, cherchent autre chose dans les environs et tombent un jour sur Sissinghurst Castle.

Signe du destin ? Vita le croit. Harold a fait des recherches dans la bibliothèque historique de Londres et a trouvé qu'au XVIe siècle le propriétaire d'alors, Sir Richard Baker, avait marié sa fille à un certain Thomas Sackville... C'est donc un peu un château de famille. Ou plus exactement, ses ruines. De la noble demeure Tudor, il ne reste qu'une curieuse tour octogonale en brique, entourée de bâtiments de ferme et de trois hectares et demi de champs. Tout est à reconstruire. Vita et Harold se lancent avec enthousiasme dans l'aventure. Le succès des *Édouardiens* finance l'entreprise.

Ils s'y installent en 1932 et jusqu'à sa mort, c'est-à-dire trente ans plus tard, Vita va s'y consacrer exclusivement à l'écriture et à ses fleurs. Elle rédige ici vingt livres et, durant seize ans, donne toutes les semaines à *The Observer* un article sur le jardinage. Quant à Harold, il publie plusieurs biographies, dont une du roi George V, ce qui lui vaut d'être anobli. Cette rigueur au travail a une raison : tout l'argent gagné est aussitôt investi dans le jardin.

Les années passent et leur affection ne faiblit pas. Vita connaît d'autres amitiés amoureuses avec des femmes à qui elle adresse poèmes exaltés et lettres brûlantes, surtout pour le plaisir de les écrire. « En moi vous avez deux cordes de la lyre sur lesquelles jouer... » Elle fait preuve de beaucoup d'esprit et s'amuse par exemple un jour à employer des formules à double sens dans un de ses articles consacré au ratissage... C'est le terme qu'elle emploie avec Harold pour parler de leurs amours de rencontre, on dirait aujourd'hui la drague. Quand elle meurt en 1962, à l'âge de soixante-dix ans, Harold est désespéré. Il la pleure durant des semaines et ne lui survivra que six ans.

Samedi 6 juillet

J'ai passé une nuit délicieuse, dans un lit divin au vieux matelas de laine, un peu mou, pas très bon pour le dos, mais tant pis, on y dort tellement bien. Que ce soit à Armainvilliers ou à Pregny, j'ai toujours eu des matelas de laine, il n'y a rien de plus délicieux que de s'y enfoncer, avec un gros édredon par-dessus. Le soleil entre par la fenêtre ouverte et j'entends des dizaines d'oiseaux gazouiller dans le parc. La campagne anglaise avec un rayon de soleil a tout de même un charme fou.

Je descends prendre mon petit déjeuner dans la salle à manger, c'est aussi cela le charme du *Bed and Breakfast*... Je ne suis pas contre la table d'hôte, cela peut même être plaisant, mais il faut que les gens aient de bonnes manières de table, autrement c'est insupportable. Mon hôtesse m'accueille d'un vibrant « *Good morning !* » Impossible d'être déprimée après cela. Elle me demande ce qui me ferait plaisir et me propose les mille facettes du véritable *English breakfast* : thé, *white toast*, bacon, œufs brouillés, champignons, saucisses... Je dis oui à tout. Sur la longue table de bois recouverte de dentelle sont alignées les confitures maison, le miel du Kent, le *lemon curd* que je préfère ne pas essayer. Et qui vois-je arriver ? Le grand jeune homme que j'ai croisé hier devant la salle de bains, accompagné... de son fiancé ! Décidément.

À dix heures, Mr Stearns me conduit auprès de Mr Nigel Nicolson. J'arrive devant le long bâtiment de brique, mais alors que les visiteurs s'engouffrent sous le portail, je me dirige vers une petite porte à droite. Depuis 1967, Sissinghurst est un musée géré par le National Trust, mais le fils de Vita a pu rester sur place et habiter cette partie de la maison. C'est très courant en Angleterre. Mon cousin Lord Jacob a fait exactement la même chose avec l'éblouissante demeure familiale de Waddesdon.

Nigel Nicolson me reçoit dans une adorable maison basse, avec cheminée, poutres, tableaux, livres, canapés, la vraie maison de campagne, où l'on aime paresser au coin du feu. Très grand, il a cette distinction des *gentlemen* anglais, faite de réserve, de politesse attentive, de beaucoup d'esprit et d'une certaine nonchalance dans la mise. Je l'écoute avec un réel plaisir. Par petites phrases, il dépeint ses proches, une atmosphère, une époque, avec une grande justesse et, toujours sous-jacente, une douce ironie.

Je remarque un ravissant portrait de femme accroché au mur. Je lui demande si c'est Vita. « Non, c'est sa mère, Lady Sackville, peinte par Sargent. Elle était très féminine. À l'époque de ce tableau, elle avait quarante ans, mais elle en paraît beaucoup moins. Sargent avait réalisé un autre portrait qu'elle n'avait pas trouvé assez flatteur et avait détruit d'un coup de couteau ! Elle pouvait se le permettre, il était amoureux d'elle. » Je comprends d'où vient le tempérament passionné de Vita... Dans une pièce à côté, il me montre un autre portrait de Lady Sackville, celui-ci par Helleu, elle a alors quarante-deux ans, elle en paraît seize ! Sans doute cette mère si belle et si sophistiquée a-t-elle été pour Vita, qui n'était pas jolie, une cause de souffrance.

Mr Nicolson me montre les livres qu'il a écrits, deux concernent directement ses parents, l'un présente la correspondance qu'ils ont échangée durant cinquante ans, et dans le second il livre ses souvenirs. Il vient d'en terminer un troisième sur Virginia Woolf, où bien sûr il évoque sa mère. Je suis admirative devant sa bibliothèque, mais il me dit qu'elle n'est rien comparée à celle qui se trouve dans l'autre partie de la maison et que l'on peut visiter.

Comme je ne l'ai pas vue hier soir, il m'y entraîne. Elle se trouve dans le même bâtiment de brique, mais de l'autre côté du portail. Elle est tapissée de livres, de boiseries et de tableaux. Face à l'entrée, au-dessus de la cheminée, un très beau portrait de Vita. « Il a été peint par Philip de Lazslo en 1910 », m'explique Nigel Nicolson. C'était donc trois années avant son mariage, elle avait dix-huit ans. « Elle ne l'aimait pas, parce qu'elle le trouvait trop solennel, trop sophistiqué. » Il lui rappelait une période de sa vie, celle de son adolescence, où l'élégance, les mondanités, le vernis social avaient toute leur importance. Rien à voir avec sa vie à Sissinghurst ! « Elle l'avait caché au grenier, où je l'ai trouvé après sa mort. Dieu soit loué, elle ne l'avait pas détruit, ce qu'elle aurait très bien pu faire... »

La bibliothèque fait quinze mètres de long et servait aussi de salle à manger officielle. Enfin, servir n'est pas le mot juste, si on en croit Mr Nicolson : « Nous ne venions que rarement ici, la pièce était trop grande pour nous quatre et il n'y avait jamais d'invités, ou très peu. C'était un choix délibéré. Ainsi, il n'y avait pas de chambre d'amis, car mes parents considéraient que si vous en avez, vous vous devez d'avoir des invités... Ce qui n'est pas faux. Or, ma mère ne le souhaitait pas, elle recevait quelquefois pour le déjeuner, plus souvent pour le thé, c'est tout. Elle avait été très mondaine dans ses jeunes années, mais ici elle vivait en recluse. Nous n'avons jamais donné de fête, sauf une fois... À la fin de la guerre, quand nous sommes rentrés avec mon frère, après quatre années passées à l'étranger, nous avons eu envie de célébrer notre retour. Elle a demandé : “ Mais pourquoi ? ” Nous lui avons expliqué que la guerre était finie, que nous l'avions gagnée, que nous étions sains et saufs, à nouveau réunis, et que cela faisait une bonne raison ! Alors elle a répondu que nous ne connaissions personne à inviter ! Ce qui était vrai. Mais en faisant le tour des environs et en acceptant des amis d'amis, on a finalement réussi à réunir une cinquantaine de personnes. Tout s'est passé plus ou moins bien, jusqu'au moment où une *lady* est venue trouver ma mère : “ Pouvez-vous me dire qui est cette femme avec le chapeau bleu là-bas ? ” “ Oui, bien sûr, c'est Mrs Anton Smy. ” Et l'autre de répondre : “ Certainement pas, *je* suis Mrs Anton Smy ! ” Nous n'avons jamais redonné une autre *party*... » Vous comprenez pourquoi j'écouterais Mr Nicolson pendant des heures ?

Outre les tableaux, la pièce est décorée d'un mélange d'objets assez hétéroclite, comme une statue en bois représentant une Vierge, faite par un artiste yougoslave en 1920 et achetée par son père vingt livres, un guéridon recouvert d'un magnifique plateau en lapis-lazuli, meuble provenant de sa grand-mère, un portrait islamique acheté au bazar, du temps où Harold était en poste en Perse.

Nous ressortons et Mr Nicolson me demande si j'ai vu le bureau de Vita dans la tour. Je lui réponds qu'à travers la grille on ne peut guère se faire une idée. Il me propose de me le faire visiter. Je saute de joie. Nous montons l'escalier en colimaçon et pénétrons dans la pièce où Vita a passé trente ans de sa vie. Rien n'a bougé. Sur son bureau faisant face à une tapisserie accrochée au mur, une photo d'Harold, une autre de Virginia Woolf, et derrière elle, les sœurs Brontë. Quand on pense que Vita a écrit là une vingtaine de livres, assise sur une chaise en bois qui a l'air bien inconfortable... Autour d'elle, des bibliothèques basses courent le long des murs et de part et d'autre de la pièce de larges fenêtres à croisillons donnent d'un côté sur l'entrée, de l'autre sur le parc, mais de grands rideaux en tamisent la lumière. Sur le rebord, une petite collection d'opalines et sur une table au centre, un grand bouquet de fleurs fraîches comme quand elle était là...

Nous poursuivons notre ascension, dépassons les salles d'exposition, pour arriver sur la terrasse du toit. Nous dominons l'ensemble du jardin et la vue est superbe. Le tracé d'Harold prend tout son sens, je comprends son goût des lignes, des jardins clos, des haies d'ifs bien taillés. Derrière les frondaisons, un toit se dessine, mais ce n'est pas la maison du jardinier comme je le crois. « C'est le *cottage*, la première maison qu'ils ont habitée pendant la restauration de la tour. Au début, il n'y avait rien, pas d'électricité, pas d'eau courante, cela ne gênait pas trop ma mère, mais beaucoup mon père qui aimait son confort. Il a dû s'y faire, car ils n'ont jamais installé de chauffage central ! Ma mère travaillait emmitouflée de couvertures. Elle passait ses journées dans la tour à écrire, lui avait son bureau dans le *cottage*, où ils se retrouvaient pour dormir, mais dans deux chambres séparées. »

Nous nous y rendons. La petite maison de brique est idéale et je m'imagine très bien y passer un week-end. Devant sa porte, le premier jardin que Vita et Harold ont planté. Un rosier blanc grimpe sur la façade. Des variétés de fleurs dans les tons jaune orangé se répondent d'une plate-bande à l'autre... Une subtilité de couleurs qui doit beaucoup à la main de Vita.

En revanche, à quelques mètres de là se trouve une longue allée de tilleuls très droits, un peu austère, qui, elle, est l'œuvre d'Harold. Il souhaitait recréer l'esprit d'un jardin à l'italienne, avec au bout de l'allée une statue XVIIIe, représentant Pomona et provenant de Bagatelle, et de l'autre côté, la perspective filant vers l'étang. Il aimait cette symétrie, mais quand il la montra à Vita, elle lui répondit : « C'est exactement comme le quai n° 5 à la gare de Charing Cross ! » Ce qui prouve qu'elle avait de l'humour. Mr Nicolson me corrige : elle avait de l'esprit, mais pas d'humour.

Ce parc est donc le reflet de leurs deux personnalités, classique pour lui, romantique pour elle. Nous passons d'une petite pièce de verdure toute ronde, uniquement composée d'ifs impeccablement taillés, à un jardin foisonnant de fleurs dans les tons de violet cette fois, avec de la lavande, des clématites, des dahlias, de la bergamote, des delphiniums... Le goût de Vita. Tout comme la roseraie où les roses anciennes, qui ne fleurissent qu'une fois, se marient à d'autres fleurs à la floraison plus tardive.

Le jardin blanc a un côté plus formel et sans doute doit-il son dessin au crayon d'Harold. D'ailleurs, sous la tonnelle est disposée une grande jarre chinoise qu'il avait achetée au Caire. Quant au jardin d'herbes aromatiques, c'était le préféré de Vita. Il se compose de cent vingt variétés différentes, mais uniquement pour le plaisir des yeux et du nez, Vita n'ayant pas une passion débordante pour la cuisine. « Ma mère était incapable de faire cuire un œuf. Quand elle travaillait, le chef lui préparait une assiette de jambon et une salade, mais souvent elle n'y touchait même pas. »

Nous remontons vers la maison. Avec beaucoup de poésie, Nigel Nicolson parle des papillons qui sont comme d'autres fleurs, mais qu'il voit de moins en moins ; des nuits de pleine lune qui donnent au jardin une blancheur irréelle au milieu des ténèbres ; et aussi de sa mère : « Je n'ai jamais été proche d'elle, j'étais plus lié à mon père. Elle n'était pas très affectueuse avec nous, les enfants, elle était plus démonstrative avec Harold. Ils étaient très différents : lui extraverti, un grand conteur, brillant dans les dîners, elle timide, réservée, effrayée à l'idée d'engager la conversation, alors qu'elle avait tant d'aisance dans l'écriture. Nous n'avons jamais réellement parlé ensemble, je me souviens juste d'une conversation avec elle sur la poésie, elle me racontait l'histoire des sœurs Brontë, j'avais huit ans. Je n'habitais pas ici, j'étais au collège et ne venais qu'une demi-douzaine de fois par an, elle n'avait aucune idée de ce que je pouvais vivre à Eton, je partageais cela avec mon père. Elle n'avait pas la fibre maternelle, mais elle a été toujours parfaite avec lui. Sauf peut-être au début, quand elle est partie avec Violet, toutefois elle s'est sentie profondément coupable par la suite. Je crois pouvoir dire qu'en un sens c'était un mariage réussi, car ils se sont mariés par amour et leur amour s'est approfondi d'année en année. Malgré une infidélité mutuelle et consentie, ils avaient une profonde dévotion l'un pour l'autre et leur union a survécu à l'incompatibilité sexuelle. Elle en est même devenue plus forte et plus belle. »

Une photo de Cecil Beaton témoigne de cette vie conjugale extraordinaire. On y voit Harold et Vita à la fin de leur vie, ils sont dans leur jardin en compagnie de leur chien. Les années ont marqué leurs corps, et leurs regards sont fatigués. Il y a longtemps que les frasques de chacun sont oubliées. Ne restent que la tendresse, l'estime, la sérénité d'une vie remplie d'affection et de travail.

Lors d'une émission de radio en 1929, ils donnèrent leur définition du mariage : « Un mariage réussi représente le plus grand avantage humain. Il doit être fondé sur l'amour guidé par l'intelligence. La condition essentielle est d'avoir le même sens des valeurs, et les seules choses capables d'apaiser la nervosité conjugale sont la discrétion, la bonne humeur et, par-dessus tout, l'activité... »

Une conception qui est exactement la mienne.

Zelda et Scott Fitzgerald
Cap d'Antibes

Mercredi 28 août

À la même époque que Vita et Harold, un autre couple anglo-saxon défrayait la chronique. Couple légendaire s'il en est, beaucoup plus tapageur que nos deux Anglais finalement très comme il faut. Normal, ils étaient américains... Je veux parler de Scott Fitzgerald et de son épouse Zelda.

Rien qu'en prononçant leurs noms, le décor se met en place : on imagine aussitôt l'élégance des années 1920, le charleston, les chapeaux-cloches, les cocktails et, bien sûr, la Côte d'Azur. C'était alors le début de la saison estivale. On découvrait les joies des bains de mer, du soleil, du bronzage. Une révolution ! Jusqu'à présent, lords anglais et Russes flamboyants ne venaient qu'en hiver. Dès le mois d'avril, tout le monde remontait vers le nord. Mais, après la Première Guerre mondiale, une nouvelle clientèle a vu le jour. Mélange d'aristocrates hédonistes et d'artistes, séduits par la qualité de la lumière, la douceur de l'air, la sensualité des corps qui se dénudent.

Cette nouvelle mode est lancée par un petit groupe d'Américains au nombre desquels se trouvent Scott et Zelda Fitzgerald. Le couple, célèbre à New York, est inconnu en France. Mais leur beauté et leurs excentricités leur assurent vite une certaine notoriété... Ils deviennent les parfaits symboles d'un style de vie débridé et irrévérencieux qu'ils vont pousser à son paroxysme.

C'est au cap d'Antibes que je retrouve leurs traces, et plus exactement à l'hôtel Belles-Rives, de Juan-les-Pins. Dès le hall d'entrée, on sent l'endroit « habité ». De taille humaine, l'établissement ne compte que quarante-cinq chambres, il a gardé son architecture d'origine et le style de la décoration me plonge aussitôt dans le passé. Meubles Art déco, petits guéridons de bois, murs peints de fresques aux couleurs passées, ornements de stuc, lampadaires chromés, ascenseur en fer forgé et, au-dessus de la réception, six vieilles horloges qui donnent l'heure de New York, de Santiago, de Tanger, de Bombay, de Tokyo et des Antilles ! À côté, la photo du couple légendaire.

L'hôtel occupe une situation unique, juste au bord de l'eau. Une grande porte vitrée donne sur la terrasse et la mer. Une proximité qui n'existe pas à l'Hermitage ou à l'Hôtel de Paris, ni même au Carlton ou au Martinez où la route vous sépare de la plage. Ici, rien n'altère la vue sur le golfe, les vagues qui scintillent dans le soleil, les yachts blancs qui filent au loin. Pas une voiture, pas un immeuble de béton pour enlaidir cette vision sublime, ce retour à l'essence de la nature, l'âge d'or de la Côte d'Azur.

De ma chambre, même impression de bonheur diffus. La fenêtre en *bow window* s'ouvre sur un petit balcon d'où je contemple la plage, la jetée couverte de transats, le ponton de l'hôtel et ses fanions multicolores, les départs de ski nautique. Si la chambre est à l'ombre, la baie en face se découpe dans le soleil. De part et d'autre de l'hôtel, des pins parasols le protègent de toute agression moderne et j'oublie les horreurs que je viens de voir en traversant Juan-les-Pins.

À dix-sept heures, je retrouve autour d'un thé la propriétaire du Belles-Rives, Mme Marianne Estène-Chauvin. Elle est la petite-fille du fondateur et ensemble, nous remontons le temps. L'histoire commence à l'époque de ses arrière-grands-parents qui arrivent à Juan-les-Pins au début du XXe siècle. Elle est d'origine anglaise, lui est d'origine turque. Ils ouvrent deux hôtels, le Splendid et les Ambassadeurs. Il n'est pas encore question de saison estivale et les clients sont des pensionnaires qui passent là tout l'hiver.

Ce couple a deux filles et l'une d'elles rencontre dans les années 1920 un émigré russe venu tenter sa chance, Boma Estène. Il la séduit, travaille au Splendid, gagne un peu d'argent et rêve de pouvoir à son tour ouvrir un petit établissement. Justement, il a repéré une villa sur le bord de mer qui pourrait convenir. Nous sommes en 1927. L'année précédente, elle était louée par un couple d'Américains extravagants, mais à présent elle est libre. Il se porte acquéreur et transforme en hôtel la villa *Saint Louis*, qui a été durant un été le cadre de la vie mouvementée de Scott et Zelda Fitzgerald.

S'ils fréquentent depuis 1924 la Côte d'Azur, ils choisissent en 1926 Juan-les-Pins pour être près de leurs nouveaux amis, Gerald et Sara Murphy. Cet autre couple d'Américains a acheté sur les hauteurs du cap d'Antibes une maison qui est très vite devenue le point de chute de toute une colonie d'artistes, d'écrivains et d'esthètes. À la villa *America*, se pressent leurs voisins, Picasso et sa femme Olga, Rudolph Valentino, Dos Passos ou Gertrude Stein qui commente : « Ensemble, ils étaient extraordinaires. Ils se stimulaient à un tel point que tout le monde se sentait électrisé rien qu'à les regarder. »

Une petite bande sympathique que Scott Fitzgerald décrit avec humour : « Il n'y a personne cet été à Antibes sauf moi, Zelda, les Valentino, les Murphy, Mistinguett, Rex Ingram, Dos Passos, Alice Terry, les MacLeish, Charlie Bracket, Maud Khan, Esther Murphy, Marguerite Namara, E. Phillips Oppenheim, le violoniste Mannes, Floyd Dell, Max et Chrystel Eastman, l'ex-Premier ministre Orlando, Étienne de Beaumont. C'est l'endroit rêvé pour vivre à la rude, pour s'évader du monde. »

Les Murphy sont riches, mais ils vivent avec nonchalance et désinvolture. Héritier d'une fortune industrielle, Gerald Murphy a quitté New York pour la France. Avec son épouse et leurs trois enfants, ils se sont tout d'abord installés à Paris, puis, invités en 1922 par leur ami Cole Porter qui louait le château de la Garoupe, ils ont découvert le cap d'Antibes et ne sont plus repartis. Subjugués par la beauté du site, les senteurs d'eucalyptus et de cyprès, la pureté de la mer, ils ont décidé de commencer là une nouvelle vie entièrement vouée à la nature.

Ils passent leurs journées à se baigner, à se dorer au soleil, à jardiner. Gerald peint, Sara élève ses enfants dans une grande liberté, à l'américaine. Ainsi, elle fait planter pour eux, au milieu des citronniers, des figuiers et des mimosas du jardin, des plants de maïs... Cela me fait penser à mon beau-père, le baron Maurice, qui quel que soit l'hôtel où il se trouvait, faisait venir son matelas, son vin, ses fruits, son eau.

Ce style de vie très « bohème chic » fascine les Fitzgerald qui y voient un modèle. Marié en 1920 à New York, le couple incarne parfaitement les années folles : gloire rapide, envie de s'étourdir, mépris des convenances, impatience de vivre. Ils sont jeunes, beaux, ambitieux. Scott est un auteur à la mode. Son roman *L'Envers du paradis* a rencontré un grand succès et a décidé de son mariage... De nature fantasque et capricieuse, Zelda lui avait dit qu'elle l'épouserait à la seule condition qu'il réussisse !

C'est à présent chose faite. Avec lui, elle se laisse emporter dans un tourbillon de plaisirs, dépense sans compter et multiplie les excentricités. Elle plonge dans une fontaine, arrive à un dîner et demande à ses hôtes qu'on lui fasse couler un bain, dit ce qui lui passe par la tête avec une franchise qui stupéfie ses interlocuteurs... Bien qu'ils soient chassés des hôtels pour tapage nocturne et dégradations, leur beauté et leur absence de complexes en font le couple le plus en vue de New York.

En 1921, Zelda accouche d'une petite fille, Scottie, mais la maternité ne la calme pas. Elle écrit des articles pour des journaux, car elle ne supporte pas l'idée de rester dans l'ombre de son mari, une obsession qui la poursuivra toute sa vie. Elle multiplie les provocations et derrière ce caractère imprévisible commence à apparaître une fêlure... Elle s'est mise à boire, rejointe par Scott qui doute de son talent et qui est hanté par l'échec professionnel de son père, conduit à la faillite. La fête tourne rapidement à la « gueule de bois ».

Sentimentalement, le couple se cherche aussi. Leur amour est passionné, mais torturé et douloureux. Pour ces deux êtres aux tendances suicidaires, aux pulsions autodestructrices, l'amour est un rapport de forces entre maître et esclave. C'est « Johnny, fais-moi mal ! » Pour repartir à zéro, Scott et Zelda décident de renaître sous d'autres cieux.

Ils choisissent la Côte d'Azur, et durant l'été 1924, s'installent avec leur fille dans une villa à côté de Saint-Raphaël. Le décor est plus bucolique qu'à New York, mais leur style de vie ne change guère : ils dînent tous les soirs dehors, boivent encore plus, font scandale. Le désenchantement leur colle à la peau... D'autant que les tensions se ravivent. Zelda a un flirt avec un aviateur français, ce qui rend Scott fou de rage. Il est d'une jalousie maladive. Avant de pouvoir l'épouser, il écrivait : « Il me serait égal qu'elle meure, mais je ne supporterais pas qu'elle en épouse un autre. »

C'est dans ce contexte qu'ils font la connaissance de Gerald et Sara Murphy. On imagine l'impression que peut produire sur eux ce couple rayonnant, amoureux, heureux, équilibré et parents admirables... Tout ce qu'ils ne sont pas. Début d'une amitié où les sentiments se mêlent, l'admiration, la tendresse, mais aussi l'envie, la jalousie. Cette image du bonheur est insupportable pour ces deux êtres instables, qui ne cessent de répéter : « Nous ne croyons pas à ce qui dure. »

Ils profitent toutefois durant plusieurs étés de leur hospitalité, de leur gentillesse et de leur patience... Car les vacances avec les Fitzgerald ne sont pas de tout repos. Scott conduit pied au plancher, accélère dans les virages, tout en donnant du feu à Zelda, ravie de voir les passagers tétanisés par l'angoisse. Il fait scandale au casino de Juan, où il pénètre ivre mort, enroulé dans un paillasson, vide les cendriers sur la tête des clients et poursuit les serveurs pour les scier en deux !

Zelda n'est pas en reste : un jour, elle saute de la terrasse de la Colombe d'Or à Saint-Paul-de-Vence, parce qu'elle a vu son mari faire un peu trop de frais à Isadora Duncan. Elle s'en sort avec quelques bleus. Une autre fois, elle s'allonge devant leur 6 CV Renault et crie à Scott : « Écrase-moi ! » Ce qu'il s'empresse de faire. Heureusement, quelqu'un parvient à actionner les freins. Enfin, une nuit, ayant quitté Antibes après une soirée comme d'habitude très arrosée, ils se perdent et s'endorment dans la voiture... qu'ils ont arrêtée sur les rails du chemin de fer ! Ils ne doivent leur salut qu'à un paysan qui les dégage au matin, quelques minutes avant le passage d'un train. Dans une lettre, Zelda résume ainsi ses vacances : « Tous les gens gais et décoratifs sont partis, emportant l'atmosphère de carnaval et d'imminent désastre qui a coloré cet été. »

Les Murphy ferment les yeux et se montrent très conciliants. Une seule fois, ils perdent patience. Lors d'une soirée qu'ils donnent à la villa *America* et qui dérape plus que de coutume. Scott envoie son sorbet dans le décolleté de la princesse Caraman-Chimay, se bat avec un invité et lance par-dessus le mur du jardin les verres vénitiens de Sara. C'en est trop ! Les Fitzgerald sont bannis durant trois semaines.

Mais ils ne se brouillent pas. Ils ne savent pas encore que cette scène et de nombreuses autres sont méticuleusement retranscrites par Scott. Après l'échec de son roman *Gatsby le Magnifique*, il est en train d'écrire un livre beaucoup plus autobiographique. Au cours de ces étés passés ensemble, il a pris des notes et les premières pages de *Tendre est la nuit* en sont directement inspirées. Les Murphy l'apprendront à leurs dépens lors de la sortie du livre en 1934.

En 1927, la villa *Saint Louis* est donc transformée en hôtel. Boma Estène ajoute une aile et deux étages au corps principal, mais ne défigure pas la maison, ce qui nous permet aujourd'hui d'en apprécier quelques vestiges, comme l'escalier central, le petit fumoir et sa fenêtre qui n'est pas Art déco, mais Art nouveau, et surtout, au premier étage, la chambre qu'occupaient Scott et Zelda Fitzgerald. Cette chambre, la n° 50 pour les fans, est la seule à jouir d'une terrasse et c'est bien sûr la plus belle de l'hôtel. Mais ses proportions sont modestes. Elle n'est pas devenue une suite au luxe tapageur, parce que, comme le dit sa propriétaire, « cela ne correspond pas à l'esprit de l'hôtel »... Une réflexion suffisamment rare pour être saluée.

Lorsqu'il ouvre en 1929, l'hôtel est sans grand luxe, il ne compte que quelques salles de bains et attire une clientèle modeste, alors que sa situation est exceptionnelle. C'était le grand privilège de cette époque, où l'on trouvait des hôtels de charme « les pieds dans l'eau »... Il ne devient somptueux qu'après guerre. Les blocs de béton laissés dans la mer par les Allemands sont transformés en jetée et se couvrent de transats. Une petite plage est créée et surtout, un nouveau sport vient d'y être lancé : le ski nautique. C'est l'époque des bikinis, de l'huile solaire et des boîtes de nuit. Mais cela fait longtemps que Scott et Zelda Fitzgerald ont poursuivi leur ronde folle loin de la Côte d'Azur.

Dans le hall du Belles-Rives, une plaque rappelle leur passage. Elle a été posée par l'Association des amis de Fitzgerald et « c'est la seule qui existe en Europe », commente fièrement Marianne Estène-Chauvin. Depuis qu'elle a repris les rênes de l'hôtel, après sa grand-mère et son oncle, elle entretient le mythe. Elle rachète des meubles des années 1930, s'inspire de la moquette du paquebot *Normandie* pour couvrir le sol et conserve religieusement les vieilles torches en tôle qui éclairent la terrasse. Même le nom du restaurant gastronomique de l'hôtel a été peint sur le mur comme il y a soixante-dix ans, et l'on est tout étonné d'apprendre que La Passagère vient seulement d'ouvrir...

À dix-neuf heures trente, je descends au bar. J'ai passé pour l'occasion une longue robe du soir de Cardin. C'est bien la moindre des choses, dans ce décor où le temps semble s'être arrêté. Faisons un rêve : et si l'élégance revenait à la mode ? Je suis accueillie par le barman Thierry qui me propose bien évidemment le cocktail Fitzgerald : vodka, jus de citron, groseille et un peu de sucre de canne, en fait une sorte de Cosmopolitan. Le *shaker* s'agite, des Anglaises pépient à côté de moi, quelqu'un s'est mis au piano, je ferme les yeux une seconde. La magie est totale.

Je suis rejointe par la propriétaire des lieux qui apprécie particulièrement ce rendez-vous de la journée, où les clients se retrouvent au bar. « Je me souviens de ma grand-mère qui, à l'heure des drinks, présentait les gens les uns aux autres. » Nous sommes à présent plus discrets, mais la convivialité est toujours de mise. Chacun se salue d'un petit signe et d'un sourire. La clientèle est en majorité anglo-saxonne, et sans doute ceci explique-t-il cela.

Amicalement, Mme Estène-Chauvin m'invite à dîner. Je pénètre donc dans la grande salle à manger baptisée La Passagère. Une lourde porte de verre et d'acier, des colonnes, des tables rondes éclairées de petites lampes et par la porte-fenêtre ouverte, la vue sur la baie illuminée dans la nuit. Une ambiance de paquebot, un décor de rêve, on n'attend plus que les figurants. Comme on aimerait voir entrer de jolies femmes en collier de perles, chemisier blanc et pantalon bleu marine, en un mot Coco Chanel ! C'est ici que Karl Lagerfeld devrait présenter sa ligne « Croisière ».

Nous évoquons ses premiers souvenirs d'enfant, lorsqu'elle venait là en vacances, son émerveillement le soir quand elle assistait aux va-et-vient d'une vie mondaine qui battait encore son plein dans les années 1960. L'autre grand hôtel de Juan-les-Pins, le Provençal, faisait l'attraction avec son salon et sa terrasse où l'on dansait tous les soirs. La musique s'élevait derrière les pins et la petite Marianne regardait, fascinée, le ballet des voituriers en veste blanche à épaulettes dorées.

Aujourd'hui, le Provençal est une grosse carcasse vide, à l'abandon. L'un des plus beaux hôtels de la côte menace ruine. Il a fermé dans les années 1970, quand les palaces ont connu une première crise. D'ailleurs, à la même époque Edmond se séparait de celui qu'il possédait au Mont d'Arbois, les gens ne voulaient plus s'habiller le soir. Le joaillier Alexandre Reza a racheté le Provençal, mais il n'a pas obtenu de permis de construire. Son projet ne convenait pas à la mairie. Une partie de bras de fer s'est engagée et, apparemment, elle n'est toujours pas finie.

Cette situation désole Marianne Estène-Chauvin. Elle est très sensible à la valorisation de Juan-les-Pins et vient même de créer une association, « 1930, cap d'Antibes, les amis du Belles-Rives », pour justement « promouvoir le patrimoine des années 1930 du cap d'Antibes et de la région, et participer à la sauvegarde des paysages et des lieux de mémoire ». Car à l'écouter, Juan-les-Pins, malgré d'horribles constructions modernes, recèle encore des pépites.

Cela ne m'étonne pas, et si j'avais à choisir je préférerais vivre ici plutôt qu'à Antibes. Parce que le coucher de soleil y est magnifique, et surtout parce que les rues y sont plus vivantes. Les terrasses des cafés sont remplies de garçons aux cheveux gominés et à l'œil de velours, qui regardent passer des filles dans des tenues qu'on ne voit pas ailleurs.

Jeudi 29 août

Ce matin, à six heures, très beau spectacle des yachts qui se balancent nonchalamment sur une mer d'huile. Tout doucement, le soleil se lève et le cap devient rose, puis jaune pâle, c'est magnifique. Je prends mon petit déjeuner face à la fenêtre grande ouverte et je cherche à définir pourquoi la Méditerranée exhale une telle ambiance de luxe et de sérénité... Une sensation que l'on n'éprouve pas sur les autres côtes, qui n'en ont pas moins leurs qualités, comme les embruns, l'odeur des algues, l'air salé. Ici, je regrette une chose : la mer ne sent rien.

En fin de matinée, je quitte le Belles-Rives pour poursuivre mon évocation de Scott et Zelda Fitzgerald dans un autre hôtel, et pas des moindres. L'Hôtel du Cap-Eden Roc ! Un des plus beaux palaces au monde et le modèle de celui décrit à la première page de *Tendre est la nuit*...

Il se trouve à quelques centaines de mètres, juste à la pointe du cap d'Antibes, et la route qui y mène est ravissante, elle longe la mer et passe devant de magnifiques villas. D'ailleurs, je me souviens d'en avoir loué une durant deux étés, dans les années 1958-1959. Je ne connaissais pas encore Edmond.

Plus tard, nous sommes souvent venus ici en bateau, sur le *Gitana IV*, quand nous participions aux Régates Royales. On jetait l'ancre devant le cap ou dans le port d'Antibes, et je me revois encore descendre du bateau pour aller acheter une vingtaine de *pan bagna* qu'on mangeait vers onze heures avec un petit verre de rosé !

Un dernier virage et voici l'entrée de l'Hôtel du Cap-Eden Roc. Majestueux, il dresse sa belle façade au milieu d'un parc de neuf hectares qui le préserve de l'agitation de la Côte d'Azur. Un véritable îlot de raffinement sur lequel veille consciencieusement depuis quarante-huit ans son directeur, M. Jean-Claude Irondelle.

Il est là pour m'accueillir dans le hall. Chaleureux, pétillant, intarissable. C'est une véritable figure locale, presque aussi star que ses clients. Des anecdotes, il en connaît mille qu'il répète sans se lasser pour la énième fois, avec sa faconde de Niçois et un humour irrésistible. Ce n'est pas moi, mais lui qui doit absolument écrire un livre.

Il m'entraîne dans une visite exhaustive de son établissement et me raconte toute son histoire. Inauguré en 1870, l'hôtel est une vaste demeure Napoléon III et son architecture est on ne peut plus classique. À l'origine, ce n'était pas un hôtel qui devait s'élever à cet emplacement, mais une maison de repos pour gens de lettres désargentés... Ce noble projet philanthropique, né dans l'esprit du fondateur du *Figaro*, Hippolyte de Villemessant, n'a jamais vu le jour et la *Villa Soleil* est devenue l'Hôtel du Cap.

Malheureusement, la guerre de 1870 ne lui laisse pas le temps de se faire une clientèle. Il ferme après quelques mois et il faudra attendre l'arrivée en 1887 d'Antoine Sella, un jeune hôtelier piémontais, pour que l'hôtel renaisse. Rouvert en 1889, il connaît pendant dix ans des débuts modestes. Quelques Anglais aventureux viennent y passer l'hiver dans un confort très relatif. Il n'y a pas de chauffage central, pas d'eau courante et on s'éclaire toujours à la bougie.

Un jour, Antoine Sella raccompagne son meilleur client à la gare d'Antibes. Lord Onslow le félicite pour la qualité du service, l'excellence de la cuisine, mais lui fait remarquer qu'un hôtel de ce standing se doit d'avoir à présent l'eau chaude et l'électricité. L'autre ne demande pas mieux, mais en tant que simple gérant, il n'a pas les moyens de moderniser l'établissement. Qu'à cela ne tienne : Lord Onslow lui signe un chèque en blanc pour financer les travaux. C'est ce qui s'appelle être grand seigneur. Mais Antoine Sella fait mieux : il rachète l'hôtel !

Une histoire qui ne marche pas à tous les coups ; lorsque Jean-Claude Irondelle a raconté l'anecdote à l'actuel propriétaire, M. Rudolf August Oeker, alors qu'il le raccompagnait à la gare, celui-ci a hoché la tête et lui a simplement répondu : « C'est de l'histoire ancienne. »

Antoine Sella est un homme fin et perspicace. Toujours à l'écoute des exigences et des fantaisies de ses clients, il répond à tous leurs caprices et va même jusqu'à les devancer. Ainsi, en 1914 il fait construire à l'extrémité du parc, à flanc de rochers et face à la mer, une piscine et un salon de thé. Il baptise son nouvel édifice Eden Roc. Œuvre de visionnaire extraordinaire, car la saison estivale n'existe pas encore, mais il a remarqué que les gens commencent à aimer flâner au soleil...

La Première Guerre mondiale retarde de quatre ans cette nouvelle mode. L'Hôtel du Cap devient un centre de repos pour les infirmières américaines. À l'armistice, l'envie de s'étourdir et d'oublier les horreurs de la guerre permet de rattraper le temps perdu. Les sanatoriums laissent la place aux transats et les bains de soleil ne servent plus à guérir, mais à bronzer.

En 1920, le photographe Jacques-Henri Lartigue immortalise sa femme Bibi prenant le thé dans la petite rotonde de l'Eden Roc. Deux ans plus tard, Gerald et Sara Murphy, en visite chez leur ami Cole Porter, découvrent l'Hôtel du Cap. Il est fermé, mais en 1923, ils arrivent à convaincre Antoine Sella de leur louer le rez-de-chaussée et de leur laisser un chef et deux domestiques. Naissance de la saison estivale !

Totalement conquis par l'aspect paradisiaque de l'endroit, ils décident d'acheter une maison et, avant la fin de l'été, ils la trouvent sur les hauteurs du cap d'Antibes. Elle n'a rien d'extraordinaire, mais elle est entourée d'un jardin luxuriant et elle jouit d'une vue panoramique à couper le souffle.

En 1924, Gerald et Sara Murphy logent à nouveau à l'Hôtel du Cap. Ils ont pris tout un étage, en attendant que soient terminés les travaux dans leur maison. Ils tiennent table ouverte et leurs nouveaux amis, les Fitzgerald, sont à demeure. Nous avons pu voir que leur fréquentation n'était pas sans surprises... Ils en donnent ici de nouveaux exemples. Une nuit, Zelda avale un flacon de somnifères. Scott et les Murphy sont obligés de la faire déambuler jusqu'à l'aube dans les couloirs de l'hôtel pour qu'elle ne perde pas connaissance. Un soir où ils dînent sur la terrasse de l'Eden Roc, Zelda propose un toast un peu spécial : pour honorer leurs invités, elle leur offre sa petite culotte de dentelle... Madonna n'a rien inventé ! Une autre fois dans la nuit, le couple s'élance du haut de cette même terrasse et plonge entre les rochers. À Sara qui les voit faire et hurle de peur, Zelda lance : « Ne le saviez-vous pas, l'instinct de conservation n'est pas notre fort ! »

Aujourd'hui, les clients sont plus calmes. Il ne règne un vent de folie que durant les dix jours du Festival de Cannes. Les stars américaines qui ont fait de l'Hôtel du Cap leur point de chute se permettent parfois quelques comportements exubérants dignes des Fitzgerald. Mais M. Irondelle sait être ferme. Avec tact mais sans faiblir, il tient en respect les Johnny Depp et autres Leonardo DiCaprio.

Derrière les éclats de rire, l'homme est intraitable. Un exemple ? Le plus incroyable : il n'accepte pas les cartes bancaires ! À ma connaissance, c'est le seul palace au monde à oser imposer une telle règle. Jean-Claude Irondelle ne transige pas. « Je n'ai pas envie d'engraisser les banquiers. Pas question de leur verser 3,5 % sur mon chiffre d'affaires ! » Et quand c'est James Robinson, le président d'American Express en personne, qui séjourne à l'hôtel, il ne fait pas d'exception. « Il m'a demandé comment payer. Je lui ai dit que je prenais les chèques... et je lui ai proposé un marché : j'acceptais l'American

Express, il allait pouvoir s'en servir pour faire une publicité extraordinaire, en échange de quoi c'est lui qui me verserait 1 %... Il m'a répondu : " Vous savez quoi ? Vous êtes pire qu'un Américain ! " »

J'ai bien connu James Robinson, je l'ai reçu au château de Pregny avec sa première épouse. Il était très sympathique et avait une carrure de déménageur. Une nuit, on vient me réveiller : les gardiens ont arrêté quelqu'un dans le parc. Je me lève un peu inquiète et découvre James tout penaud. C'était lui qui faisait son jogging à quatre heures du matin !

M. Irondelle a aussi de la mémoire. Il se souvient que je suis venue ici avant d'être mariée, j'occupais l'appartement 55-57, mais il n'a pas su me dire quel était l'homme qui m'accompagnait... Et je n'en ai aucun souvenir ! Je devais être avec mon fiancé de l'époque, Lance Doker, pendant la période du Festival de Cannes.

Il me propose de revoir la chambre. Nous gravissons les étages au moyen d'un vieil ascenseur qui fait la fierté du directeur de l'hôtel. Autre bataille gagnée contre les réglementations nouvelles et les briseurs de rêve ! À l'étage, on retrouve la décoration sobre et élégante du hall. J'ai l'impression d'être dans une demeure privée. Murs en pierre de taille, meubles de style XVIIIe, mais traités de façon contemporaine, bois cérusés, toiles de Jouy et à peine une touche de couleur vive. Rien de clinquant ou d'ostentatoire, mais un chic discret.

La chambre est merveilleuse, lumineuse, dans l'encadrement de la fenêtre un pin parasol se découpe sur fond d'azur. L'hôtel se trouvant à la pointe du cap, il a, sur trois côtés, vue sur la mer. Devant mon émerveillement, Jean-Claude Irondelle ouvre d'autres chambres, les 33,

34 et 35 que Lord et Lady Onslow occupaient durant tout l'hiver. C'est un appartement de prestige, à la décoration plus ancienne, les meubles n'ont pas bougé depuis un siècle, on a simplement retiré le clavecin, certains clients n'ayant pas l'oreille musicale. Une dernière chambre pour le plaisir, celle de Jacqueline Delubac, grande habituée de l'Hôtel du Cap, et je m'amuse en la comparant à celle, attenante, de son mari Miran Eknayan. C'est lui qui a la plus belle. Edmond faisait exactement la même chose avec moi...

Autre singularité de l'hôtel : il n'y a pas de télévision ni de minibar dans les chambres ! C'est un choix délibéré de M. Irondelle et, si un client lui demande un poste, il essaie de le dissuader : « Vous voulez vraiment rester enfermé devant un écran, quand vous avez un tel panorama ? » S'il insiste, une télévision est installée dans la minute par le concierge. Le client est tout de même roi ! Pour le minibar, même chose, en plus subtil : « Pourquoi êtes-vous si égoïste ? Avec une épouse aussi jolie, vous vous devez d'apparaître en bas au bar, pour que tout le monde puisse l'admirer... »

Nous redescendons par l'ascenseur qui cache sous son bois verni un mécanisme d'une grande ingéniosité. Il ne reste jamais à l'arrêt au milieu du hall, mais disparaît dans le sol, ainsi lorsqu'on entre dans l'hôtel, la vue embrasse directement la mer. Une autre des trouvailles de M. Irondelle.

Le bar se tient à droite, derrière deux hautes colonnes. Sur les murs de pierre, des tapisseries et des peintures décoratives dans le style d'Hubert Robert. Les canapés sont d'un blanc immaculé et de moelleux tapis réchauffent le marbre du sol. C'est une nouvelle fois d'une grande élégance, sans une faute de goût, on peut toutefois regretter qu'il n'y ait pas un clin d'œil aux années 1930 et à nos amis déchaînés.

Nous sortons dans le parc. Une allée centrale descend vers la mer. De part et d'autre, des pins, des cyprès, des palmiers. Neuf jardiniers s'activent en permanence dans l'ombre. Cachée derrière les arbres, le comble du luxe : la villa *Les Cèdres* que louent les vrais *happy fews*... Sharon Stone y a donné une fête restée dans toutes les mémoires ! En face de nous, une vue admirable, l'immensité bleue avec à l'horizon les îles de Lérins et, derrière, l'Esterel. Au bout de l'allée, l'Eden Roc.

En 1929, Antoine Sella a agrandi sa piscine, creusé dans le rocher, aménagé de nouvelles terrasses pour bronzer. Il a même inventé l'ancêtre de la thalassothérapie : en sous-sol, il a construit deux bassins d'eau de mer chauffée, aujourd'hui hors d'usage, le sel ayant eu vite raison des conduites en fer. Mais tout de même : quel précurseur ! Moi qui croyais que tout avait commencé à Quiberon.

À côté de la piscine, le salon de thé a été transformé en restaurant et je ne peux résister à l'envie de déjeuner devant la mer qui scintille. Je m'installe sur la terrasse plutôt que dans la grande salle climatisée. Le vent s'est levé et agite le store blanc, on se croirait sur le pont d'un transatlantique, une longue balustrade renforce cette impression. L'ambiance y est décontractée, je vais me servir à un grand buffet et reconnais en chemin la petite rotonde où Jacques-Henri Lartigue avait pris sa photo.

C'est la seule chose qui demeure de l'époque de Scott et Zelda. L'année des transformations, ils sont déjà rentrés aux États-Unis et leur état ne s'est pas arrangé. Il est sujet à des troubles nerveux, elle s'est mise à la danse avec une discipline de fer, elle veut devenir une grande ballerine à l'âge de... vingt-huit ans !

Scott enchaîne les nouvelles pour assurer leur train de vie, mais il n'a aucune estime pour ce qu'il fait. Il aimerait écrire un vrai bon roman, mais il n'arrive pas à s'y consacrer. Zelda monopolise tout son temps. Elle s'ennuie, s'enfuit, divague. Elle souffre de schizophrénie, d'hallucinations, de dépression nerveuse. Elle est internée à plusieurs reprises en France et en Suisse. Scott vient lui rendre visite, puis la ramène aux États-Unis et l'installe sur les terres de son enfance.

Zelda a trente et un ans, sa beauté s'est fanée, elle a dans le regard quelque chose de dur qui évoque la folie. Des cauchemars la hantent, elle boit, elle se sait malade et retourne volontairement dans une clinique psychiatrique. Elle y écrit un livre, *Accordez-moi cette valse.* Lorsqu'il paraît, Scott est furieux, il reconnaît des passages de son roman en cours : « Tu ramasses les miettes que j'ai laissées tomber de la table du dîner, et tu en fais des livres ! » Ils se disputent, puis se réconcilient, à la condition qu'elle renonce à écrire, la littérature est son domaine réservé à lui, Zelda accepte et se tourne alors vers la peinture.

Ils parlent de divorcer, mais Scott n'en a pas le courage, sa femme est trop faible psychologiquement. L'échec de son roman *Tendre est la nuit* le mine un peu plus, il se sent seul, il pense avoir raté sa vie, il a mauvaise conscience car il s'occupe mal de leur fille, il boit et souffre de tuberculose ! En quinze ans, ses ambitions se sont évanouies, il avoue s'être « physiquement et moralement hypothéqué jusqu'au cou ». Il est couvert de dettes, vit dans des hôtels minables. En 1936, il commence un nouveau texte autobiographique, *La Fêlure*, par cette phrase : « Toute vie est un processus de démolition »...

Un bref salut vient d'Hollywood, il y rencontre une journaliste, Sheila Graham, qui le prend sous son aile, le materne et lui redonne confiance. Il lui est reconnaissant de cette affection, mais pour autant il n'oublie pas Zelda à qui il écrit toutes les semaines et qu'il appelle « mon invalide ». D'ailleurs, sa maîtresse lui fait penser à Zelda jeune.

Dans leurs lettres, ils aimeraient revenir en arrière car, même si ce n'était pas tout à fait le bonheur, ils ont connu de beaux moments ensemble sur la Côte d'Azur. Zelda rêve : « Nous pourrions nous allonger dans les longs rayons jaune citron du soleil de cinq heures sur la plage de Juan-les-Pins en entendant le son de la batterie et du piano balayé par les vagues. » Scott multiplie les déclarations : « Il n'y a qu'un amour comme le nôtre par siècle », mais il est conscient d'avoir tout gâché : « Nous nous sommes mutuellement détruits. »

Il ne remontera jamais la pente. Son corps usé par trop d'excès et d'amertume lâche un beau jour de 1940, il a quarante-quatre ans... Zelda s'occupe de la parution du livre qu'il était en train de terminer, *Le Dernier Nabab*, et retourne en clinique. Elle y meurt huit ans plus tard dans un incendie. Une fin symbolique pour celle qui a brûlé sa vie.

Avant de reprendre l'avion à Nice, je fais un crochet par la plage de la Garoupe où tout le petit groupe allait se baigner. On en a une description dès le début de *Tendre est la nuit.* Gerald Murphy, Dick Diver dans le livre, en est le grand ordonnateur. Chaque matin, il ôte à

On connaît
le jardin magnifique
de Sissinghurst Castle,
mais peut-être
moins l'histoire
de ses propriétaires,
les écrivains
Vita Sackville-West
et Harold Nicolson.

Pour tout savoir
de l'amour très original
qui liait Vita à Harold,
j'ai la chance de faire
la connaissance de leur fils,
M. Nigel Nicolson.

C'est dans ce bureau
au confort très relatif,
sans chauffage central,
que Vita a travaillé
durant trente ans
sous le regard
de Virginia Woolf.

Photos : © Éric Jansen

Sous l'œil intrigué de Ganesh, je prends mes dernières notes. Le voyage touche à sa fin. Mais ai-je tellement envie de rentrer ?

l'aide d'un râteau les algues et les pierres qui recouvrent le sable de cette petite crique encore sauvage. Il y accueille ses amis, qui comme lui se prélassent au soleil ou font des longueurs. Sous quatre parasols, ils se retrouvent pour grignoter des amuse-gueule préparés par Sara, Nicole Diver dans le livre, et boire du sherry frappé. Leurs enfants, âgés de trois à cinq ans, barbotent avec eux, dans une parfaite entente.

Vision rêvée pour Scott et Zelda Fitzgerald, vision difficile à imaginer aujourd'hui. Dès 1926, la plage est fréquentée par d'autres gens... Des cabines de bain font leur apparition. Gerald et Sara doivent partager leur territoire. Ils sentent que leur paradis est menacé. Ils n'en verront pas la dégradation. En 1929, leur fils Patrick tombe malade, ils courent les hôpitaux pour le sauver. Quatre ans plus tard, ils ferment leur villa. Ils ne reviendront plus au cap d'Antibes.

La petite crique sauvage est à présent couverte de restaurants qui proposent tous leur plage « privée ». Des matelas de location y sont alignés et, sous les parasols, des touristes allemands sirotent des canettes de Coca-Cola. On est loin du sherry préparé par Gerald Murphy ! Scott et Zelda n'auraient plus aujourd'hui de modèles pour les faire rêver... L'époque a changé.

Et finalement, la ruine de cet endroit idyllique ne serait peut-être pas pour leur déplaire. Elle illustre si bien leur conception pessimiste de la vie, de l'amour, du bonheur. Fizgerald écrivait : « Un sentimental croit que les choses dureront, un romantique espère de toutes ses forces qu'elles ne dureront pas. » Mais il manque une chose essentielle à notre époque pour être digne de ce couple flamboyant : le panache.

Ingrid Bergman et Roberto Rossellini
Stromboli

Mardi 10 septembre

Zelda et Scott Fitzgerald ont rêvé leur vie. Sans doute est-ce la raison de leurs malheurs : à fixer la barre trop haut, on s'expose à des désillusions, des frustrations, on est incapable d'apprécier le bonheur quand il se présente. Obsédés par leur image, ils souhaitaient vivre une histoire digne d'un roman ou d'un film. Ils étaient prêts à jouer leur rôle, ils le savaient par cœur, mais ils ont attendu en vain le bon scénario.

En parlant de comédiens, il me semble indispensable de faire figurer dans ce livre un couple dans le milieu du cinéma. Ils sont nombreux à avoir connu de grandes histoires d'amour passionnées et tumultueuses. J'ai déjà évoqué dans *L'Amour est affaire de femmes* celles d'Humphrey Bogart et Lauren Bacall, de Simone Signoret et Yves Montand, mais une autre histoire m'a toujours fascinée par son caractère implacable, le scandale qu'elle a provoqué, et le cadre où elle s'est déroulée, je veux parler du coup de foudre qui a jeté Ingrid Bergman dans les bras de Roberto Rossellini.

Couple improbable, union de la glace et du feu, attraction des contraires. Lorsqu'ils se rencontrent en 1948, Ingrid Bergman est une des stars d'Hollywood et Roberto Rossellini un cinéaste italien à la notoriété encore modeste. Il s'est fait remarquer grâce à deux films d'une esthétique nouvelle, dure et sans artifice, qu'on appelle le néoréalisme : *Rome, ville ouverte* et *Paisa*. La jeune actrice suédoise assiste à leur projection et a une révélation. Elle veut absolument travailler avec ce réalisateur. Elle lui écrit et le rencontre. Roberto Rossellini lui propose alors son futur projet : une histoire d'amour tragique sur la petite île volcanique de Stromboli. Elle accepte, sans savoir que ce tournage va bouleverser son destin.

Pour se rendre à Stromboli, la plus excentrée des îles Éoliennes, il y a deux possibilités : prendre le bateau à Naples, ou en Sicile. Je choisis la première solution et arrive en fin d'après-midi dans ce port magnifique. Le bateau ne part que dans la soirée, j'ai donc de longues heures à patienter. Je m'installe au Gran Caffè Gambrinus, soi-disant l'équivalent du Flore à Naples, juste à côté du théâtre San Carlo. Moulures, banquettes de velours rouge, grand bar en marbre, le décor a du charme, mais Verdi qui y avait ses habitudes serait aujourd'hui bien malheureux... Il ne faut pas espérer y manger quelque chose. Je commande un panini et je vois arriver un gros pain rond avec un bout de jambon plein de gras, une tranche de mozzarella et une feuille de laitue. Immangeable. Le club sandwich n'est pas mieux, un mauvais pain de mie avec la même tranche de jambon. Il semble que l'endroit soit très en dessous de sa réputation. Je demande une bouteille de San Pellegrino, ils n'en ont pas et m'apportent un simple verre d'eau... Du coup, je commande un gin tonic. Rien de mieux pour considérer la situation de façon plus détendue. Mais à ce régime-là, je vais finir comme la princesse Margaret !

À défaut de nourritures terrestres, je me plonge dans la biographie d'Ingrid Bergman. J'avais oublié combien elle était célèbre en 1948. Elle a tourné *Casablanca* avec Humphrey Bogart, *Pour qui sonne le glas* avec Gary Cooper, *La Maison du docteur Edwards* avec Gregory Peck, *Les Enchaînés* avec Cary Grant... Autant dire qu'à trente-trois ans, elle est au sommet de sa gloire. Son dernier film, *Jeanne d'Arc*, lui a assuré l'adhésion totale du public qui l'identifie à la sainte : courageuse, intègre, exemplaire. Avant de lui réserver le même sort : le bûcher !

La jeune actrice suédoise à la beauté saine et naturelle est aussi une mère de famille irréprochable. Mariée depuis 1937 à Petter Lindström, un chirurgien sérieux et attentionné, elle vit un parfait bonheur familial avec leur fille Pia. Aucune ombre au tableau chez cette femme qui fait l'admiration de tous. Contre-exemple flagrant de la turpitude et des frasques qui règnent habituellement à Hollywood...

Mais cette image si positive n'est que le reflet d'une réalité de façade. Ingrid a un caractère entier, passionné, jamais satisfait. Et ce bonheur apparent, cette vie si bien réglée, au fond, lui pèsent et l'ennuient. Son mari est mesuré, organisé, raisonnable, pas très drôle... Elle étouffe parfois si fort qu'elle parle de divorcer, elle pense un temps refaire sa vie avec le photographe Robert Capa, mais Petter Lindström trouve toujours les mots pour l'apaiser. Elle se montre conciliante et s'échappe sur les plateaux de tournage où elle peut nouer quelques idylles, en toute discrétion.

Sa carrière aussi lui inspire des sentiments contradictoires. Elle est bien sûr heureuse de ses succès, mais elle se méfie d'Hollywood et de son *star system*, elle a peur à présent de redescendre la pente. À l'affût des bons scripts, très sensible à la qualité artistique de ses films, elle ne veut tourner qu'avec les meilleurs metteurs en scène. Cette exigence professionnelle la hante. Et c'est ce qui l'amène un jour de 1948 à envoyer une lettre à Roberto Rossellini :

« Monsieur,

J'ai vu vos films et ils m'ont enthousiasmée. J'aimerais beaucoup travailler avec vous. Si, un jour, vous avez besoin d'une actrice qui connaît le suédois et l'anglais, un peu de français et d'allemand, et qui en italien sait seulement dire " ti amo ", je vous en prie, pensez à moi. »

On imagine la réaction du cinéaste italien. Roberto Rossellini est fier et flatté qu'une des reines d'Hollywood consente à faire appel à lui. Bien que son cinéma soit à l'opposé des créations américaines, il ne demande pas mieux que de collaborer. Une star internationale ne se refuse pas. Non seulement elle est belle, mais elle a aussi un intérêt commercial.

Il lui répond par un télégramme, suivi d'une longue lettre où il lui dit combien il serait ravi de tourner avec elle, mais il fixe tout de suite ses conditions : il travaille sans scénario, elle devra donc accepter de se laisser guider et lui faire entièrement confiance... Ingrid est très excitée par cette perspective et dit oui à tout. Ils commencent à échanger une correspondance, où il lui expose les grandes lignes de son prochain film.

C'est l'histoire d'une femme lituanienne qui se retrouve, après la guerre, dans un camp de réfugiés et qui s'en échappe en épousant un pêcheur italien. Celui-ci la ramène sur son île. Une île aride, hostile, au pied d'un volcan. La jeune femme est incapable de s'adapter à cette nouvelle vie et elle est rejetée par le village qui la juge immorale ; elle cherche désespérément à s'enfuir. En vain.

Après quelques lettres, Roberto Rossellini vient rencontrer Ingrid Bergman à Londres, où elle tourne *Les Amants du Capricorne*, avec Alfred Hitchcock. Cette première entrevue reste strictement professionnelle. Rien d'ambigu n'apparaît dans leurs rapports. L'actrice, qui ne l'avait jamais vu auparavant, trouve même le réalisateur timide et d'un physique banal... Mais quand elle le revoit à Paris en septembre 1948, un déclic se produit. Roberto commence à la séduire par ses mots, son enthousiasme, sa liberté et sa nonchalance, sa manière d'être si typiquement italienne.

Trois mois plus tard, il est à Los Angeles pour recevoir un prix. Invité à dîner chez Mr et Mrs Petter Lindström, il parle inlassablement et réussit un brillant numéro de charme. Cette fois non pas pour flatter la star, mais pour conquérir la femme. Ingrid est fascinée par cet Italien volubile et chaleureux, elle imagine son cadre de vie, la beauté de son pays, et se prend à rêver. N'est-ce pas là l'homme providentiel qu'elle attendait ? Celui qui lui permettra de renaître loin d'Hollywood ?

Roberto reste plusieurs jours à Los Angeles et Ingrid ne le quitte pas. Elle lui sert de guide, l'emmène au restaurant et surtout l'aide à trouver un financement pour son film. Ce qui n'est pas chose aisée. On ne se bouscule pas pour produire le réalisateur de films néoréalistes qui tourne sans scénario. Selznick refuse, Samuel Goldwyn critique la toquade d'Ingrid et la traite de « folle », finalement le fantasque Howard Hughes accepte, non pour le talent de l'Italien, dont il n'a que faire, mais pour le plaisir d'avoir Ingrid Bergman sous contrat.

Au cours de ce séjour, les liens entre l'actrice et le cinéaste se sont resserrés à toute allure. Cela n'a pas échappé à la presse qui commence à répandre la rumeur. Avant de repartir, Roberto décide d'avoir une conversation d'homme à homme avec Petter Lindström. Il lui avoue aimer sa femme et être aimé en retour. Le mari n'en croit rien, ou du moins pense qu'il n'y a là qu'une passade de la part d'Ingrid. Rossellini parti, elle redeviendra l'épouse aimante et raisonnable qu'il a toujours connue. Mais cette fois, il se trompe.

Ingrid est au pied du mur, déchirée entre sa passion naissante et sa famille, sa carrière, son sens des responsabilités, son horreur du scandale... Pourtant, elle décide d'écouter son cœur, d'affronter les critiques, de mettre son avenir en péril, et de se jeter dans l'inconnu. Car que sait-elle de cet homme ? Pratiquement rien. Il a quarante-deux ans et, malgré un physique quelconque et une calvitie précoce, elle a pu constater que c'était un séducteur. A-t-elle déjà conscience que la fidélité n'est pas son fort ? Avant elle, il a connu une vie sentimentale agitée, séparé de sa femme qui lui a donné deux fils, il a eu plusieurs compagnes, dont la dernière en date est l'actrice Anna Magnani. Depuis *Rome, ville ouverte*, elle a tourné pratiquement dans tous ses films et c'est elle qui devait avoir le rôle dans *Stromboli*... Quand elle a compris que Rossellini allait lui préférer la star hollywoodienne, elle s'est vengée d'une façon très féminine : un soir, au restaurant, elle a commandé un plat de spaghetti, les a préparés consciencieusement, avec de l'huile d'olive et du parmesan, et les a renversés sur la tête du cinéaste.

Fils d'un riche entrepreneur, Rossellini mène une existence bohème, dépense sans compter, vit à cent à l'heure. Il n'y a qu'une chose qu'il prenne au sérieux : le cinéma. Il s'y consacre corps et âme, tant il est désireux de bâtir une œuvre puissante et singulière. Sûr de son talent, il peut être arrogant, orgueilleux, mais il fascine par son intelligence. Anna Magnani en convenait : « Avec lui, on a l'impression d'un tourbillon spirituel. Ce n'est pas un homme, c'est un ouragan. »

C'est donc cet homme à la forte personnalité, à la fois dilettante et rigoureux, qu'Ingrid vient retrouver à Rome le 9 mars 1949. Roberto n'est pas seul à l'accueillir à sa descente d'avion. Une foule immense se presse pour voir celle par qui le scandale arrive... Car si elle est officiellement en Italie pour le prochain tournage de *Stromboli*, personne n'est dupe. Et dès les premiers jours passés ensemble, le couple affiche un bonheur qui ne trompe pas.

Après un bref séjour à l'hôtel Excelsior, ils partent pour Capri. Ingrid est grisée par la beauté des paysages, la douceur de vivre et les attentions de son amoureux. Il se montre avec elle courtois, gai, tendre, et ce voyage se déroule dans des conditions idylliques. À ses côtés, elle reprend confiance en elle, s'épanouit, renaît. Elle sait qu'aux États-Unis son attitude est fustigée par les ligues de vertu, que les premières photos du couple illégitime sortent dans la presse et que le scandale est énorme. Mais Ingrid assume son choix : « Il était vivant et il me transmit son amour de la vie. Je n'étais plus ni timide, ni empotée, ni seule. Il m'avait sortie de moi-même. »

À la veille de s'embarquer pour l'île de Stromboli, elle décide d'écrire à son mari. Avec simplicité et honnêteté, elle lui annonce qu'elle le quitte. Elle est consciente des conséquences de cette décision : une famille détruite, une carrière brisée, une nouvelle vie à bâtir. Mais elle n'hésite pas. Le charme de Roberto et plus sûrement la magie de l'Italie l'ont conquise. Elle, la fille du Nord qui a toujours tout contrôlé, se laisse porter par le destin.

À vingt et une heures, c'est à mon tour de partir pour Stromboli. Le 4 avril 1949, Roberto et Ingrid avaient quitté Messine sur un bateau de pêcheurs baptisé le *San Lorenzo*. Moi, j'embarque sur le *Carpaccio*, ce qui est moins romantique... Mais il y a toujours, dans le départ d'un bateau, et surtout de nuit, quelque chose de romanesque. Les stewards au pied de la passerelle, les camions qui manœuvrent pour entrer dans la soute, le bruit de l'activité du port, les machines qui vrombissent, les gens qui fument sur le pont arrière et contemplent une dernière fois les lumières de la ville. On pense aussitôt à *Quai des brumes*, *Casablanca* ou *Pépé le Moko*...

Bien sûr, il serait aujourd'hui plus difficile de faire rêver les foules avec l'histoire d'amour de deux routards en sandales embarqués sur le *Carpaccio* ! Où sont les femmes en chapeau, les hommes en costume, les malles-cabines ? Heureusement, le commandant et l'équipage que je surprends par un hublot en train de dîner sont très élégants dans leur uniforme blanc, la marine a encore du bon, c'est sur le pont d'un bateau qu'on trouvera les derniers restes de civilisation...

Je fais le tour des coursives, remonte jusqu'à la proue du navire, passe devant des canots de sauvetage dignes du *Titanic* et découvre que le nom du bateau est en fait

Vittore Carpaccio, le peintre... Plus poétique que l'émincé de bœuf!

La grande cheminée me rappelle mon voyage sur le *France*, quand j'étais partie avec Edmond pour New York. Le paquebot était somptueux, mais trop moderne pour avoir du charme. Toutefois on y rencontrait encore une société élégante. Ce qui ne dérida pourtant pas Edmond, qui fut d'une humeur exécrable durant cinq jours. Il s'ennuyait et tout l'agaçait. Il n'aimait que les voiliers. Il s'était fait construire un bateau à moteur qu'il n'avait gardé qu'une saison : il ne supportait pas le bruit des machines.

Le ciel étoilé est magnifique, comme toujours en Méditerranée. Je me souviens d'une croisière du côté de Cavallo, en Corse, où nous étions restés sur le pont jusqu'à quatre heures du matin, fascinés par la voûte céleste. J'ai de merveilleux souvenirs de croisière, mais ce n'était pas toujours de tout repos. En sortant de Naples, nous avons un jour essuyé une tempête avec le *Gitana*. Nous allions à Capri et la traversée a été horrible, tout le monde était malade, sauf moi qui faisais de la tapisserie au fond du bateau en attendant que ça se passe. J'étais confiante, Edmond était un bon navigateur et il avait un capitaine breton excellent, Armand Léon. Dans ce cas-là, mieux vaut avoir des invités qui ont le pied marin, pas comme mon ami, le célèbre avocat genevois Pierre Siclounoff, qui a passé quinze jours avec nous et ne s'est jamais baigné. Il avait peur de la mer. Il n'était heureux que quand on arrivait au port!

Ça y est, le bateau glisse doucement le long du quai. Tous les passagers sont sur le pont arrière, pour regarder le départ, la baie de Naples illuminée. L'instant est magique et émouvant. On a toujours l'impression qu'on ne va pas revenir, qu'on voit la rive pour la dernière fois. C'est un arrachement physique, lent et inexorable, au contraire de l'avion qui vous emporte avec rapidité d'un point à un autre.

À l'intérieur du bateau, le snack est pris d'assaut. Je n'ai pas la patience d'attendre, et la salle à manger est triste à mourir. Je prends une pomme et rentre dans ma cabine. Moi qui rêvais de romanesque, je suis servie ! Elle est sinistre. C'est une boîte grise, sans hublot, avec un vilain néon au plafond, deux lits superposés comme dans une chambre d'enfant, des murs en formica, une décoration des années 1970 défraîchie, une moquette affreuse, pas une chaise. Seul luxe, la petite douche avec son caillebotis en bois, dans la minuscule salle de bains. Sur le lit, un drap rêche et une couverture comme on doit en trouver à l'armée. Je déplie le tout machinalement, m'allonge et éteins la lumière, tandis que ronronne la climatisation...

Mercredi 11 septembre

Bien évidemment, je n'ai pas dormi de la nuit. Je me suis retournée sur ma couchette jusqu'à deux heures du matin, et comme j'étouffais, j'ai décidé d'aller m'installer sur le pont. J'ai pris mon oreiller, ma couverture et je me suis étendue sur une banquette, où j'ai réussi à m'assoupir quelques instants... juste le temps d'être douchée par une vague ! J'ai dû rentrer dans ma cabine où j'ai fait ma toilette, heureusement il y avait de l'eau chaude. Il est cinq heures à présent, j'aurais bien pris un café, mais le snack est fermé. Il fait nuit noire, pas la moindre petite lumière réconfortante à l'horizon et je trouve le temps long...

Je suis arrivée à six heures à Stromboli. Le soleil n'était pas encore levé et il pleuvait ! Grâce à Dieu, un jeune homme m'attendait au débarcadère, il m'a fait grimper dans une sorte de triporteur ouvert à tous les vents et, après dix minutes de pétarade autour de l'île, je me suis retrouvée dans le hall de l'hôtel La Sirenetta, trempée mais heureuse.

Ma chambre est simple et belle, murs blancs et carreaux de céramique bleus, avec une grande terrasse face à la mer. La pluie s'est arrêtée, le jour se lève juste devant moi, je dois être plein est... Le soleil sort des nuages et colore d'orangé les toits blancs des maisons, les bougainvillées, les figuiers, les bateaux de pêcheurs qui se croisent sur la mer. De ma terrasse, je plonge sur la plage de sable noir, d'un noir profond après la pluie, et si je me retourne, je découvre le volcan derrière l'hôtel, pas du tout aride comme on pourrait le penser, mais assez vert, pour un peu on dirait une montagne à vaches !

Après avoir dormi quelques heures, je vais me détendre à la piscine. Le temps est très beau et chaud. L'hôtel est entouré de petits bungalows blancs, disséminés au milieu de la végétation, et il me faut un certain temps pour trouver mon chemin, mais la piscine vaut le déplacement. Faire la planche avec le volcan au-dessus de soi est une sensation unique. Car il est toujours en activité, comme le prouvent de petites cendres sur le sol, et quand le nuage qui s'accroche à son sommet passe du gris au noir, l'atmosphère se fige, devient pesante, et laisse imaginer que tout pourrait basculer brutalement.

Le volcan que les habitants de l'île surnomment « Idou », *lui*, s'est déjà réveillé en 1930 et en 1985... Il n'est pas dit qu'un jour ou l'autre, il ne se réveille à nouveau. Je me souviens d'en avoir discuté avec Katia Krafft, une vulcanologue passionnante à qui Edmond avait remis la bourse de la Vocation.

Je déjeune au restaurant de l'hôtel, sous une tonnelle, à trente mètres de la plage de sable noir. Quelques baigneurs, des barques abandonnées, à l'horizon un rocher qu'on appelle le Strombolicchio, et sous un parasol un joli garçon qui propose des expéditions en mer... Si ce n'est pas l'image du bonheur, cela y ressemble. La route qui longe la plage et passe devant l'hôtel mène au bar branché de l'île, la Tartana, et sans doute est-ce invivable pendant la saison, mais aujourd'hui il règne un calme souverain.

Des touristes défilent par petits groupes, et je m'amuse beaucoup de ce spectacle, car ils se divisent en deux catégories bien distinctes. Il y a le touriste classique en maillot de bain et sandales, avec sa serviette sous le bras, qui va à la plage, et un autre touriste, plus incongru au bord de la mer, qui a des chaussures de marche et un sac à dos. Celui-ci s'apprête à gravir le volcan. Un *look* digne des randonneurs autrichiens !

Un grand buffet, avec des plats plus tentants les uns que les autres, me tend les bras. Je meurs de faim et me sers copieusement, mais ce n'est pas comme au Club Méditerranée... Ici, on pèse votre assiette ! Je n'avais jamais vu cela auparavant. Et je ne suis pas sûre du bien-fondé de la chose : il serait donc plus économique de prendre des crevettes qu'une quiche ?

Justement, voici le patron de l'hôtel, M. Vito Russo. Très bel homme, avec cette gentillesse et cette disponibilité qui font le charme de l'Italie, il me raconte l'arrivée de Roberto Rossellini et d'Ingrid Bergman à Stromboli. C'est son père, Domenico Russo, alors instituteur du village, qui avait été chargé de trouver des maisons pour toute l'équipe. Soixante-cinq personnes à loger, et à l'époque, il n'y avait pas d'hôtel. Le premier établissement sur l'île, Domenico l'a construit en 1950, et nous y sommes aujourd'hui. Il l'a baptisé La Sirenetta en hommage à Ulysse et à Homère, car ici se trouve la grotte d'Éole...

Stromboli en avril 1949 ressemblait à ce qu'on voit dans le film. Un rocher désertique, écrasé de soleil, sur lequel s'accrochaient quelques masures sans confort et sans cesse soumises aux tremblements du volcan. Pas d'électricité, pas d'eau courante, la seule maison qui avait une douche était celle de la sœur de Domenico, Maria. C'est là qu'on installe Ingrid. Roberto Rossellini prend la maison d'à côté, ainsi la morale est sauve. Du moins officiellement, car un jardin réunit les deux habitations.

Mais cette précaution est devenue nécessaire, car à peine Ingrid a-t-elle posé le pied à Stromboli que les événements se déchaînent. Petter Lindström n'a pas accepté d'être abandonné par son épouse. Il exige qu'elle rentre pour s'expliquer et, devant son silence, débarque en Sicile au mois de mai. Ingrid est obligée d'aller le retrouver à Messine. Elle imagine déjà les cris, les supplications, les menaces, le drame à venir. Elle ne sait pas à quel point. Roberto l'a suivie en bateau, il craint qu'une fois en face de son mari, elle perde tout courage et revienne auprès de lui.

Une scène surréaliste va alors se jouer. À l'Albergo Reale de Messine, Roberto Rossellini fait irruption dans la chambre où se trouvent Ingrid et Petter, semblable au mari qui voudrait surprendre sa femme avec son amant, sauf que les rôles sont inversés. Les deux hommes s'affrontent, sont prêts à se battre, mais Petter en gentleman pense avant tout à préserver sa femme et veut éviter un nouveau scandale. Il consent à ce qu'elle poursuive le film, mais exige qu'elle ne se trouve plus jamais seule avec Rossellini. Plus de photos ensemble et pas question de partager le même toit. Il y va aussi de l'honneur de leur fille.

Cette altercation bouleverse profondément Ingrid et empoisonne son séjour à Stromboli. Durant les quatre mois que dure le tournage, elle ne cesse de ressasser ses interrogations, ses doutes, ses remords. Le voyage idyllique se couvre de nuages. Elle souffre d'avoir blessé son mari, abandonné sa fille, et ne supporte pas d'être mal jugée par eux. Il faut qu'elle s'explique, calmement, dans d'autres circonstances, loin de Roberto. Mais celui-ci ne veut pas en entendre parler. Pas question qu'elle lui échappe. Il se montre sous un nouveau jour, dur, inflexible, jaloux et capable de colères effrayantes. Elle prend conscience qu'il est très difficile à vivre et commence à se sentir prisonnière de cette île qu'elle trouve « un endroit terrible »... En un mot, elle rentre exactement dans la peau de son personnage !

Karin, la jeune Lituanienne, croyait se libérer en changeant de vie grâce à un homme et c'est tout le contraire : elle est prise au piège. Comment ne pas voir là deux destins parallèles ? Mais pour l'heure, Ingrid veut encore y croire. Elle s'applique avec zèle à jouer son rôle et se soumet à toutes les exigences de Roberto, qui écrit son histoire au jour le jour. Les conditions de tournage sont terribles : une chaleur écrasante, pas de coiffeur, pas de maquilleur, deux robes et un foulard pour tout costume, et des scènes épuisantes.

Le film repose entièrement sur Ingrid, elle est de toutes les prises. Comme Karin qui cherche par tous les moyens à s'enfuir de l'île, l'actrice doit marcher pendant des heures à travers les ruelles du village, les rochers, les sentiers muletiers, et jusqu'aux pentes du volcan qu'elle gravit, prenant de sérieux risques. Lors des repérages, un assistant de Rossellini est mort asphyxié par un nuage de soufre... Aucune composition dans la scène finale, où à bout de nerfs et épuisée, elle appelle Dieu à son secours, tandis que l'éruption menace. Rossellini peut être content, Ingrid est sublime de beauté, mais au prix de quels efforts !

En juin, ce calvaire prend une autre dimension : elle est enceinte. Lorsqu'elle l'annonce à Roberto, il ne saute pas de joie et lui conseille de bien réfléchir aux conséquences. Pour son public elle est encore Jeanne d'Arc, une sainte, le scandale va en être décuplé. « Fais comme tu voudras... » En un mot, mieux vaut avorter. Sans doute est-ce trop tôt pour lui. Ingrid se récrie. Elle veut garder cet enfant, mais elle doit cacher sa grossesse le plus longtemps possible. L'île pullule de paparazzis.

Vittorio Russo me propose d'aller voir la maison qu'occupait Ingrid. Nous prenons place dans un triporteur qu'on appelle ici « Ape », et montons au village de San Vicenzo. La maison se trouve dans la rue derrière l'église. Impossible de la manquer : sa façade couleur terre de Sienne est ornée d'une plaque. Elle est sobre, carrée, élégante, flambant neuve. Elle a dû être repeinte en 1999, pour le cinquantième anniversaire du film. La maison blanche à côté était celle de Roberto et les deux sont encore la propriété de la famille Russo.

C'est donc là que, pendant quatre mois, Ingrid et Roberto ont scellé leur amour. Car, malgré les épreuves et les tensions, leur liaison a tenu bon. En partie grâce a la grande souplesse de l'actrice. Et puis, quand il sort des affres de la création et de la jalousie, Roberto peut se montrer tendre. Un petit bouledogue noir baptisé Strombolicchio est là pour en témoigner. Tout comme les films que tourne Ingrid avec sa propre caméra et qui immortalisent ces premiers jours passés ensemble.

De toute façon, Ingrid Bergman ne peut plus revenir en arrière. Lorsqu'elle quitte l'île le 2 août 1949, elle est bien décidée à s'accrocher à sa nouvelle vie. Elle s'installe à Rome avec Roberto, et annonce qu'elle arrête le cinéma. Cette déclaration fait l'effet d'une bombe à Hollywood, mais rien en comparaison de ce que va déclencher la révélation de sa grossesse.

Ingrid est traitée de tous les noms, conspuée, désignée à la vindicte publique. Elle reçoit des centaines de lettres d'insultes, on appelle au boycott de ses films, et seuls quelques amis comme Cary Grant ou Ernest Hemingway la félicitent et la réconfortent. Ingrid fait front. Elle écrit : « Je suis même heureuse de penser qu'un peu partout dans le monde les autres femmes qui souffrent à cause de leurs " péchés " auront peut-être plus de courage grâce à moi... » Le 2 février 1950, elle donne naissance à Robertino. Deux semaines plus tard, le film *Stromboli* sort sur les écrans et il est très mal accueilli.

Je remonte à pied vers l'église. Son parvis est le centre du village. Tout le monde s'y retrouve à l'heure du coucher de soleil et admire le point de vue sur la mer. Au large, le Strombolicchio brille dans la lumière. Des enfants jouent sur la place, tandis que de vieilles dames papotent en se rendant à l'église et que des touristes sirotent des sodas à la terrasse d'un café dénommé, comme il se doit, « Ingrid »...

Je me promène dans la rue commerçante, fais un peu de shopping, m'offre un joli panier et un chapeau de paille. Les maisons sont anciennes et belles, toutes bâties sur le même modèle : un seul étage avec une porte-fenêtre et un petit balcon. L'air est doux et l'atmosphère merveilleusement sereine. Une ambiance de vacances sans l'odeur d'huile solaire.

Je rentre dîner à l'hôtel. M. Vito Russo m'apporte la cassette de *Stromboli*, au cas où je voudrais le revoir... Comment refuser ? Après le dîner, je m'installe au salon et visionne le film avec un intérêt nouveau. Je suis tout d'abord saisie par la musique, l'intensité dramatique, le côté mélodramatique de l'œuvre. Et puis, par l'aspect sombre, négatif, caricatural de l'île et de ses habitants. Je conçois que cela sert le scénario, mais je me demande comment ils ont réagi, car ils étaient presque tous figurants ! Les femmes tout habillées de noir sont présentées comme des monstres d'obscurantisme et de bêtise, quant aux hommes, ils ne valent guère mieux. Ils sont primitifs, obtus, intolérants, cruels. Stromboli apparaît comme une terre que la civilisation n'a pas touchée. J'avais d'ailleurs un peu cet a priori avant de venir, j'imaginais l'île austère, triste et inconfortable.

Un détail m'amuse : au début de son installation, Karin décide de donner un sérieux coup de balai dans la maison de son mari. Elle fait un grand ménage, redécore les pièces, s'active en tous sens pour rendre cette masure habitable. C'est le portrait fidèle d'Ingrid, qui avait l'obsession de la propreté. Dans une lettre, elle écrit : « J'ai nettoyé la maison à la suédoise, c'est-à-dire qu'on pourrait manger sur le plancher. »

Autres points communs : les deux femmes sont enceintes de trois mois. Elles viennent du Nord et s'opposent à la culture du Sud. Elles sont considérées comme débauchées et rejetées par la communauté. Enfin, je réalise que Karin n'a aucune scène de tendresse, pas un baiser, pas un geste sensuel, que ce soit avec son mari ou avec le gardien du phare qu'elle séduit. Est-ce à cause de la jalousie de Rossellini ? « Ma vie professionnelle a toujours été étroitement mêlée à ma vie privée, a-t-il avoué un jour. Elles sont parallèles et jumelées. J'exprime par chaque film mon problème, mon inquiétude ou mon exaltation du moment. »

La fin du film est bizarre. Karin est au bord du cratère, à bout de forces, elle appelle Dieu à son aide, mais l'entend-il ? Mystère. Aura-t-elle le courage de redescendre ou va-t-elle se laisser mourir ? A-t-elle provoqué la colère de Dieu ou est-il indifférent à son sort ? Autant de questions sans réponses. Le titre exact est *Stromboli, terra di Dio* et il ne donne pas plus de précision. Il n'empêche que la beauté de scènes comme celle de la pêche au thon, la qualité de la lumière, la force du montage, en font un grand film.

Vito Russo m'annonce qu'il subsiste encore quelques maisons qui ont servi au tournage. Elles sont à moins d'un kilomètre d'ici, dans un hameau qui s'appelle Picita. Si je le désire, je pourrai aller les voir demain. J'accepte volontiers et brûle d'impatience à l'idée de retrouver les vestiges de ce décor.

Jeudi 12 septembre

C'est en voiture électrique, et non en triporteur, que je me rends sur les anciens lieux du tournage, situés à une quinzaine de minutes. À Stromboli, ces engins que je vois d'habitude sur les greens font office de taxis. Une très bonne initiative qui préserve la douceur de vivre et me permet de sillonner l'île le long de petits chemins. Nous passons devant de jolies villas blanches, sans doute les résidences estivales de riches Italiens venus s'installer là dans les années 1960.

La maison qu'Ingrid-Karin habite dans le film est au bout d'une ruelle qui descend vers la mer. Malgré son état de décrépitude – pire que dans le film, c'est dire ! –, je reconnais aussitôt la porte qui ouvre sur la terrasse au premier étage, les petits murets qui délimitent le jardin, les fenêtres d'où Karin contemple désespérément la mer. Le volcan s'élève juste derrière, et sa silhouette a quelque chose d'inquiétant. La maison est aujourd'hui à vendre, huit cent mille euros, ce qui est cher pour une ruine, mais l'endroit est historique...

Autre surprise : de l'autre côté de la rue se trouve la maison de la couturière à qui, dans le film, Karin vient donner une robe à transformer, sans savoir que cette femme a mauvaise réputation et qu'elle va de nouveau se mettre à dos les villageois. L'illusion est totale. Tout est là : le muret derrière lequel des musiciens viennent chanter une sérénade, la pergola couverte de palmes et la vieille fenêtre par où on assiste à la scène.

Cette fois-ci, la maison est habitée. La propriétaire se tient sur le pas de sa porte. Je lui explique le but de ma visite et elle accepte de me faire entrer. La maison est toujours aussi modeste, à cette nuance près qu'on sent que la décoration rustique est à présent voulue, pensée. Anna est de Milan, elle n'habite ici que depuis 1968, mais elle connaît toute l'histoire de sa demeure et entretient le mythe. Elle me montre la poignée de porte qu'a tenue Ingrid, comme une relique, il est vrai que c'est une pièce de musée !

De très jolies faïences égaient les murs blancs des pièces, la disposition est celle des anciennes maisons de pêcheurs et tout a été fidèlement respecté, à tel point qu'Anna n'a pas l'eau courante, qu'elle se sert d'une citerne d'eau de pluie, et qu'elle a gardé un antique four à pain. Mais ce que je préfère, c'est le lit qui est dans sa chambre. Ses pieds montent à plus de cinquante centimètres du sol, si bien qu'une fois couché, on se retrouve exactement à la hauteur de la fenêtre et de la vue sur la mer ! Nous finissons la visite par le toit-terrasse, et des scènes du film me reviennent à l'esprit : quand les femmes en noir font sécher leur linge dans un vent violent.

Mon pèlerinage n'est pas fini. Il me reste un dernier décor à découvrir. Et celui-là est naturel. À cinq minutes de ces maisons, un petit chemin escarpé descend à travers les rochers vers une crique et la fameuse *Grotta di Eolo*... Non seulement Ulysse y est venu, mais Ingrid Bergman aussi ! C'est ici qu'elle retrouve le gardien du phare, le beau Mario Sponza, et qu'elle le séduit. Grâce à l'argent qu'il lui donne, elle croit pouvoir s'enfuir. Nous avons déjà observé qu'il ne se passait rien de sensuel entre eux, tout est dans le non-dit, leurs deux corps allongés, l'intensité de leurs regards, l'attitude offerte d'Ingrid.

Je revois parfaitement la scène, tandis que je foule le sable noir et brillant, comme semé de petits diamants. Assise sur une pierre volcanique, à l'entrée de la grotte, je prends le temps de souffler et me laisse aller à mes pensées.

Stromboli est double et c'est là tout son charme. L'île peut être le plus paradisiaque des cadres et aussi le plus angoissant. Sans doute est-ce le propre des îles. Nous rêvons tous d'une île déserte, parce que cela signifie échapper à la foule et à la réalité matérielle, mais en même temps cet isolement est dur à supporter. Surtout avec un volcan qui gronde en permanence... Cela ne favorise pas la sérénité.

En choisissant cet endroit pour tourner son film et vivre son histoire d'amour, Roberto Rossellini prenait un grand risque. Mêler travail et vie privée est déjà difficile, alors dans ces conditions... Peut-être était-ce un moyen de tester Ingrid, de la bousculer et de la débarrasser de ses oripeaux hollywoodiens. Mission réussie : elle en sort grandie.

Mais cette épreuve du feu traversée, dans quel état est le couple ? Apparemment, il tient le choc. Après une année de batailles juridiques, chacun a pu divorcer et, le 24 mai 1950, Ingrid a épousé Roberto. Elle a renoncé aux studios pour devenir une mère de famille modèle. Entre l'appartement de Rome et une villa au bord de la mer, elle pouponne, cuisine, fait le ménage, reçoit les amis de son mari. En juin 1951, la naissance des jumelles, Isabella et Isotta, la comble de joie. Elle croit être heureuse.

Bien qu'ayant déclaré qu'elle arrêtait le cinéma, elle tourne de nouveau avec Roberto : *Europe 51*, *Nous les femmes*, *Voyage en Italie*, *Jeanne au bûcher*, *La Peur*, en tout six films et pas un succès... Ingrid aimerait bien accepter les propositions de Fellini, Zeffirelli, Visconti, mais Rossellini le lui interdit. Les tensions se transforment progressivement en disputes, le fossé se creuse inexorablement.

C'est étonnant à quel point les petits défauts qui faisaient le charme d'une personne peuvent devenir odieux... Ingrid supporte de moins en moins les travers de Roberto, son désordre, son absence de sens pratique, sa nonchalance dès qu'il n'est plus question de cinéma, son mépris de l'argent, sa haine de tout ce qui peut ressembler à la vie bourgeoise, son côté *dolce vita*, et aussi ses absences...

Très vite, elle a compris que son mari lui était infidèle. Elle a fermé les yeux, il était tellement tendre avec les enfants. Scénario classique : en devenant mère, elle ne le faisait plus fantasmer. Il n'avait pas caché longtemps que leurs rapports physiques ne le satisfaisaient pas. À ses amis, il confiait qu'elle était une « femme sans passion ». Dès lors, l'incompatibilité de leurs caractères, de leur idéal de vie les menait vers une impasse.

En 1956, il finit par accepter qu'elle tourne avec Jean Renoir. Le couple est couvert de dettes. *Elena et les hommes* marquera la renaissance d'Ingrid. Il remporte un grand succès populaire et l'actrice reprend confiance en elle. Elle enchaîne avec un autre film « léger », *Anastasia*, et retrouve le chemin des studios. C'est plus que ne peut en supporter Rossellini. Il lui fait une scène et part tourner un reportage en Inde. Il y noue une idylle avec une certaine Sonali. Ingrid ne se fait plus guère d'illusions sur l'avenir de son couple.

Une nouvelle fois, elle accepte les conséquences de ses actes et continue sur sa lancée. Elle vient jouer au

Théâtre de Paris, chez Elvire Popesco que j'ai bien connue, une pièce difficile, *Thé et sympathie.* La première est un triomphe et elle est ovationnée. Dans la salle, Roberto fulmine et part furieux. Elle s'en moque, elle a la plus belle des compensations : elle a reconquis son public. Et le destin lui donne une nouvelle chance...

Dans les coulisses, un homme est venu l'applaudir. Il est suédois et producteur de théâtre. Son nom ? Lars Schmidt. Ingrid lui ouvre son cœur. Après la folie latine, retour au calme des fjords. La parenthèse de Stromboli se referme.

Joséphine et Napoléon Bonaparte
Malmaison

Lundi 14 octobre

Je dois aller à Rueil-Malmaison rendre visite à ma maison d'enfants de l'OPEJ. Je m'en occupe depuis des années. L'OPEJ, l'Œuvre de protection des enfants juifs, a été créée après la guerre par ma belle-mère, la baronne Noémie de Rothschild. Le but était de recueillir les enfants qui avaient perdu leurs parents dans les camps de concentration. Aujourd'hui, on y reçoit des enfants confiés par la DDASS, quelle que soit leur confession.

Or, la coïncidence veut que cette maison soit juste à côté du château de Malmaison, dont la célèbre propriétaire était l'impératrice Joséphine. D'ailleurs, un des bâtiments du centre faisait autrefois partie de son vaste domaine. C'étaient des écuries. J'en profite donc pour découvrir la demeure de cette femme, qui doit à l'amour son parcours extraordinaire. Être sacrée par son mari impératrice des Français n'est pas donné à tout le monde !

Le château de Malmaison est aujourd'hui un musée et je suis accueillie par son conservateur, M. Bernard Chevallier. L'œil pétillant de malice et la moustache grisonnante, il est passionné par son sujet et connaît tout de son héroïne. À tel point qu'il pourrait déclarer non pas « Madame Bovary, c'est moi », mais « Joséphine, c'est moi ». Grâce à lui, je pénètre dans l'univers intime de celle qu'on a longtemps jugée avec sévérité : frivole, intéressée et dépensière. Une image qui n'est pas complètement fausse, mais Joséphine mérite mieux que cela.

C'est à quoi s'emploie Bernard Chevallier et, je dois dire, avec talent. À l'entendre, notre impératrice était une femme d'une grande intelligence, délicate et généreuse. Son goût était exquis et sa curiosité pour les arts et les sciences illimitée. « Douce et incomparable Joséphine », disait Napoléon qui en était très épris.

Le château de Malmaison est une grande maison de plaisance du XVIIe siècle au milieu d'un superbe parc. C'est Joséphine qui en fait l'achat en l'absence de Bonaparte. Nous sommes le 21 avril 1799. Le couple s'est marié trois ans plus tôt et n'a passé que peu de temps ensemble : le lendemain des noces, l'intrépide général partait pour l'Italie, avant de s'embarquer pour l'Égypte.

Entre ces deux voyages, il avait formulé le vœu d'avoir une maison de campagne. Malmaison était à vendre mais il avait trouvé le prix trop élevé... Avant son départ en Égypte, il avait prudemment confié sa fortune à son frère aîné, Joseph, et lui avait demandé de trouver une terre à Ris-Orangis ou en Bourgogne. Mais cette perspective ne réjouissait pas Joséphine, qui ne voulait pas s'éloigner de Paris. Elle reprit les affaires en main et jeta son dévolu sur Malmaison. Le prix ? Trois cent vingt-cinq mille francs, qu'elle n'avait pas. Début d'une pratique qui va se répéter tout au long de sa vie : Joséphine est incapable de résister à la tentation.

Mais elle sait y faire. Pour le premier versement, elle demande au propre régisseur des anciens propriétaires de lui prêter les quinze mille francs nécessaires. À son retour, Bonaparte découvre la note... et paie. Ce qui signifie que Joséphine avait des arguments de poids. Et même si on lui rapporte que sa femme flirtait pendant qu'il découvrait les pyramides, nul doute qu'il en est fou. Comme dit Bernard Chevallier, elle le tenait grâce à des « moyens purement féminins »...

Leur amour a commencé par un coup de foudre. Du moins, pour lui. Bonaparte rencontre Joséphine chez Barras à l'automne 1795. Elle est la veuve du vicomte de Beauharnais, elle a trente-deux ans et deux enfants. Ce n'est plus une primeur, mais elle a du charme, du chien, un parfum d'exotisme qui envoûte le général corse de six ans son cadet. La vicomtesse est née en Martinique, aux Trois-Îlets, et son nom de jeune fille est Marie Josèphe Rose Tascher de La Pagerie. Elle a connu une enfance heureuse dans la plantation familiale, avant d'être envoyée à l'âge de seize ans à Paris, pour épouser le jeune Alexandre de Beauharnais, qui avait les mêmes origines qu'elle. Malgré la naissance de deux enfants, Eugène et Hortense, le couple n'est pas heureux et se sépare en 1783. La Révolution les jette tous les deux en prison, Rose, comme on l'appelle alors, s'en sort, contrairement à Alexandre qui est guillotiné en 1794.

Un parcours, on le voit, romanesque et tumultueux. Bonaparte est fasciné par cette femme qu'il rebaptise Joséphine. Son côté « Ancien Régime » le fait rêver et il croit d'autre part qu'elle est riche... Quant à la jeune femme, son affection pour le jeune militaire avide de pouvoir est plus raisonnée. Elle se laisse séduire par l'idée d'un remariage honorable, qui lui permette de considérer sereinement l'avenir. Elle est loin d'imaginer les suites de son acte.

Le 9 mars 1796, ils se marient civilement et discrètement. Bonaparte gomme leur différence d'âge, en rajeunissant Joséphine de cinq ans. Par galanterie ou pour qu'on ne dise pas qu'il a épousé une femme plus âgée que lui ? En tout cas, cette union ne passe pas inaperçue. La famille Bonaparte est en émoi : la mère de Napoléon est folle de rage, il s'est passé de son consentement. Son frère aîné condamne tout autant son choix, il ne voit en Joséphine qu'une intrigante. En Corse, on est à cheval sur les convenances. Ils font front contre elle et leur hostilité à son égard ne cessera jamais.

Mais en cette fin d'année 1799, Joséphine se moque de sa belle-famille. Elle est propriétaire d'un somptueux domaine et son mari vient de prendre la tête du pays, après avoir renversé le gouvernement. L'épouse du Premier consul a maintenant une mission : faire de Malmaison une demeure digne de cette nouvelle fonction, car Bonaparte, s'il occupe les Tuileries qu'il trouve « tristes comme la grandeur », entend aussi s'établir ici.

Avec un plaisir non dissimulé, Joséphine se lance dans les travaux. Elle confie à deux architectes encore peu connus, les sieurs Percier et Fontaine, le soin de transformer entièrement la maison. Ils avaient pensé d'abord la raser et reconstruire un nouveau château, mais Bonaparte avait jugé l'opération trop coûteuse. Je ne suis pas sûre qu'il ait gagné au change : les travaux de restauration et d'embellissement dureront toute l'année 1800.

Depuis 1760, le style néoclassique est à la mode et Percier et Fontaine sont férus d'antiquité romaine. Leur amour des sites archéologiques va trouver à Malmaison un magnifique prétexte pour s'exprimer. Avec beaucoup de maîtrise, ils ponctuent leur décoration de colonnes, de frises, de fresques, et n'hésitent pas à ajouter des références à l'Égypte ancienne, source d'inspiration depuis le retour de Bonaparte.

On en a tout de suite une idée en entrant dans le vestibule qu'ils ont entièrement repensé comme un atrium de villa pompéienne. Quatre colonnes découpent l'espace et semblent être de granit et de porphyre. En fait, elles sont en stuc et cachent des piliers de soutènement. Le hall étant transformé en pièce d'honneur, il fallait une nouvelle antichambre pour les domestiques. Les architectes ont ajouté devant la porte d'entrée une tente métallique, qui contrairement à ce qu'on pourrait croire n'a pas plu à Bonaparte. Il trouvait que cela ressemblait à une cage pour animaux. Mais il a laissé faire, ne voulant surtout pas se soucier de décoration, déléguant cette tâche à Joséphine qui ne demandait pas mieux.

Après avoir embauché Percier et Fontaine, elle choisit les meilleurs peintres pour réaliser les plafonds et les fresques des murs. Le mobilier provient des ateliers des frères Jacob qu'elle a déjà fait travailler pour l'hôtel particulier habité précédemment avec Bonaparte rue de la Victoire. Les fauteuils, bureaux et autres guéridons sont en acajou, en citronnier, en loupe d'orme, ornés de bronze, d'un grand raffinement et d'un prix très élevé. Mais Joséphine ne regarde pas à la dépense.

Aujourd'hui, beaucoup de meubles ont été dispersés, mais Bernard Chevallier n'a de cesse qu'il ne redonne vie au château de Malmaison. « Je veux qu'on imagine cette maison habitée... » Pour ce faire, il rachète en ventes publiques des objets ayant appartenu à Joséphine et a fait restaurer tous les salons à l'identique, grâce à des aquarelles d'intérieur. Des dons ont permis de remeubler certaines pièces et l'illusion est quasiment parfaite. Ne manquent plus dans le vestibule, comme il le fait remarquer, que les huit volières bruissant d'oiseaux des îles, chers au cœur de la créole.

La maison étant tout en longueur, je passe d'un salon à un autre. Le premier est décoré d'un grand billard d'acajou et de tables de jeu. Le trictrac faisait alors fureur. J'entre ensuite dans le salon de musique, où Joséphine aimait se tenir. D'ailleurs, sa harpe est toujours là. Elle y organisait des concerts et souvent écoutait les compositions de sa fille Hortense, excellente musicienne. On jouait aussi des pièces de théâtre ou l'on rêvait devant les tableaux de style troubadour qui ornaient les murs. Joséphine avait mis au goût du jour ces sujets historiques à forte connotation romantique, comme par exemple Charles VII écrivant ses adieux à Agnès Sorel. L'ambiance était décontractée et gaie.

Car sous le Consulat, l'heure était encore à l'amusement et à l'insouciance. Avec l'Empire et la publication de l'Étiquette du Palais en 1806, l'atmosphère devient plus formelle et codée, Joséphine s'en plaint mais elle l'accepte volontiers, elle assoit son prestige. Les réunions amicales se transforment en soirées mondaines. Tous les 19 mars, jour de la Saint-Joseph, on donne une grande fête avec feu d'artifice. Pour accueillir ses nombreux invités, Joséphine fait construire une galerie de trente-cinq mètres, dans le prolongement du salon. Elle a malheureusement disparu depuis.

De l'autre côté du vestibule se trouve la salle à manger, traitée elle aussi dans le goût antique, avec pilastres, murs patinés ocre jaune et rehaussés de huit figures de danseuses pompéiennes. Une décoration qui me rappelle le palais munichois de Louis Ier de Bavière. Lui aussi avait une passion pour l'Antiquité et connaissait bien la famille : sa sœur épousera en 1806 Eugène de Beauharnais, le fils de Joséphine.

La pièce adjacente, appelée la salle du Conseil, déploie un tout autre style. C'est là que Bonaparte réunissait ses ministres. Entièrement tapissée d'un tissu rayé bleu et blanc, elle a la forme d'une tente militaire et des lances disposées sur les murs rappellent le campement. Les couleurs y sont beaucoup plus vives. Des fauteuils en bois doré recouverts de drap rouge encadrent une table drapée de velours vert émeraude. Bernard Chevallier me raconte qu'ici ont été prises les grandes décisions du Consulat, comme l'ébauche de la constitution fédérale de la Suisse, la restitution de la Louisiane à la France, la création de la Légion d'honneur ou de la Banque de France.

Au-dessus du fauteuil de l'empereur, aux broderies originales or sur fond vert, je découvre un premier portrait de Joséphine. C'est celui peint par François Gérard, où elle est représentée assise sur une banquette et regardant de trois quarts. Elle porte une de ces robes serrées sous la poitrine, « à l'antique », dont elle a lancé la mode. Sans doute la silhouette est-elle très jolie lorsqu'on est debout, mais assise c'est moins évident... Joséphine apparaît un peu tassée, le visage triste, avec des cernes autour des yeux et les joues gonflées. Pourtant, on est en 1800, elle devrait être rayonnante de bonheur !

Est-ce parce que Bernard Chevallier a trouvé amusant de lui mettre comme pendant le portrait de Madame

Mère ? Les deux femmes se détestaient ! Ou faut-il plutôt y voir l'expression d'un secret qui bientôt détruira le couple ? Joséphine est très heureuse auprès de son mari, hélas elle ne peut plus avoir d'enfant et devine que cette grave stérilité va devenir un problème. Bonaparte n'est pas encore empereur, mais il semble certain qu'il veuille donner à sa réussite personnelle une descendance, un héritier.

La dernière pièce du rez-de-chaussée est la bibliothèque, où venait travailler le Premier consul. Elle est constituée de trois espaces voûtés, délimités par des colonnes d'acajou, qui dissimulent les conduits de cheminée de la cuisine située en dessous. Le plafond est couvert de peintures dans le style pompéien, couronnes de lauriers, profils d'auteurs anciens, figures d'Apollon et de Minerve. Bonaparte n'a pas aimé l'aménagement de cette pièce, il trouvait qu'elle ressemblait à une sacristie. Il y a toutefois passé beaucoup de temps. Un escalier dérobé lui permettait de rejoindre sa chambre au premier étage et il faisait la navette entre les deux pièces quelle que soit l'heure de la nuit, car il était insomniaque, sans déranger Joséphine qui avait aménagé ses appartements à l'autre bout de l'étage.

Du temps du Consulat, un long couloir desservait leurs chambres. Elles étaient séparées par celles d'Eugène et d'Hortense que Bonaparte, avec beaucoup d'élégance, avait aussitôt traités comme ses propres enfants, malgré leur âge : quinze et treize ans au moment du remariage de leur mère. Aujourd'hui, pour atteindre le cadre privé de Joséphine, on traverse des salles d'exposition. L'atmosphère intime en pâtit, mais cela me permet de contempler des merveilles.

Je découvre un beau portrait de Napoléon, regard fougueux, mèche en bataille, très viril, et un autre de Joséphine, plus agréable que celui de la salle du Conseil. Ses traits y sont réguliers et gracieux, avec un long nez droit et une petite bouche mutine. Bernard Chevallier me dit qu'elle cachait de mauvaises dents et qu'elle avait l'habitude de tenir un mouchoir devant son visage... Comme Sissi ! Je me demande comment un homme pouvait être séduit. « Si seulement elle avait eu des dents ! » avait lancé une méchante langue. « Mais elle n'avait jamais mauvaise haleine », me précise le conservateur. Ouf !

Deux tapisseries des Gobelins, exécutées d'après les tableaux de François Gérard et commandées par l'empereur, la représentent en tenue d'intérieur et en costume de sacre. Cette fois, il y a un humour, une étincelle dans le regard, on la sent vivante, piquante. Un buste en marbre de Chinard et un autre en biscuit de Sèvres de Bosio immortalisent aussi sa bouche un peu pincée, son port de tête altier. « Selon sa femme de chambre, ce dernier buste est le plus ressemblant, mais personne n'a vraiment été capable de traduire la beauté mélancolique de Joséphine qui n'était que mouvement et grâce... » Sur les portraits de sa fille Hortense, je retrouve le nez long et pointu, les mêmes lèvres fines et le bas du visage un peu lourd.

Dans ces salles sont exposés d'autres objets anecdotiques, comme la robe de chambre de Napoléon qui a la même coupe que sa célèbre redingote, ou le berceau de sa petite-fille Joséphine, le « berceau de l'Europe » comme l'appelle Bernard Chevallier, car la fille d'Eugène est l'ancêtre des rois de Suède, de Norvège et de Belgique, des reines de Danemark et de Grèce, et de la grande-duchesse de Luxembourg...

Il y a également des pièces historiques, comme la table dite d'Austerlitz, un guéridon avec un plateau en Sèvres reproduisant les visages de l'empereur et de ses maréchaux, pour commémorer la célèbre bataille du même nom. Napoléon l'avait mise dans le salon de Marie-Louise aux Tuileries, si bien qu'elle pouvait contempler à loisir ceux qui avaient vaincu son père...

Enfin, dans les vitrines se trouvent des trésors : les vestiges des services que possédait Joséphine. Porcelaine blanche à chiffre doré, porcelaine de Berlin, porcelaine de Sèvres et le plus somptueux, un service réalisé par la manufacture de Dihl et Guérhard. Il reproduit des tableaux de la galerie du château de Malmaison. Hélas, il a été dispersé à la mort de l'impératrice. Il est parti pour Munich avec Eugène, puis à Saint-Pétersbourg, d'où il n'est jamais revenu. Aujourd'hui, l'Ermitage en possède une grande partie, mais Bernard Chevallier est fier d'avoir pu réunir trente et une assiettes après vingt ans de traque.

Je trouve aussi pittoresque le service à thé et ses décors égyptiens, qui s'accompagne d'une jarre à punch, car Joséphine mettait du punch dans son thé ! Mais ce que je préfère, ce sont les assiettes avec les portraits de ses petits-enfants. Elle était une grand-mère très affectueuse. Jusqu'à l'âge de six ans, le futur Napoléon III a passé tous les ans les vacances ici et elle s'évertuait à le distraire. Un jour, elle fit venir un éléphant savant pour l'amuser, ce qui enchanta le garçon, mais ruina son gazon.

Ces nombreux services et cette sympathique anecdote familiale témoignent du train de vie de Joséphine. À partir de 1802, Bonaparte fait du château de Saint-Cloud sa résidence officielle et Malmaison devient plus encore le domaine de son épouse. Entourée de quatre dames du palais, elle y reçoit artistes et personnalités. Quand, deux ans plus tard, elle devient impératrice, une véritable Cour, avec dame d'honneur, aumônier, chambellans, écuyers, s'installe au château de Malmaison.

Si elle ne s'intéresse pas spécialement à la cuisine – elle déjeune le plus souvent d'un repas léger pris sur le guéridon de son boudoir –, Joséphine aime recevoir. Elle compose des menus dignes de flatter les plus gastronomes de ses invités, mais pas Napoléon qui expédie les dîners en un quart d'heure. Il n'a aucun goût pour la bonne chère et, paraît-il, coupe son chambertin avec de l'eau... Des manières de corps de garde !

La cuisine sous la bibliothèque étant devenue trop petite, Joséphine reconvertit l'ancienne ferme du château et se constitue une cave impressionnante, avec des vins de Bourgogne, du Roussillon et d'Espagne, du champagne de chez Moët. De quoi échauffer l'empereur... Après leur divorce, Joséphine réduira un peu son train, mais gardera tout de même seize personnes chargées de la cuisine, de la cave et de l'office, plus deux tranchants pour les viandes, et deux maîtres d'hôtel... C'est ça, les grandes maisons !

De toutes les pièces du château de Malmaison, c'est la chambre de Joséphine qui symbolise le mieux son rang. Tendue d'un tissu rouge qui lui donne la forme d'une tente, elle est meublée d'un lit majestueux en bois sculpté et doré. À sa tête, deux cygnes veillent sur le sommeil de l'impératrice, alors qu'au sommet du baldaquin, l'aigle impériale déploie ses ailes. Sur le magnifique tapis qui recouvre le sol, on retrouve un autre cygne, l'animal de prédilection de Joséphine qui en a peuplé la rivière du parc.

Les fauteuils ne sont pas d'origine, mais ont leur petite histoire : lorsque Napoléon III rachète le château de Malmaison en 1861 pour le transformer en musée, il reconstitue cette chambre et prend des meubles dans les réserves. Il fait mettre le J de Joséphine sur les dossiers de ces fauteuils, dont on a depuis retrouvé la trace dans les inventaires : ils provenaient de la chambre de Marie-Louise aux Tuileries !

Les huit reproductions de fleurs par Redouté qui ornaient les murs ont malheureusement disparu, tout comme la précieuse toilette de vermeil d'Odiot, offerte à l'impératrice par la Ville de Paris à l'occasion du sacre, mais peut-être Bernard Chevallier la récupérera-t-il un jour : elle appartient aujourd'hui à la famille Niarchos. Seul objet usuel de Joséphine à n'avoir pas quitté sa chambre, une petite table de lit de Biennais qui sert à la fois d'écritoire et de nécessaire de toilette.

Si Joséphine est morte dans ce lit en 1814, elle y a peu dormi. Car derrière cette chambre d'apparat se cache sa véritable chambre à coucher, à la décoration plus simple et aérée. Le lit est caché dans une alcôve et ne suscite guère de commentaire, mais un autre objet est digne d'intérêt : fabriqué également par les ateliers de Biennais, c'est le coffre à bijoux de l'impératrice.

Sa passion pour les pierres précieuses n'est pas une légende. Dès le Consulat, elle se constitue un écrin personnel qu'elle enrichit largement après le sacre. Les plus grands bijoutiers parisiens lui composent près d'une vingtaine de parures complètes, bandeaux, colliers, bracelets, ceintures, sans parler des joyaux de la Couronne dont elle a la jouissance. À sa mort, on évalue le trésor à trois millions de francs. Une moitié va à Eugène, qui les donne à sa fille Joséphine, devenue reine de Suède. Voilà pourquoi aujourd'hui la reine Silvia a les bijoux de l'impératrice. L'autre moitié va à Hortense, qui est obligée d'en revendre une grande partie pour régler les dettes de sa mère.

Toute sa vie, Joséphine a été couverte de dettes et s'en est très bien accommodée. Selon Ballouhey, son secrétaire des dépenses, ses comptes « prouvent qu'à l'évidence l'impératrice ne faisait point d'économies »... On a vu comment elle avait acheté le château de Malmaison, et pour chaque achat elle procédait de la même manière : empruntant à gauche et à droite, même à ses enfants, et ne se souciant que distraitement de régler les factures. Lors du divorce, Napoléon éponge pour la énième fois ses dettes et lui attribue une rente de trois millions par an. De quoi voir venir... Joséphine en dépense six la première année.

Au deuxième étage de la maison est entreposé le second poste important de son budget. Les placards de la salle des atours ont vu défiler plus de huit cents robes, six cents châles de cachemire, deux mille paires de gants, mille trois cents paires de souliers... Deux fois par an, elle triait les affaires dont elle ne voulait plus, les répartissait en lots et les distribuait à ses proches grâce à une tombola. Cette passion pour les vêtements n'était pas complètement superficielle, elle avait beaucoup de goût et elle est à l'origine de la mode Directoire. On peut dire, comme aujourd'hui avec la haute couture, qu'elle faisait travailler des centaines d'artisans. En somme, une Mouna Ayoub avant l'heure !

Bernard Chevallier conserve de nombreux effets personnels de Joséphine, comme des petites ballerines qui prouvent qu'elle avait le pied menu, deux bourses faites par elle au crochet, sa lorgnette de théâtre, sept traînes de cour sur les quarante-sept qu'elle possédait, et toutes les factures... « Un fichu en dentelle payé six cents francs, c'est ce que gagnait un jardinier en un an. »

Bien sûr, après cette description, on pourrait penser que l'épouse de l'empereur était frivole et légère. Mais il serait injuste de ne pas compléter le portrait. Tout d'abord, Joséphine était amoureuse de son mari. Même si elle ne brûlait pas de passion au début de leur union, elle lui fut d'un total dévouement. Présente dès les premiers instants de son ascension, elle a toujours été à son entière disposition. Napoléon était surpris de la trouver assise sur sa malle, prête à le suivre. J'agissais de même avec Edmond ! C'était aussi une façon de maintenir son pouvoir sur lui. Très intelligente, elle savait comment le manœuvrer et était, paraît-il, la seule avec Cambacérès à pouvoir l'influencer.

Lorsqu'elle a compris qu'elle n'aurait plus d'enfant, elle a fait croire à Bonaparte qu'il était stérile... Évidemment, ce n'était pas très *fair play*, mais le mensonge était plus désespéré que tactique. Elle souffrait véritablement de cet état de fait, car elle en devinait l'issue. Le mariage qu'elle arrange entre sa fille Hortense et Louis Bonaparte, le frère de Napoléon, procède de la même démarche. Certes, elle croit ainsi consolider sa position, mais elle veut surtout sauver son couple.

Quant à lui, rien ne l'obligeait à poser sa couronne sur la tête de son épouse lors de son sacre ! D'autant qu'ils n'avaient pas été mariés religieusement et qu'il fallut en toute hâte, la veille de la cérémonie, procéder à une discrète bénédiction nuptiale. Aucune autre reine de France n'a eu cet honneur, c'est dire combien il l'estimait. Il l'associait ainsi à son triomphe, reconnaissant par là combien elle lui avait été précieuse tout au long du chemin parcouru. Il est certain que si elle avait pu avoir un enfant, il ne l'aurait jamais quittée.

D'ailleurs, il ne se résout au divorce que contraint et forcé. Il aime Joséphine et surtout, il l'estime. Il sait qu'il ne sera pas aisé de trouver une nouvelle femme de cette trempe. Mais à présent qu'il est entré dans l'Histoire, il se doit de fonder une dynastie. Et depuis la naissance du fils naturel de Marie Walewska, il sait qu'il en est capable... C'est l'impitoyable raison d'État qui détermine son geste. Joséphine est sacrifiée sur l'autel de l'Empire. Et elle l'accepte. Le 15 décembre 1809, le divorce est prononcé par consentement mutuel des deux époux. Cent cinquante ans plus tard, une autre impératrice connaîtra le même sort : Soraya !

On mesure l'affection qui les liait et la qualité de Joséphine en se penchant sur leur correspondance. S'il lui écrivait plus souvent qu'elle ne lui répondait, elle y mettait beaucoup de soin, d'esprit, d'affection. « Une lettre est le portrait de l'âme, et je presse celle-ci contre mon cœur. Elle me fait tant de bien ! » Il existait entre eux une extrême intimité, comme en témoigne la fameuse lettre de Bonaparte où il la prévient de son retour et lui demande de ne pas se laver...

Une entente réelle qui s'exprime aussi par l'humour, comme quand il lui reproche de n'avoir plus de nouvelles d'elle depuis trois semaines : « Daignez, puissante impératrice, descendre de vos sommets écrire à vos esclaves. »

Et le divorce ne met pas fin à cette correspondance. Alors qu'elle séjourne dans son autre château de Navarre, à côté d'Évreux, il lui écrit : « Il paraît que tu as engraissé et que tu ressembles à une fermière normande. » Un ton faussement ironique qui traduit une profonde et tendre affection.

Contrairement à ce qu'on a prétendu, Joséphine n'était pas paresseuse. On a retrouvé huit cents lettres de sa main. Elle envoyait presque chaque jour un mot à ses enfants : « Je suis toute chagrine, ma chère Hortense : je suis séparée de toi et mon cœur en est aussi malade que toute ma personne. Je sens que je n'étais pas née, mon enfant, pour tant de grandeur. » On admirera l'aisance de la plume, le raffinement de la tournure. Plus les années passent, plus elle gagne en style et en maîtrise. Ses lettres aux proches de l'empereur ou à sa famille sont des modèles d'écriture. Les formules de politesse, pensées très exactement en fonction de ses interlocuteurs, indiquent une grande subtilité. Ce sont les lettres d'une véritable souveraine.

Deuxième aspect extrêmement attachant de Joséphine, sa curiosité et sa richesse intellectuelle. Dès les premiers mois du Consulat, elle déclenche une explosion sur le plan artistique. Elle fait travailler les meilleurs peintres et sculpteurs de l'époque, puis elle étend ce bouillonnement créatif au domaine scientifique et botanique. À l'opposé du cliché sur la créole lascive et nonchalante, elle se passionne pour les choses de l'esprit. Elle s'entoure de savants, correspond avec les membres de l'Institut et se constitue un petit musée d'histoire naturelle, avec des centaines de minéraux et de coquillages, des animaux empaillés, des momies égyptiennes et autres trouvailles ethnographiques, comme ces « instruments, meubles, armures et vêtements des sauvages », provenant d'Australie et de Nouvelle-Calédonie.

Je connaissais sa passion pour les fleurs, mais j'ignorais avec quel zèle elle s'y était livrée. Dès l'aménagement du parc en 1800, elle impose son goût. Elle veut un jardin à l'anglaise, avec des allées qui serpentent et qui offrent différents points de vue. Elle fait creuser une rivière, construire une grotte et un temple de l'Amour, parsème le tout de rochers de Fontainebleau. Année après année, elle étend son domaine, achète l'étang de Saint-Cucufa, puis le château de Buzenval et ses bois, enfin le château de Bois-Préau, qui est aujourd'hui un musée consacré à la vie de Napoléon à Sainte-Hélène.

À sa mort, le domaine de Malmaison couvre sept cent vingt-six hectares, dont soixante-dix de parc proprement dit. Il en reste aujourd'hui six autour du château... Il est donc difficile d'imaginer l'activité qui s'y déployait alors. Car si l'on peut encore contempler derrière la maison un magnifique cèdre planté en 1800 pour célébrer la bataille de Marengo, on n'a aucune idée des milliers d'espèces que Joséphine a fait pousser sur ses terres. Non seulement elle rassemble près de deux cent cinquante roses différentes, dont on peut voir quelques merveilleux échantillons grâce aux planches de Redouté, mais elle acclimate deux cents plantes totalement inconnues sous nos latitudes. Pour cela, elle se donne les moyens de sa passion : ainsi, un botaniste écossais arborise pour elle au Cap et lui envoie régulièrement ses découvertes. Une soif d'exotisme qui lui rappelle son enfance aux Antilles et qu'elle complète par la compagnie d'animaux tout aussi nouveaux en France, comme les cygnes noirs d'Australie ou les kangourous.

Pour ces fleurs délicates et habituées à d'autres climats, il fallait un abri. En 1805, Joséphine fait construire la plus grande serre chaude au monde. Longue de cinquante mètres sur douze de large, chauffée par douze poêles, elle coûte cent quarante mille francs, soit près de la moitié du prix du château de Malmaison. Mais c'est la première fois qu'on utilise le verre sur une telle surface et le résultat est une prouesse technique et esthétique, qui dépasse la serre du Jardin des Plantes.

La serre n'a hélas pas survécu aux outrages du temps, mais le long bâtiment qui y était adossé est toujours debout. C'est aujourd'hui une demeure privée, baptisée *La Petite Malmaison*, et elle se trouve à cinq cents mètres du château. Elle appartient au comte Czarnecki et à sa mère... Marie-Louise ! C'est trop beau pour être vrai. Bernard Chevallier propose de me mettre en contact avec eux et j'accepte avec plaisir.

Mardi 15 octobre

J'ai téléphoné au comte Czarnecki et il m'a gentiment proposé de venir voir sa maison. L'entrée se trouve à cinq minutes du château de Malmaison, sur le même trottoir. Le lotissement du parc au XIXe siècle a découpé le vaste domaine de Joséphine et de nombreuses constructions en ont détruit l'harmonie. De la route, difficile d'imaginer que derrière les arbres se cache un des derniers vestiges de sa splendeur. Le plus drôle, c'est que juste à côté de la grille, je reconnais l'ancienne demeure de Mistinguett !

Je pousse la porte en fer et découvre un îlot romantique. Quel contraste avec la nationale bruyante et sinistre que je viens de quitter ! Un petit chemin de gravier ondule entre les arbres, traverse une rivière et monte vers une construction néoclassique blanche, basse et agrémentée d'une rotonde en son centre. Le comte Czarnecki, qui m'accueille, m'explique que le bâtiment abritait des salons qui s'ouvraient sur la serre. Les poêles étaient alimentés de tourbe et cela m'amuse, car nous utilisons le même combustible dans notre refuge en Autriche. Joséphine et sa suite venaient y prendre le thé chaque après-midi. Elle devisait tout en contemplant les fleurs par les portes-fenêtres. C'était un but de promenade très agréable, car elle arrivait du château par la rivière. Non loin de là, à dix minutes à pied, se dressait son temple de l'Amour, qui existe toujours et qui appartient aussi à des particuliers.

Joséphine n'avait pas uniquement la nostalgie des paysages tropicaux, elle avait également fait bâtir dans cette partie du parc un chalet, une laiterie et une étable où logeait un troupeau de vaches suisses ! Pour compléter le tableau, des fermiers du canton de Berne avaient été réquisitionnés... Dans un autre genre, une bergerie abritait un troupeau de mérinos. Comment ne pas être attendri par tant de fantaisie ?

La promenade quotidienne à la serre était tout ce qu'il y a de sérieux. Joséphine inspectait scrupuleusement ses fleurs, dont elle connaissait les noms latins, et si des visiteurs l'accompagnaient, elle se lançait dans de longs exposés sur la botanique, au grand désespoir des dames de compagnie qui la suivaient en traînant un peu les pieds.

Le comte Czarnecki me fait entrer dans la rotonde. Incroyable ! Plongée dans la pénombre qu'éclaire à peine un feu de bois, elle n'a pas bougé depuis Joséphine. Tout est resté en l'état, le parquet marqueté, le seul connu de l'ébéniste Jacob, les boiseries gris et vieil or, les colonnes de marbre. L'ensemble est un peu défraîchi, mais l'endroit distille un charme indéfinissable. La patine du temps, le fait que ce soit une maison privée, son isolement au milieu du parc, rendent cet endroit unique.

Nous traversons un petit salon, avant de pénétrer dans une longue galerie, qui était autrefois directement reliée à la serre par de grandes portes-fenêtres. Des banquettes, un piano et, sur une console, un buste d'Hortense accompagné d'un hortensia pour en rappeler l'origine. Le comte Czarnecki m'apprend que, selon la légende, Joséphine aurait donné le nom de sa fille à une des fleurs de sa serre, en signe d'affection et pour se faire pardonner de lui avoir fait épouser le frère de Bonaparte. Le mariage avait été un échec. Mais, honnête, il m'avoue qu'on prête aussi l'origine de l'hortensia à M. de Bougainville et à sa fille Hortense... Nous tombons d'accord pour croire beaucoup plus plausible la première version.

Au-dessus de chaque porte-fenêtre, je remarque des moulages antiques. Ce sont les premiers provenant du Parthénon, Joséphine avait aussi rassemblé une collection d'antiquités et une partie de ses vases grecs étaient exposés dans cette galerie... Le personnage est vraiment passionnant. C'est bien l'avis du comte Czarnecki, qui comme Bernard Chevallier est complètement sous le charme de la dame de Malmaison.

Nous regagnons la rotonde où nous attend un thé. La mère de mon hôte nous y rejoint. Fine et racée, son visage ne m'est pas inconnu... Timidement, elle m'avoue avoir eu comme moi une carrière au cinéma. Elle a tourné dans *Olivia* de Jacqueline Audry et dans *L'Auberge rouge* avec Fernandel ! Nous évoquons des souvenirs de cette époque, puis elle me raconte leur arrivée ici. Son mari a acheté la maison en 1949. D'origine polonaise, il avait fui son pays et laissé derrière lui une grande demeure qui ressemblait un peu à celle-ci. Depuis, son fils est retourné la voir et il a été ahuri : elle est devenue un centre botanique. Certaines coïncidences sont décidément troublantes.

D'autant que l'actuel comte Czarnecki est lui aussi féru de botanique. Il est intarissable sur les innombrables variétés de fleurs que Joséphine a introduites en France, comme les fuchsias, les pélargoniums odorants, qui venaient d'Afrique du Sud, les cactus, les aloès, les héliotropes du Pérou, les cyprès chauves d'Amérique, sans parler des rosiers remontants qu'elle est une des premières à créer... Et je cite de mémoire ! À son tour, il maintient la tradition et je comprends maintenant pourquoi les marches du perron sont envahies de pots de fleurs.

Pour entretenir sa demeure, Stefan Czarnecki l'ouvre aux visites le dimanche après-midi durant l'été, il y organise des expositions et reçoit aussi pour des dîners d'affaires ou des mariages de Japonais. On évite alors de parler du divorce de Joséphine ! *La Petite Malmaison* sert également de lieu de tournage. Dernièrement, il a accueilli pendant quinze jours Christian Clavier et Isabella Rossellini venus jouer la grande série télévisée *Napoléon*.

Quel plus beau cadre choisir ? L'endroit est historique et intact. Mieux, il est « habité ». La comtesse le confirme : « on sent des ondes positives, douces et enveloppantes, parfois on entend même quelques notes de musique dans le salon, alors qu'il n'y a personne... »

Sur le chemin du retour, je savoure ce moment passé et repense à tout ce que j'ai appris en deux jours sur Joséphine. Qu'elle ait fasciné Bonaparte ne m'étonne plus du tout. Quelle femme extraordinaire ! Se séparer d'elle a dû être pour lui un déchirement et son élégance lors du divorce trouve maintenant tout son sens. Car non seulement elle a conservé son rang et son titre d'impératrice, mais il lui a laissé Malmaison et toutes ses collections, le château de Navarre et le palais de l'Élysée qui était sa résidence parisienne.

Elle n'y habitait pas souvent, parce que les Tuileries n'étaient pas loin et qu'elle ne voulait pas exciter la jalousie de Marie-Louise. Elle préférait rester à Rueil. Décidément, personne ne veut coucher à l'Élysée, ni Mme de Gaulle, ni Mme Pompidou, ni Mme Mitterrand, il n'y a que Bernadette qui consente à y dormir, mais dans un appartement aménagé sous les toits !

Je réalise que Joséphine était donc ma voisine à Paris et... à Pregny ! Car en 1812, elle s'est installée pendant quelques mois dans une maison qui est juste au bas du château, chemin de l'impératrice. Elle venait de faire une grande excursion en Savoie, où elle n'avait pas hésité à traverser la mer de Glace, et s'était prise de passion pour la Suisse. Joséphine, Sissi, Liliane de Rhéty, la princesse Salimah Aga Khan, ce village de Pregny a vraiment quelque chose qui attire les femmes d'exception...

Mieux : Bernard Chevallier m'a appris qu'on produisait dans le Bordelais un vin appelé la « pissotière de l'impératrice » ! La raison de cette appellation un peu triviale ? L'histoire raconte que, lors d'un déplacement entre Bordeaux et Bayonne, Joséphine, prise d'une envie subite, se serait arrêtée dans ce vignoble... Quand je pense que je produis mon vin sur une parcelle appelée Malmaison depuis 1827, sans savoir qu'elle était passée dans la région. Il était dit qu'un jour ou l'autre, nos destins se croiseraient.

Elle s'est éteinte dans la fleur de l'âge à cinquante et un ans, après un refroidissement. « Opportunément », selon Bernard Chevallier. Car elle a ainsi ignoré la chute de l'empereur. Un an plus tard, après avoir abdiqué à la suite de Waterloo, il venait se recueillir dans la chambre de la défunte, puis faisait ses adieux à sa mère et se livrait aux Anglais...

Le dernier portrait de Joséphine a été peint par Prud'hon et il est resté inachevé. On peut le voir sur un mur près de sa chambre. Elle y apparaît étrangement sereine et douce. Sans doute l'a-t-il aussi un peu embellie, elle fait moins que son âge, et elle en était tout à fait consciente. Elle disait : « Les portraits de Prud'hon sont plus ceux d'un ami que d'un peintre. » Comme on le comprend... Moi aussi, j'aurais aimé être l'amie de Joséphine.

La comtesse du Barry et Louis XV
Versailles et Louveciennes

Jeudi 24 octobre

À quelques kilomètres de Rueil, se trouve la demeure d'une autre grande séductrice. Et celle-ci aussi souffre d'une réputation peu flatteuse. Pire que Joséphine ! Il faut dire qu'elle n'était pas une épouse irréprochable, et pour cause : elle était la favorite d'un roi. Encore une, me direz-vous. Je reconnais qu'elles sont nombreuses dans ce livre, allez comprendre pourquoi...

Ces femmes me fascinent, je l'avoue, car l'amour est au centre de leur vie et, contrairement à l'image qu'on a souvent d'elles, elles ne sont pas forcément des monstres d'opportunisme et d'hypocrisie. Leur quête ambitieuse comporte des risques, elle demande de l'intelligence, du courage et le sens du sacrifice. Nous avons vu avec Lola Montes que cela pouvait donner un ratage complet, ou déboucher sur une merveilleuse histoire d'amour comme avec Diane de Poitiers.

Celle que je vais évoquer se situe entre les deux. La comtesse du Barry a les origines sulfureuses de l'une et la grâce de l'autre. Le parfum de scandale de Lola, la douceur de Diane. Elle fait un parcours sans faute, connaît cinq années de « règne » auprès de Louis XV et parvient même à maintenir sa position après la mort de son protecteur. Malheureusement, elle est rattrapée par la Révolution et sa vie s'achève en tragédie.

Quand on parle de la favorite de Louis XV, on pense généralement aussitôt à la marquise de Pompadour. Vingt années d'amitié amoureuse, ce n'est pas rien... Mais je ne sais pas pourquoi, cette maîtresse royale m'a toujours un peu ennuyée. Trop parfaite sans doute : son éducation, son caractère, son goût, son influence sur les arts, tout est admirable, réfléchi, sans faille... et au fond assez froid. Alors qu'avec la du Barry, c'est l'aventure, la jeunesse, la gaieté, la sensualité, et le chemin parcouru est autrement plus incroyable. La petite grisette des faubourgs qui devient l'égale d'une reine, il y a de quoi faire rêver !

Une anecdote me la rend aussi chère : en 1954, je jouais dans le film *Madame du Barry* de Christian-Jaque, avec Martine Carol dans le rôle-titre, décidément abonnée aux personnages de favorites. Mi-coquine, mi-ingénue, elle était parfaite. Quant à moi, j'incarnais Madame Adélaïde, ce qui était pour le moins éloigné de la vérité historique, car la fille de Louis XV était paraît-il laide, ennuyeuse, frustrée et bigote !

Enfin, un autre signe du destin m'a fait croiser la route de la comtesse du Barry : durant trente ans, j'ai eu dans ma chambre à Pregny une commode qui lui avait appartenu... Achetée par le vieux baron Edmond de Rothschild, le grand-père de mon mari, elle faisait partie de la collection familiale. C'était un meuble magnifique de Carlin, décoré de plaques de Sèvres, que je n'ai jamais osé toucher. Quelques années avant sa mort, Edmond l'a donné, avec d'autres meubles prestigieux, en dation au Louvre, où tout le monde aujourd'hui peut en profiter.

Première étape obligée sur le chemin de la du Barry : le château de Versailles. C'est un endroit que je connais bien, car je m'y suis souvent rendue dans le passé, invitée par son conservateur Gérald Van der Kemp et son épouse américaine, Florence. Ils donnaient des dîners toujours somptueux et personne ne refusait une de leurs invitations. Une vie mondaine qui a porté ses fruits... Par leur dynamisme, leur rayonnement et leur sens de la diplomatie, ils ont favorisé de nombreux dons pour le château.

Versailles m'est aujourd'hui familier pour une autre raison : quand je séjourne à Paris, il m'arrive certains week-ends de prendre ma voiture, d'y plier ma bicyclette et de rouler en direction du château. J'ai pris cette habitude depuis la disparition d'Edmond, quand j'ai envie de solitude, de calme, d'anonymat. Je descends au Trianon Palace, qui se trouve à côté de l'entrée du parc. Le service y est efficace et discret, et ils ont la gentillesse de me donner toujours la même chambre, d'où je peux voir brouter les moutons de Marie-Antoinette ! Je fais de longues promenades à bicyclette dans les allées, autour des pièces d'eau, et rêve de pouvoir un jour louer une de ces petites maisons qui sont cachées sous les arbres. Est-ce que la direction du musée m'accorderait cette faveur ?

M. Pierre Arizzoli-Clémentel, avec qui j'ai rendez-vous ce matin, reste vague sur cette éventualité... Muni d'un gros trousseau de clefs, il préfère m'entraîner dans le labyrinthe du château. Grâce à lui, je contourne les grappes de touristes et prends des raccourcis insoupçonnés pour rejoindre les petits appartements de la comtesse du Barry, qui ne sont pas ouverts au grand public.

Nous nous rendons dans la partie dite des Attiques, gravissons un escalier raide, qui malgré ses belles tommettes fait un peu escalier de service. Il n'en est rien. Il dessert les différents appartements des courtisans, qui étaient trois mille et pas toujours bien logés. La marquise de Pompadour, qui habitait là avant la du Barry et souffrait de problèmes de jambes, avait demandé une chaise volante que l'on hissait à l'aide d'une poulie, l'ancêtre de l'ascenseur en somme.

Mais elle n'avait pas terminé sa vie dans cette partie du château. Après des années de bons et loyaux services, elle avait finalement pu s'installer au rez-de-chaussée, comme une princesse du sang. Un événement inouï pour la Cour, qui en avait été horrifiée. Les enfants de Louis XV l'appelaient « maman putain » ! Ils ne connaissaient pas encore la du Barry...

On dit toujours la marquise de Pompadour, or le roi l'avait faite duchesse, duchesse à brevet certes, c'est-à-dire que le titre n'était pas héréditaire, mais tout de même... Elle avait obtenu l'insigne privilège du « tabouret », ce qui signifie qu'elle pouvait s'asseoir dans les grands appartements et était même devenue « dame du palais » de la reine, qui la supportait plus ou moins. Elle disait : « Puisqu'il en faut une, plutôt celle-là qu'une autre ! » Une réaction de femme intelligente.

Quand la du Barry s'installe à Versailles en 1769, la Pompadour est morte depuis cinq ans. Louis XV a été très affecté par la disparition de son amie et il n'a pas cherché tout de suite à la remplacer, il s'est même un peu rapproché de la reine, mais celle-ci meurt à son tour en 1768. Ce qui rend le roi encore plus taciturne. Il a cinquante-huit ans et sa vie lui pèse : il est lassé du pouvoir, fatigué des « petites maîtresses » qu'il allait retrouver clandestinement au pavillon du Parc aux cerfs du temps de la Pompadour, et hanté par l'idée de la mort. Mais cette humeur sombre va se métamorphoser avec l'arrivée d'une certaine comtesse du Barry...

C'est par son fidèle valet que Louis XV fait la connaissance de la jeune femme. Le Bel connaît les goûts de son maître et il lui a déjà permis par le passé de nombreuses conquêtes. Quand il a vu la du Barry, il a tout de suite été persuadé qu'elle plairait au roi. Mais il était loin de se douter à quel point ! Le coup de foudre est immédiat. Il faut dire qu'elle est magnifique. À vingt-cinq ans, elle est au sommet de sa beauté. Blonde, de grands yeux bleus, un petit nez, un teint lumineux, « une feuille de rose tombée dans du lait », une poitrine parfaite, des mains fines et des dents éclatantes, contrairement à Sissi ou à Joséphine !

Le souverain s'en éprend aussitôt. Les rendez-vous secrets s'enchaînent et leurs relations s'intensifient de façon fulgurante. Louis XV redevient un jeune homme. Il est sous le charme de cette femme simple, gaie, légère et tellement sensuelle... Dans ses bras, il découvre des plaisirs jusqu'alors inconnus. Sa relation avec la Pompadour était vite devenue platonique, la favorite étant d'un « tempérament très froid », et ses autres liaisons plus ponctuelles n'avaient pas l'intensité, le raffinement des transports connus auprès de la comtesse...

Tout à sa nouvelle félicité, le roi s'émerveille des talents de sa maîtresse, sans prendre conscience qu'une telle experte cache sans doute un secret. Toutes les femmes ne pratiquent pas comme elle le « baptême ambré », une jolie expression pour dire qu'elle se parfume le sexe. En effet, Le Bel ne lui a pas tout dit. Mais devant l'emballement de Louis XV qui veut à présent la voir tous les jours, il est contraint de lui dévoiler la véritable identité de sa jeune recrue. Elle lui a été présentée par un homme dont la profession est de fournir de jolies femmes à de riches clients. Il s'agit du comte Jean du Barry, qui n'est pas le gentil mari de la dame, mais son proxénète.

Ce n'est pas tout : la soi-disant comtesse du Barry s'appelle en réalité Jeanne Bécu. Elle est la fille naturelle d'une couturière aux mœurs légères, Anne Bécu, et d'un religieux de l'ordre de Picpus, le frère Jean-Baptiste Gomard de Vaubernier, dit frère Ange. Ce qui valut à Jeanne d'être appelée « la petite L'Ange » durant son enfance. Née à Vaucouleurs, comme Jeanne d'Arc, elle connaîtra toutefois un destin bien différent et son surnom sera attaché à des considérations moins spirituelles...

Grâce à un de ses anciens amants, Anne Bécu vient s'installer à Paris, où elle trouve une place de cuisinière dans une grande maison. Jeanne fait ses premiers pas dans les coulisses de la richesse et de la vie mondaine. Un avant-goût de courte durée. À six ans, elle est envoyée au couvent d'où elle ressort neuf ans plus tard. Elle y suit l'enseignement des adoratrices du Sacré-Cœur de Jésus, enseignement strict mais qui lui sera grandement profitable plus tard. Elle apprend à écrire, à lire, à dessiner, à chanter, à jouer du clavecin... Toutes choses nécessaires à une femme qui vit en société.

Des atouts qui viennent compléter celui que lui a donné la nature : sa beauté. À quinze ans, Jeanne comprend vite que son physique est sa meilleure arme pour changer de vie. Son premier travail comme vendeuse ambulante lui fait côtoyer la misère et elle n'a qu'une envie : s'élever socialement. Elle trouve une place chez un coiffeur qui tombe rapidement amoureux d'elle. Elle devient sa maîtresse et le ruine en cinq mois... Elle entre ensuite comme femme de chambre auprès d'une riche veuve. Jeanne y découvre la vie de château, flirte avec une société raffinée et libérale, s'initie au libertinage, y apprend l'art de la séduction et les manières du grand monde. Mais elle est finalement renvoyée. Elle aurait corrompu les deux fils de la maison.

Jeanne travaille ensuite comme vendeuse dans un magasin de mode. Elle y peaufine son apprentissage du luxe et de la galanterie, car ce temple du chiffon et de la coquetterie féminine est aussi un repaire de don juans. Très courtisée, la jeune femme multiplie les aventures de façon pragmatique : elle se cherche un protecteur. Et pour arrondir ses fins de mois, elle accepte sans problème d'aller souper chez le plus généreux.

Quand elle rencontre Jean du Barry, elle a vingt ans et ce n'est plus une oie blanche. Elle ne se fait guère d'illusions sur ce gentilhomme gascon débauché qu'on appelle « le Roué ». Il l'installe chez lui, mais après un semblant de vie commune, il révèle rapidement sa vraie nature et lui demande de travailler pour lui. Jeanne n'hésite pas longtemps. Elle sait que, par son intermédiaire, elle peut entrer en contact avec de puissants seigneurs, car il a de nombreux clients à la Cour.

Elle séduit ainsi le duc de Richelieu, parent du célèbre cardinal et proche de Louis XV qui l'appelle « mon amuseur »... L'homme est un courtisan cynique et sans scrupule, orgueilleux et libidineux. Mais avec Jeanne, c'est un agneau. D'autres suivent et la jeune courtisane commence à se constituer un joli écrin de bijoux. Son pseudo-mari est content d'elle. Leur association est florissante. L'élève apprend vite et bien, à tel point qu'il la croit capable de tenter le plus beau coup de sa « carrière » : devenir la maîtresse du roi ! D'abord réticent, Le Bel se laisse convaincre, mais à présent devant le roi, il est bien embarrassé...

Après avoir écouté son exposé, Louis XV réagit de façon inattendue et royale ! Pas question de se séparer de sa belle, malgré ce passé scandaleux. Il faut tout d'abord sauver les apparences et la marier. Ayant déjà une épouse abandonnée quelque part, Jean du Barry pense à son frère cadet Guillaume. Physique ingrat, intelligence limitée, criblé de dettes, il sera ravi de vivre d'une confortable pension sur ses terres de Gascogne. Marché conclu. Le 1er septembre 1768, Jeanne Bécu devient la comtesse Guillaume du Barry.

Ce problème d'état civil réglé, Louis XV s'abandonne à sa passion. Il est conscient de l'énormité de son aventure, mais est bien décidé à la vivre selon son bon plaisir. Comme il le dit, ce sera sa dernière folie. Sa nouvelle favorite fait une apparition à Fontainebleau, puis à Versailles. La Cour est en émoi et n'est pas longue à apprendre le parcours sulfureux de la jeune élue. Choiseul, ministre tout-puissant, s'insurge. Mais rien n'y fait : la du Barry est dans la place. Elle vient de s'installer dans l'appartement de Le Bel, décédé sur ces entrefaites.

Pourtant, rien n'est joué, car des nerfs d'acier sont nécessaires pour affronter la Cour. Jeanne en fait très tôt l'expérience. Si elle est la protégée du roi, en son absence elle n'est plus rien. Personne ne lui adresse la parole, et elle vit recluse dans son appartement. Les calomnies ne se font pas attendre, tout comme les chansons grivoises et les quatrains insultants. Jeanne fait preuve d'une grande force de caractère et subit ces humiliations avec stoïcisme.

Sa présentation officielle à la Cour le 22 avril 1769 lézarde un peu l'ostracisme dont elle souffre. Elle y fait une telle apparition que ses opposants se troublent. Devant sa beauté, son maintien, le sang-froid avec lequel elle exécute les trois révérences protocolaires, certains hésitent et sont tentés de reconnaître qu'elle a tout d'une grande favorite. Subjugué, Louis XV en est convaincu. Maintenant elle le suit partout, et son traitement est celui d'une princesse : domestiques, toilettes, carrosses et appartements somptueux dans les différentes résidences royales.

Celui qu'il lui donne à Versailles est sous les combles, mais il se situe juste au-dessus de ses appartements privés. D'ailleurs, M. Arizzoli-Clémentel me précise que le roi y habitait quand il était jeune homme et qu'il y donnait des soupers de chasse. Les pièces sont basses de plafond, mais elles sont décorées somptueusement et la vue donne sur la cour de Marbre... Il y a pire comme pied-à-terre. La comtesse du Barry va y demeurer jusqu'à la mort du roi, soit cinq années.

La première pièce, une antichambre qui servait de petite salle à manger, a gardé ses boiseries d'origine. Derrière deux grandes portes de placard est rangé un service en porcelaine de Sèvres que la du Barry a acheté dès son installation. Il se compose d'assiettes, de tasses à glace, de verrières, de bols à punch, et il a retrouvé sa place première grâce à un don des Amis de Versailles. Sur un mur en entrant, je remarque un portrait qui ne représente pas Louis XV, mais le duc de Brissac, peint par Drouais. Il était son voisin au château, avant de devenir beaucoup plus tard son ami intime...

J'entre ensuite dans une petite bibliothèque, fermée comme un écrin, tapissée de livres et d'une alcôve tout en miroir, dans laquelle on a glissé un canapé. Celui-ci n'est pas l'original, mais il lui ressemble. Il a été donné à Versailles par le décorateur Henri Samuel que j'ai bien connu, car il a travaillé dans toutes nos maisons. Et je reconnais sa patte : le canapé est recouvert du même velours de Gênes que mes fauteuils à Paris.

Dès son arrivée à la Cour, la comtesse du Barry veut se racheter une conduite et prouver dans une certaine mesure qu'elle peut prendre la suite de la Pompadour. Elle décore ses appartements d'un mobilier précieux, fait travailler de nombreux peintres et sculpteurs et se plonge dans les livres. Heureusement, le couvent lui a donné le goût de la lecture. Un inventaire de 1771 note que sa bibliothèque contenait plus de mille livres. Les valeurs sûres de l'époque y côtoyaient les derniers romans à la mode. Celle de la Pompadour en comptait huit mille, mais elle avait mis vingt ans à la constituer.

Jeanne sait qu'il n'est pas question de rivaliser avec celle qui l'a précédée dans le cœur du roi. Elle connaît ses limites, et ne cherchera jamais à s'occuper de politique. Mais elle a du goût et, disposant de moyens quasi illimités, elle va en apporter la preuve. Par ses commandes, elle marque de son empreinte le château. Ainsi, en privilégiant des meubles sobres et inspirés de l'antique, elle contribue à faire naître un nouveau style décoratif précurseur du Louis XVI, le style transition.

Les salons que je traverse étaient remplis de ce mobilier. Aujourd'hui, il en reste quelques vestiges ou diverses évocations. Dans le salon d'angle, on trouve un canapé et des chaises de Jacob à la ligne épurée, une table de Carlin avec un plateau en pierres dures, une paire de vases qui dissimulent des candélabres grâce à un système de ressort.

Aux murs, le portrait de Louis XV par Drouais et une gravure représentant un vaisseau baptisé en 1772 *La Comtesse du Barry*.

Dans la galerie qui suit, même style de meubles dont certains furent légués par la duchesse de Windsor, comme une petite table à écrire de Boudin. Hélas, les deux canapés et les dix-neuf chaises, dont une plus haute pour le roi, qui avaient été réalisés pour cette longue pièce, ont disparu. Quant à la commode de Carlin qui se trouvait entre les fenêtres mansardées, elle est aujourd'hui au Louvre...

Sur la cheminée en marbre griotte trône le buste de la du Barry par Pajou. On la voit l'épaule nue, les cheveux artistiquement coiffés, le port de tête fier, le cou gracieux. C'est une copie, mais elle ne trahit en rien l'esprit de la favorite : elle était tellement contente de cette œuvre qu'elle la fit reproduire à de nombreux exemplaires.

Dans la chambre à côté, je peux encore mieux me rendre compte de la régularité de ses traits. Une gravure la représente à sa coiffeuse, en chemise, les cheveux défaits. Elle fixe le spectateur d'un regard vif et esquisse un sourire. L'ovale de son visage est parfait. Elle tient à la main une tasse de café que vient de lui apporter Zamor, son serviteur noir. Serviteur qui se comportera très mal par la suite...

Sur un meuble est posée une sculpture en marbre blanc extraordinaire. Signée aussi par Pajou, elle représente une jeune femme nue endormie et sa pose est on ne peut plus lascive. On ne sait pas si la du Barry servit de modèle, mais si tel est le cas, je comprends que son corps ait enflammé bien des hommes.

Le lit qui se trouve dans la chambre n'est malheureusement pas le sien. Celui-ci a été offert par la maharani de Baroda et le conservateur m'avoue qu'il appartenait à... Marie-Antoinette ! Un comble : les deux femmes se détestaient. Rares sont les maîtresses qui gagnent la sympathie de la famille. Arrivée à Versailles en 1770, après avoir épousé le futur Louis XVI, la fille de l'impératrice Marie-Thérèse a tout de suite pris en grippe la favorite du grand-père de son mari. Outrée par sa présence, elle ne pouvait tout simplement pas lui adresser la parole. Elle l'appelait « la grande sauteuse qui ressuscite les morts »... Au bout de deux ans et seulement pour faire plaisir à sa mère qui craignait que son attitude ne finisse par fâcher Louis XV, elle parviendra à lui dire : « Il y a bien du monde aujourd'hui à Versailles... » Ce sera tout.

Une porte ouvre sur un escalier dérobé. Appelé très joliment le « petit degré du roi », il servait au souverain à rejoindre sa bien-aimée. Il montait le soir pour des dîners privés, mais aussi durant la journée, tant la compagnie de Jeanne lui était devenue indispensable. Il donnait ses rendez-vous dans ces appartements et traitait ici avec ses ministres les affaires de l'État, ce qui en faisait enrager plus d'un.

Car, bien qu'imposée par le roi, la comtesse du Barry était encore méprisée. Seuls quelques courtisans – le nom est bien choisi – faisaient mine de la fréquenter, pour s'attirer les bonnes grâces de Louis XV. Toutefois, le jeu était dangereux : ils risquaient par là même de se brouiller avec Choiseul, avec Marie-Antoinette et avec les filles du roi, ouvertement et farouchement hostiles à la favorite.

Le climat était donc des plus tendus. Mais Jeanne n'en laissait rien paraître. Avec une patience et une maîtrise admirables, elle s'employait à séduire chacun, se montrant toujours douce, aimable et discrète. Jour après jour, elle affichait le même calme et, malgré son rang de maîtresse officielle, elle restait à sa place. Pas d'esclandre, pas de caprice, pas un faux pas. C'est l'anti-Lola Montes ! Une attitude qui finit par payer. Sensibles à son côté « bonne fille », quelques femmes de la Cour ont commencé à lui parler, vite suivies d'hommes qui ne demandaient pas mieux.

Après le renvoi de Choiseul, elle a moins d'ennemis déclarés et ses appartements se remplissent enfin. Une salle à manger, que je traverse, permet de donner des soupers en petit comité. La comtesse du Barry y fait sensation, sa beauté chaque soir mise en valeur par de nouveaux bijoux, de nouvelles toilettes. Elle a l'art de s'habiller, sans doute son expérience de vendeuse lui a-t-elle appris à savoir reconnaître la plus fine dentelle, la plus belle soierie, à jongler avec les tissus, les rubans, les colifichets... Elle y est tellement habile que ses modèles sont copiés dans toute l'Europe et qu'elle lance des modes, comme celle des rayures, du blanc, des tissus chinés, et des robes à la polonaise, c'est-à-dire sans panier.

À présent plus sereine, elle s'épanouit et son charme devient irrésistible. On vante sa gaieté, sa simplicité, sa gentillesse. Ce n'est pas une intrigante. Le prince de Ligne en est fou, tout comme le duc de Brissac qui ne peut hélas pas encore se déclarer... Et contrairement à ce qu'on pourrait croire, elle a de la conversation. N'entretient-elle pas une correspondance avec Voltaire ?

Je finis ma visite de ses appartements par la salle de bains, lambrissée, une pièce semblable aux autres, mais avec un sol en marbre. On y voit encore l'emplacement de deux baignoires, une pour se savonner, une pour se rincer. L'eau était acheminée par porteurs... Derrière, un petit couloir et des pièces de service, celle de la femme de chambre, avec des tommettes et une cheminée peinte en faux marbre. Et puis, dans un cagibi, la chaise à l'anglaise plus connue sous le nom de chaise percée.

Avant de redescendre, Pierre Arizzoli-Clémentel me montre l'appartement qu'occupait la Pompadour et qui vient juste d'être restauré. Quel contraste ! Les pièces sont hautes et spacieuses, décorées magnifiquement et donnant sur le parc. Les meubles, le lit en alcôve, les tissus de soie turquoise, rose, vert amande, tout est d'un raffinement exquis, presque sirupeux. À voir ces pièces tellement sophistiquées, on pourrait penser que la du Barry n'était finalement pas si bien lotie, mais ce serait oublier qu'elle avait la jouissance de deux autres maisons : le Petit Trianon et le château de Louveciennes.

En septembre 1770, elle inaugure en effet le Petit Trianon, chef-d'œuvre de l'architecte du roi, Ange-Jacques Gabriel, dont la construction a commencé douze ans plus tôt pour... la Pompadour ! Mais celle-ci est morte avant d'en voir l'achèvement et c'est donc Jeanne qui s'installe dans ce magnifique pavillon carré, pur produit de la mode néoclassique. Colonnes, chapiteaux et pilastres ponctuent ce bâtiment de pierre faussement austère. Peu de dorures, mais des fleurs à profusion sur les lambris, les fauteuils, les bronzes de cette demeure vouée à la nature. Située à quelques centaines de mètres du palais, elle sert de retraite à Louis XV quand il vient dans cette partie du parc, consacrée aux fleurs, au potager et aux plantes exotiques.

Mais avec la comtesse du Barry, il ne s'attarde guère dans les allées de son domaine botanique. Il préfère la retrouver directement au Petit Trianon, dont il apprécie l'isolement. Ici, pas de courtisans et peu de serviteurs. Il peut profiter en toute tranquillité de la présence de Jeanne et passer la nuit avec elle... Pour être sûr de n'être pas dérangé lors de ses dîners en tête à tête, il a demandé à ce que les serrures de ses cabinets privés soient conçues de telle sorte que « lorsque le Roy a fermé le second tour, aucune clef ne puisse ouvrir »... Enfin, il commande la fabrication d'un ingénieux système de table volante. Celle-ci sera dressée en cuisine, puis hissée par une trappe dans le plancher. Malheureusement, elle ne sera pas prête avant sa mort et on n'en voit aujourd'hui que le prototype.

Guidée par Pierrette, la responsable de l'endroit, je découvre cet adorable nid d'amoureux. Mais si la décoration a un charme fou, le Petit Trianon porte à présent l'empreinte de Marie-Antoinette... Car trois mois après la disparition de Louis XV, elle est devenue la maîtresse des lieux. Durant quinze ans, elle en a fait son domaine réservé et a gommé toute trace de la du Barry. Ce qui est normal : dans toutes les maisons, la dernière femme qui passe veut laisser sa marque.

Toutefois je peux me rendre compte de l'enchantement que devait être la vie ici. Les pièces sont à taille humaine, lumineuses, couvertes de boiseries claires, et elles donnent toutes sur le parc. Quelle que soit la fenêtre, mon regard se pose sur des massifs de fleurs, des bassins, des arbres, des pelouses parfaitement entretenues... Si le cabinet particulier de Louis XV est devenu en 1772 la chambre de Jeanne, puis quatre ans plus tard celle de Marie-Antoinette, ils ont tous contemplé la même vue.

Les meubles sont bien sûr d'époque Louis XVI, mais comme la comtesse du Barry était en avance sur son temps, elle n'aurait sûrement pas renié ceux-ci. D'ailleurs, certains sont signés Martin Carlin, son ébéniste préféré. En cinq ans, elle lui commanda plusieurs commodes, un guéridon, une table à écrire, un secrétaire, toujours décorés de plaques de Sèvres.

Dans la petite salle à manger, sur une magnifique commode de Riesener, subsiste le seul vestige du passage de Jeanne. C'est un ravissant petit buste en porcelaine, où elle prête ses traits à la déesse Flore. Sourcils bien dessinés, bouche esquissant un sourire délicat, long cou, épaule nue à nouveau et poitrine conquérante... J'imagine qu'elle devait être très fière de ce portrait. Quand on le compare au buste de Marie-Antoinette qui est posé dans l'antichambre, on prend conscience que la grandeur n'est pas forcément synonyme de beauté.

Pierrette est désolée de n'avoir pas autre chose à me montrer, mais se veut conciliante : « Il règne ici une atmosphère très particulière, un charme féminin qui ensorcelle, d'ailleurs c'est un domaine fait pour les femmes. Le Grand Trianon, c'est Louis XIV pour Mme de Montespan, puis pour la Maintenon ; le Petit Trianon, c'est Louis XV pour la Pompadour, puis pour la du Barry... Et même si aujourd'hui, tout y célèbre la gloire de Marie-Antoinette, un parfum de séduction et de galanterie flotte encore dans ces murs. »

Elle a raison, il suffit de faire quelques pas dans le jardin pour avoir envie de badiner dans les bosquets... Mais je m'égare. Revenons à Jeanne et à son royal amant qui goûte auprès d'elle un bonheur sans égal. Malheureusement, l'âge se fait sentir. Le 27 avril 1774, il éprouve ici même les premiers symptômes de la maladie qui va bientôt l'emporter. Pour la comtesse du Barry, c'est une catastrophe et la fin d'un rêve. L'heure de la disgrâce a sonné.

Les derniers moments seront très pénibles. Louis XV meurt de la petite vérole. Son agonie dure plusieurs jours et n'est pas belle à voir. Malgré le risque de la contagion, Jeanne le veille, l'entoure de gestes de tendresse, mais le 4 mai, le souverain prend conscience qu'il est perdu. Il lui demande alors de se retirer. À la veille de passer dans l'au-delà, il veut être en paix avec son âme... Le lendemain, elle quitte Versailles et trouve asile à Rueil chez son ami, le duc d'Aiguillon. Ce n'est qu'une halte dans son exil. Le soir même de la mort du roi, le 10 mai, Louis XVI l'envoie au couvent de Pont-aux-Dames, en fait une prison pour femmes, dans la région de Meaux.

Marie-Antoinette savoure sa revanche. Elle écrit à sa mère : « La créature est mise au couvent et tout ce qui porte ce nom de scandale est chassé de la Cour. » Accueillie froidement par les sœurs qui la considèrent comme un monstre de dépravation, Jeanne est enfermée dans une cellule et connaît des jours très durs. Mais une nouvelle fois, son charme opère. Par sa gentillesse, sa discrétion, son obéissance et le respect qu'elle leur témoigne, elle parvient à amadouer les religieuses. Peu à peu, ses conditions de détention s'améliorent.

Louis XVI met fin à sa réclusion en mai 1775, au grand mécontentement de Marie-Antoinette, mais le prince de Ligne a plaidé sa cause. Il lui est interdit toutefois de reparaître à la Cour. Jeanne achète le château de Saint-Vrain, près de Montlhéry, et reprend un semblant de vie sociale. Les balbutiements d'une renaissance qui sera effective l'année suivante, quand le roi, décidément très magnanime, lui permettra de se réinstaller dans son domaine de Louveciennes.

Rien ne peut lui faire plus plaisir : l'endroit est son jardin secret. Celui qu'elle a entièrement pensé depuis que

Louis XV lui en a donné la jouissance le 24 juillet 1769. À deux pas de Marly, il est constitué d'une jolie maison, d'un pavillon de musique et d'un parc magnifique qui offre une vue panoramique sur la vallée de la Seine. Elle s'y sent chez elle et chaque détail de la décoration, chaque choix esthétique, est son œuvre. C'est dire si Louveciennes est important pour qui veut la connaître mieux. Je me dois d'y aller.

Vendredi 25 octobre

Après avoir téléphoné aux propriétaires, car la maison est aujourd'hui privée, et m'être recommandée de M. Pierre Arizzoli-Clémentel, je franchis la magnifique grille de cette demeure cachée derrière les arbres. L'arrivée est magnifique. Entourée de verdure qui se reflète dans une pièce d'eau, la sihouette élégante de la maison apparaît, toute dorée par le soleil d'automne. À sa droite, un temple de l'Amour. Sur le chemin qui mène au perron, je distingue une glacière, et plus loin une fausse ruine. L'endroit est d'un romantique...

Je repense alors au fait divers qui était lié à cette maison de Louveciennes. Au début des années 1990, un groupe japonais s'était porté acquéreur de nombreux châteaux français, mais les avait laissés à l'abandon et sans surveillance. Le scandale avait éclaté quand on s'était aperçu que la demeure de la comtesse du Barry avait été pillée et squattée. Les boiseries et les cheminées avaient disparu, il ne restait plus que les murs. Aujourd'hui, la toiture est flambant neuve et le ravalement d'un joli jaune n'a pas l'air bien ancien non plus.

Cette renaissance est l'œuvre de Mme Caterine Gonneau et de son mari. D'origine anglaise, elle est la nouvelle propriétaire du château de Louveciennes. Très sympathique, elle me reçoit dans son salon, au coin du feu, et m'explique avec un délicieux accent comment le destin a placé cette maison sur sa route : « Nous cherchions depuis longtemps à acheter une propriété aux environs de Paris. Un jour, dans notre maison de Bretagne, je préparais le déjeuner et j'épluchais des pommes de terre au-dessus d'un journal. Machinalement, j'ai lu un article consacré au scandale de la maison de la comtesse du Barry... Cela a fait tilt ! Nous avons contacté le maire, qui nous a fait visiter en une demi-heure, dans la pénombre, les volets fermés. Nous avons tout de suite dit que nous étions intéressés. Mais la vente ne s'est faite que deux ans plus tard, parce que les anciens propriétaires étaient en procès. Finalement, une décision de justice a autorisé la vente de deux châteaux sur l'ensemble, dont celui de Louveciennes... »

C'est ce qui s'appelle un signe du destin. Mais le tout n'est pas d'acheter, ensuite il faut restaurer. Or, la maison était une véritable ruine, les fenêtres ouvertes au vent, la toiture à refaire, le parc totalement en friche... Pourtant, Caterine affirme ne pas avoir été effrayée par l'ampleur de la tâche, leur propriété en Bretagne est ancienne et ils ont l'expérience des travaux. Ils ont eu quelques surprises, comme un champignon redoutable pour les planchers, mais à force d'obstination, ils ont réussi en deux ans à rendre tout son lustre à la noble demeure.

Quelques bonnes surprises leur ont également donné du courage, comme la cheminée du salon, miraculeusement préservée. Elle est d'époque Louis XIV et il y a la même dans les appartements privés du roi. Ou les boiseries de la salle à manger... Démontées pour être volées, elles étaient restées dehors, les voleurs ayant été surpris avant de pouvoir les emporter ! Une chance, car elles datent de la du Barry.

Aidés par les architectes des Monuments de France et des conservateurs de Versailles, Caterine et son mari se sont employés à respecter le plus fidèlement possible l'histoire des lieux. Ils ont fait l'achat d'un buste de la favorite de Louis XV et d'un portrait du duc de Penthièvre qui lui aussi habita ici... Car, comme l'explique Caterine devenue imbattable sur le sujet, l'origine de la maison remonte avant l'arrivée de Jeanne.

Le bâtiment faisait partie du patrimoine privé du roi Louis XIV, il avait été construit en 1698 pour loger le contrôleur de la fameuse Machine de Marly, qui alimentait depuis 1684 les bassins de Versailles. Ensuite, le roi en donna l'usufruit à Mlle de Clermont, sa petite-fille issue de ses amours avec la marquise de Montespan, puis y résidèrent la comtesse de Toulouse, le duc de Penthièvre, et le prince de Lamballe qui y mourut en 1768.

Quand la comtesse du Barry en hérite l'année suivante, la maison n'est encore qu'une grosse construction carrée d'un étage, avec un toit à la Mansart, pas du tout grand genre. Une petite aile sur le côté sert d'office. On souffre du bruit de la Machine, des rouages et des tuyaux qui se trouvent juste derrière... Mais il faut croire que la situation est suffisamment admirable pour séduire Jeanne. D'ailleurs, Marie Leszczynska elle-même avait souhaité s'y installer dans le passé. Louis XV avait refusé.

La première idée de la favorite est de faire raser la maison pour construire un petit palais. Sans doute consciente de l'impopularité d'une telle démarche, elle se contente de la faire restaurer par Gabriel, mais la remplit de meubles royaux. Justement, le roi est à Louveciennes le 23 octobre pour un premier souper, début d'une pratique qui va se poursuivre durant cinq ans. À l'étage, chacun a sa chambre, au nord pour elle, au sud pour lui...

La voilà installée, mais pour une maîtresse royale, l'endroit manque un peu de prestige. Durant un an, Jeanne transforme le jardin rectiligne en parc à l'anglaise qu'elle peuple de statues et de fabriques. Puis, à la fin de l'année 1770, elle se lance dans un projet plus ambitieux, afin de donner à sa propriété un tout autre éclat : au bout du parc, au flanc de la colline qui surplombe la Seine, elle fait construire un pavillon de musique digne d'une reine. Elle en confie la réalisation à un jeune architecte de trente-trois ans, Claude Nicolas Ledoux. Elle a du flair. Il restera comme le représentant emblématique du néoclassicisme.

Il lui bâtit un véritable petit temple antique, avec une entrée ornée d'un péristyle, une salle à manger en hémicycle et un grand salon décoré de pilastres et de marbre. Un boudoir et un salon de jeu complètent cette architecture pensée pour recevoir. Les cuisines sont cachées en sous-sol. Le moindre détail – les boutons de porte, les serrures, les dorures – est une merveille de raffinement. La comtesse du Barry y engloutit des fortunes. Elle peut se le permettre. Le roi lui a donné une pension de deux cent mille, puis de trois cent mille livres par mois, elle en dépense cinq cent mille !

Le soir du 2 septembre 1771 a lieu l'inauguration de cette folie d'un luxe inouï, où les peintures, les fresques, les sculptures n'ont qu'un thème : l'amour. Magnifique, couverte de bijoux, Jeanne y reçoit le roi et ses invités. À cet instant, tandis que les musiciens jouent dans les tribunes aménagées dans la salle à manger et que crépite un feu d'artifice, elle peut savourer sa victoire.

Avec Caterine, nous descendons à travers le parc en direction du pavillon que l'on distingue derrière les ifs et les tilleuls. Malheureusement, il ne lui appartient pas. Lorsque le domaine a été racheté au XIXe siècle, les deux constructions ont été séparées. Le pavillon a été un temps la propriété du parfumeur Coty. Pris d'une frénésie de grands travaux, il a fragilisé l'édifice et l'a même déplacé de quelques mètres ! Aujourd'hui, il est aux mains de la fondation Dumestre, « Les Petits Frères des pauvres ».

Lorsqu'elle retrouve son domaine en 1776, Jeanne a trente-trois ans. C'est jeune pour vivre dans le passé... Son ancien soupirant, le duc de Brissac, se déclare et elle se laisse aller à cet amour simple, dévoué, paisible. Il y aura aussi Lord Seymour, le duc de Rohan-Chabot, et comment s'en étonner, quand sa beauté et son charme sont encore capables d'inspirer de telles lettres : « Venez voir un moment qui vous aime au-delà de tout, par-dessus tout, jusqu'au dernier moment de sa vie. Je baise mille fois la plus charmante des femmes qu'il y ait au monde et dont le cœur si noble et si bon mérite un attachement éternel... »

Mais la présence de Louis XV ne quitte pas Louveciennes. Déjà parce que Jeanne a récupéré ses meubles somptueux de Versailles et que chacun lui rappelle un souvenir. Et puis parce que le pavillon de musique devient un lieu de pèlerinage. Beaucoup de curieux lui rendent visite, comme le propre frère de Marie-Antoinette venu incognito, et elle leur montre sans problème ce magnifique témoignage du goût français et de l'amour.

Il est aussi le dernier vestige d'une époque en train de disparaître. La Révolution gronde. Octobre 1789, les premiers massacres commencent. Versailles est envahi. Et la calomnie renaît. Pour les sans-culottes, Jeanne est l'infâme Messaline qui a ruiné le règne de Louis XV... Elle doit à nouveau affronter l'opprobre qui cette fois vient du peuple, et ce constat l'attriste : n'a-t-elle pas depuis treize ans multiplié les gestes de générosité envers les plus nécessiteux ?

Le vol de ses bijoux excite plus encore la haine à son égard. Elle fait l'erreur d'offrir une récompense et de donner les détails du cambriolage : plus d'une centaine de diamants, sept cents brillants, plus de trois cents grosses perles... Les gens sont ahuris. On arrête les voleurs un mois plus tard à Londres. Elle s'embarque pour l'Angleterre et rencontre à cette occasion toute l'aristocratie émigrée. Sans le savoir, elle se compromet dangereusement.

À son retour, la situation se dégrade rapidement. Le roi et la reine sont arrêtés, tout comme Brissac qui est massacré par la foule. Le 21 janvier 1793, Louis XVI est guillotiné. Au lieu de rester à Londres où elle est obligée de repartir à deux reprises dans l'espoir de récupérer ses bijoux, elle pense naïvement ne rien craindre à Louveciennes. Mais ses allers-retours finissent par la faire arrêter pour entente avec les émigrés.

Le 19 novembre, elle passe devant le tribunal révolutionnaire, elle est accusée de conspiration et conduite à la Conciergerie. Ironie de l'histoire : les deux femmes que tout opposait ont peut-être séjourné dans la même cellule. En tout cas, elles vont connaître la même mort. À son tour, Marie-Antoinette a été guillotinée. Un prêtre irlandais propose à la comtesse du Barry d'essayer de la sauver en échange d'une somme d'argent. Elle lui signe un ordre pour son banquier, mais dans le but de faire passer en Angleterre Mme de Mortemart, la fille du duc de Brissac...

Le 7 décembre, après le réquisitoire sans appel de Fouquier-Tinville, elle est condamnée à mort. Son serviteur Zamor a témoigné contre elle... Jeanne croit pouvoir échapper à la terrible sentence en révélant où elle a caché les quelques bijoux qui lui restaient. C'est mal connaître la mécanique de la Terreur. Le lendemain, elle est conduite à l'échafaud. Elle s'y rend en hurlant et en se débattant. Ses cris et ses pleurs déchirent le ciel. Certains ont jugé que cette mort n'était pas digne, mais elle est humaine, profondément humaine, comme elle. Et ses mots murmurés dans un souffle avant que ne tombe le couperet, « Encore un instant, monsieur le bourreau », sont ceux d'une femme honnête et bonne, qui ne comprend pas pourquoi on s'est acharné contre elle, quand toute sa vie elle n'a fait qu'une seule chose : donner de l'amour...

Tita et le baron Thyssen
Madrid

Jeudi 7 novembre

C'est bien beau les héroïnes du passé, mais il faudrait que je trouve des femmes de notre temps. Or, ce n'est pas si facile. L'époque est peu fertile en matière de personnages romanesques à la vie sentimentale passionnée. Je connais bien sûr autour de moi des amies merveilleusement bien mariées, mais il leur manque quelque chose qui fait la différence : le souffle de l'aventure, le mépris du qu'en-dira-t-on, le goût du risque, la foi en son destin. En faisant le tour de mon carnet, je trouve toutefois une femme qui peut correspondre à ma définition. Son histoire d'amour sort de l'ordinaire et son parcours témoigne d'une grande intelligence. Elle s'appelle Carmen Thyssen, ou plus familièrement Tita.

Tita... À prononcer ce surnom, le sourire me vient aux lèvres. Il signifie pour moi la chaleur de l'Espagne, sa gaieté, sa sensualité. Et qui mieux que Carmen, la dernière épouse du baron Thyssen, peut en exprimer toutes les facettes ? Elle est la joie de vivre incarnée. Je l'ai vue arriver dans la vie de Heinrich Thyssen, Heini pour les intimes, au début des années 1980. Jeune, belle, rayonnante. Elle avait vingt ans de moins que lui, et les commentaires allaient bon train... Mais Tita ne semblait pas y attacher d'importance, forte de l'amour que lui témoignait son prestigieux soupirant.

Heini était à la tête d'une des plus grosses fortunes mondiales. Son grand-père August avait fondé en Allemagne, à la fin du XIXe siècle, un empire sidérurgique tout aussi important que celui de Krupp. Il possédait des aciéries, des mines, des hauts-fourneaux, des chantiers navals, des banques... Une puissance mise à mal pendant la guerre, mais que Heini sut ressusciter dans les années 1960. Il diversifia l'activité familiale, investit aux États-Unis, prit le contrôle de plus de deux cent cinquante sociétés et se constitua un groupe d'une envergure extraordinaire.

On imagine mieux pourquoi l'arrivée de Tita suscita quelques réactions... Le prestige de Heini tenait également à sa collection de tableaux. Commencée par son grand-père, poursuivie par son père, il la tripla au fil des années. On disait qu'il achetait pour deux cents à trois cents millions de tableaux par an. Des cinq cents toiles existantes, il arriva à la fin de sa vie à une collection de mille cinq cents tableaux ! Et pas des moindres : de Holbein à Pollock, en passant par les primitifs italiens, les peintres espagnols, les impressionnistes français, les expressionnistes allemands, sa collection survole toute l'histoire de la peinture. C'est simple : elle est la plus importante au monde après celle de la reine d'Angleterre !

Tita allait donc se retrouver dans un univers des plus agréables... Une telle situation a de quoi faire rêver et, dans ces circonstances, les gens ont toujours un peu de mal à croire à la grande histoire d'amour, au coup de foudre, à l'élan désintéressé. Et je sais de quoi je parle ! Épouser un monsieur très riche, quand vous n'êtes pas vous-même une héritière, est rarement perçu sous un jour favorable. Il n'y a que les petites filles pour trouver charmant le mythe de Cendrillon. Quand elles deviennent grandes, elles se surveillent toutes du coin de l'œil et critiquent celle qui ose y croire encore... Ce que ces femmes ne comprennent pas, c'est que les hommes *aiment* les Cendrillon.

Heini était un amoureux des femmes. Un vrai, un grand, un de ces hommes qui se livrent sans compter à leur passion, conquérant tout en restant gentleman, autoritaire mais d'une générosité sans limites, en un mot irrésistible ! Avant de connaître Tita, il avait déjà été marié quatre fois, ce qui ne veut pas dire qu'il était un play-boy impénitent, au contraire, chaque fois il y croyait, il déployait le grand jeu, s'engageait à fond dans l'aventure et épousait la dame.

Est-ce à dire qu'il collectionnait les femmes comme les tableaux ? Avec le même plaisir que procure la possession ? Peut-être y avait-il chez lui une insatiable soif de nouveauté, le désir de ne pas laisser passer une « beauté », qu'elle soit femme ou œuvre d'art... Mais n'est-ce pas un réflexe naturel d'esthète ? En tout cas, durant vingt et un ans, il va vivre avec Tita une histoire d'amour profonde et partagée. Elle sera la cinquième baronne Thyssen, et « la dernière », comme il l'avait promis.

Pour moi, Tita est l'héroïne d'un conte de fées moderne et c'est pour cette raison que j'ai pensé qu'elle devait figurer dans mon livre. Personnage sympathique et attachant, elle a fait preuve d'une grande intelligence et de beaucoup de courage, pour que cet amour vive, s'épanouisse, tienne ! Car aimer un homme richissime, habitué à ce que rien ne lui résiste, n'est pas chose aisée, et l'accompagner dans les dernières années de sa vie demande aussi beaucoup de force. Elle a tout à fait sa place parmi mes grandes amoureuses.

Je m'envole donc pour Madrid, où habite Tita. J'ai de bons souvenirs de l'Espagne et j'aime y revenir. À la fin des années 1950, je tournais un film à Séville et la fête était permanente. Plus tard, j'avais organisé un voyage à Madrid avec un petit groupe d'amies. Nous étions sans nos maris et c'était follement gai. Le séjour s'était achevé par un grand dîner avec un orchestre déchaîné, qui nous avait raccompagnées jusqu'au pied de l'avion, où il nous avait joué une dernière sérénade !

J'arrive à l'hôtel dans la soirée. Tita m'a invitée à déjeuner demain. Je me repose dans ma chambre et découvre avec stupeur mon lit ! Une sorte de chose molle en plastique. J'appelle la réception. « C'est un *water bed*, madame... » me répond-on avec une légère condescendance. Comment, je ne connais pas ? Eh bien, non. Depuis le temps que je voyage, je croyais avoir tout vu. Quelle nuit ! J'ai l'impression de faire la planche sur un matelas pneumatique ! À chaque mouvement, je sens l'eau se déplacer et je crains la fuite ! Qui a bien pu inventer un truc pareil ? Je ne vois qu'une explication : les jeunes mariés enlacés doivent s'imaginer rouler dans les vagues. Et encore... Ce doit être très difficile de prendre appui.

Vendredi 8 novembre

Avant d'aller déjeuner chez mon amie, je vais voir le célèbre musée Thyssen. C'est Madrid qui a eu l'insigne honneur de pouvoir accueillir en 1992 une partie de la fabuleuse collection de Heini. Les mille cinq cents toiles ne peuvent plus tenir dans la villa *La Favorita*, qui se dresse au bord du lac de Lugano. Pourtant, la demeure est grande. Achetée en 1932 par le père de Heini, elle a longtemps abrité les tableaux du collectionneur. Il lui a même rajouté une aile de cent mètres pour démultiplier la surface d'exposition. Mais dans les années 1980, il faut prendre une décision : créer ailleurs la fondation Thyssen.

Les pays se battent pour abriter ce nouveau musée. L'Angleterre envoie le prince Charles, les Américains leurs millions, la Suisse pas grand-chose, les Allemands et les Français guère plus... Quant aux Espagnols, ils ont le roi et un allié de taille : Tita ! C'est grâce à elle que les tableaux prennent un jour le chemin de Madrid. Achetés par le gouvernement pour la somme de deux milliards de francs (un prix bien en dessous de la valeur réelle de ces chefs-d'œuvre), sept cent soixante-quinze toiles quittent Lugano pour l'Espagne. Ce jour-là, Tita ne s'est pas fait que des amis !

Mais outre l'attachement sentimental de son épouse pour son pays, et ses rapports privilégiés avec Juan Carlos, Heini a surtout vu ce qu'on lui offrait : un magnifique palais situé à côté du Prado et du musée Reina Sofia, des conditions d'exposition parfaites et l'assurance que sa collection ne serait pas dispersée, ce à quoi il tenait par-dessus tout. Il l'a vendue parce qu'il craignait que ses enfants ne puissent en assurer l'avenir. Et puis Heini a toujours voulu montrer ses tableaux. Contrairement à bon nombre de collectionneurs, il n'avait pas le plaisir égoïste. Il prêtait sans problème ses toiles pour des expositions et considérait que c'était son devoir de les faire connaître au plus grand nombre. Il peut être satisfait : le musée Thyssen est aujourd'hui aussi célèbre que le Getty Museum.

Dans l'entrée sont accrochés les portraits de Heini et de Tita, juste à côté de ceux du roi et de la reine d'Espagne. Pas mal, comme reconnaissance ! Les toiles ont été exécutées en 1989 par un peintre espagnol du nom de Ricardo Macarron. Je m'approche du portrait de Tita. Elle pose dans une robe du soir blanche, le dos nu, sur fond de couleurs chatoyantes, avec à ses pieds son petit chien. Son visage est très ressemblant, tout comme celui de Heini. Peinte par le même artiste que son souverain, c'est au fond comme si elle appartenait un peu à la famille royale... Le couronnement de toute une vie.

C'est vrai qu'elle était déjà la baronne Thyssen-Bornemisza. Ce deuxième nom est important, puisque c'est de lui que vient le titre. Quand le père de Heini épouse en Hongrie Margareta, fille du baron Bornemisza, il est aussi adopté par son beau-père qui n'a pas d'héritier mâle. Si bien qu'il prend le nom de son épouse et son titre, une démarche autorisée officiellement par un décret spécial de l'empereur François-Joseph. Et cela vaut pour lui et ses descendants.

Sur la façade du musée, le nom complet s'étale en grand. C'est bien le moins... À l'intérieur, sur des centaines de mètres carrés sont exposés, salle après salle, quelques-uns des plus beaux chefs-d'œuvre de l'art occidental : diptyque de Van Eyck, portrait sublime de Ghirlandaio, paysages de Hals, et puis Carpaccio, Rubens, Goya, Manet, Monet, Renoir, Van Gogh, Degas, Picasso, les noms des plus grands artistes sont là et tous les courants sont représentés, jusqu'au Pop Art.

La maison de Tita est en dehors de Madrid, à une demi-heure en voiture, dans un quartier résidentiel qui fait penser à l'Amérique, à ces banlieues chics où les propriétés sont cachées derrière de hautes grilles et de grands arbres. En pénétrant dans le parc, on pourrait se croire à Beverly Hills. En revanche, on ne sait plus du tout où l'on est quand on découvre la façade de la maison : résolument moderne, elle est surmontée d'un toit semblable à celui d'une pagode.

Quand j'en fais la remarque à Tita, elle m'explique qu'ils ont acheté cette propriété en 1988 et qu'elle était très *design*, un carré blanc trop austère à ses yeux, alors elle a eu l'idée de l'humaniser en lui donnant ce côté « Bali »... Un thème oriental que l'on retrouve dans toutes les pièces, où les tableaux de maître, le mobilier XVIIIe, le bureau Boulle, les fauteuils Régence côtoient des statues birmanes et des bouddhas thaïlandais. Les murs sont peints de couleurs vives, rose, vert, orange, et de larges baies vitrées s'ouvrent sur l'extérieur. D'un côté, la piscine, de l'autre, un ravissant patio où des statues se cachent dans la végétation. La luminosité des pièces, les fleurs partout présentes, la gaieté des couleurs donnent à cette maison un parfum de vacances. Une villa de plaisance assez sophistiquée, où l'on trouve aussi de très belles pièces d'orfèvrerie, des lustres de Murano, des Noirs porteurs de flambeaux, des lampes Tiffany.

Tandis que Tita me fait visiter, je la regarde discrètement. Très élégante en chemisier de soie jaune pâle et pantalon beige, elle arbore une silhouette de jeune fille. L'ex-Miss Espagne 1961 n'a pas pris un gramme. Je la félicite et lui demande son secret, mais Tita n'en a pas. Elle ne fait pas de régime, nage un peu, mais sans excès, trouve rarement le temps de faire des exercices de gymnastique, déteste les cures. La vie est vraiment trop injuste !

Nous passons dans la salle à manger et déjà nous sommes intarissables. Avec Tita, nous ne nous voyons pas pendant des années, mais quand nous nous retrouvons, c'est comme si nous poursuivions la même conversation. Et quand une baronne rencontre une autre baronne, elles se racontent des histoires... d'amour ! Car curieusement, nous avons vécu beaucoup de situations semblables.

Tita a connu Heini en Sardaigne en 1981. Elle passait ses vacances dans sa maison de la Costa Brava et ne souhaitait pas bouger. Mais des amis américains la persuadent de se joindre à eux : ils ont loué un bateau et comptent se rendre en Sardaigne. Elle cède. Après quelques jours, ils décident de continuer vers la France, elle choisit de regagner l'Espagne. Elle prend son billet d'avion, mais elle est sur liste d'attente. Un ami lui propose de venir dîner chez lui. Cet ami, c'est Fred Horowitz, un grand joaillier que je connais très bien. Plutôt qu'attendre à l'aéroport, Tita finit par accepter. Et c'est là que le destin frappe : « Je suis entrée, Heini discutait avec des gens et me tournait le dos. J'ai fait un pas, il s'est retourné et il m'a regardée... Un regard que je n'ai jamais oublié. Dès lors, on ne s'est plus quittés. »

Cela s'appelle avoir rendez-vous avec le destin. Ce qui m'amuse, c'est que j'ai connu la même aventure : ma première rencontre avec Edmond ne devait pas avoir lieu. J'étais invitée à un dîner auquel je ne voulais pas aller. Et au moment où j'ai décroché le téléphone pour me décommander, j'avais à l'autre bout du fil le monsieur qui m'invitait. Il m'appelait pour me donner l'étage... Je n'ai pas osé lui dire que je ne venais pas. Et c'est comme ça que je me suis retrouvée assise à côté d'Edmond!

Tout comme moi, Tita a eu cette chance : croiser un homme qui *peut* bouleverser votre vie. Mais cela ne s'arrête pas là. Je dirais même mieux : après les cinq premières minutes, où la Providence vous fait un signe, c'est à vous de jouer. Car même s'il y a coup de foudre, comme le raconte Tita, il faut ensuite souffler sur les flammes. Alimenter chaque jour les feux de l'amour par une attention constante, une disponibilité totale, une tendresse sans faille et une humeur égale. Tita approuve : «Je crois que je lui ai apporté la joie de vivre. Quand nous nous sommes connus, il avait cinquante-neuf ans, moi trente-huit. Il avait déjà été marié quatre fois et il était un peu fatigué de se battre. Moi, je ne me battais jamais, car je crois que cela n'en vaut pas la peine, j'étais toujours gaie et quand il était un peu nerveux, je restais tranquille, car pour se bagarrer, il faut être deux... »

Sage Tita! Cette conduite a été la mienne durant trente-sept ans de vie commune avec Edmond. Lorsque nous nous sommes connus, j'avais vingt-six ans, il en avait trente-trois. Il était donc plus jeune que Heini, mais les deux hommes avaient le même genre de caractère. D'ailleurs, ils s'entendaient très bien. Je me souviens d'un dîner à *La Favorita*. C'était au temps de sa quatrième épouse, Denise. Nous étions allés à Lugano, en rentrant de la chasse en Autriche. Un petit dîner tous les quatre dans cette superbe propriété, où il fallait rouler un kilomètre entre la grille d'entrée et la maison ! Vue sur le lac magnifique, décor des salons somptueux et Denise avec son nouveau diamant... Edmond et Heini avaient parlé affaires durant toute la soirée et moi chiffons avec Denise.

D'origine brésilienne, elle en avait la fantaisie, le côté international, l'exubérance. Quand Heini lui a annoncé qu'il souhaitait divorcer, elle ne l'a pas supporté. La bataille a duré plusieurs années. Elle ne voulait pas quitter *La Favorita*. Une attitude qui a connu son point culminant lors d'une soirée donnée à Lugano en 1983, où des centaines d'invités ont pu apercevoir Denise derrière sa fenêtre, avant d'aller saluer le maître des lieux et sa nouvelle compagne... « J'étais un peu embarrassée, raconte Tita, mais Heini avait absolument tenu à ce que je sois à ses côtés pour cette fête. »

C'est lors de cette soirée que j'ai vu Tita pour la première fois. Tout le monde était impatient de connaître la nouvelle conquête de Heini et elle a fait une apparition très remarquée : elle était belle, sensuelle, chatoyante, avec une touche exotique, j'ai tout de suite compris pourquoi Heini en était tombé fou amoureux. Edmond s'est penché vers moi et m'a dit : « Si je ne t'avais pas, j'aimerais une femme comme celle-là ! Cette femme, c'est la vie ! »

Moi qui avais connu les précédentes, je voyais bien la différence. La première, Teresa de Lippe, était une princesse allemande. Heini avait fait un mariage très conventionnel, elle lui avait donné un fils, Georg, mais sans doute manquait-il un peu de piquant dans cette existence. Du piquant, la deuxième en avait... Née en Inde, Nina Dyer était un mannequin anglais, qui entretenait son mystère. Ne disait-on pas qu'elle gardait chez elle une panthère en cage ! Je la revois encore sur la Côte d'Azur, lors d'un Festival de Cannes, en bikini panthère justement, avec une rose rouge dans son maillot ! Dans les dîners, elle était un peu plus habillée et arborait un sublime collier de perles noires, ce qui était inédit à l'époque. Les femmes étaient partagées entre admiration et dédain. Certaines disaient que les perles étaient teintes. Mais surtout, Nina fascinait littéralement les hommes. Après avoir divorcé de Heini, elle épousa le prince Saddrudin Aga Khan. Hélas, elle était très dépressive, et finit par se suicider.

« Quand j'ai lu sa mort dans le journal, j'ai été bouleversée, raconte Tita. Je ne l'avais pas connue, mais Heini parlait toujours en bien d'elle. Il disait qu'elle s'était très bien comportée lors du divorce. Elle avait simplement dit : “ Qu'il me donne ce qu'il veut ! ” Au grand dam de ses avocats ! Ils ont divorcé parce qu'elle voulait vivre avec Christian Marquand, un jeune acteur des années 1950... »

Heini épousa en 1956 un autre mannequin anglais, Fiona Campbell-Walter, sublime créature à la beauté aristocratique, « la plus belle femme d'Angleterre », et c'est vrai qu'elle avait un port de reine. Il existe une photo d'elle prise par Beaton, où elle tient deux lévriers en laisse, et ressemble à une princesse sortie d'un film de Visconti. Elle en avait aussi un peu la condescendance. Elle donna deux enfants à Heini, Francesca et Lorne.

Puis c'est l'arrivée de Denise Shorto, qui met au monde un troisième fils, Alexander, et enfin Carmen Cervera, dite Tita... qui arrive avec son propre fils, Borja !

Tita n'a aucune gêne à le dire : elle a eu une vie avant d'épouser Heini en 1985. Et même plusieurs... Originaire de Barcelone, elle est partie à la fin de ses études pour Los Angeles. Elle y a rencontré l'acteur Lex Barker et l'a épousé. L'homme était célèbre pour avoir interprété Tarzan dans un film hollywoodien et Tita vivra auprès de lui un bonheur sans nuages. Le plus incroyable, c'est qu'elle entend parler pour la première fois du baron Thyssen par Lex. Il tourne en 1966 à Barcelone un film dont le réalisateur est le nouveau grand amour de Fiona. Elle divorce de Heini pour lui. « Et Lex ne comprenait pas qu'elle se sépare d'un gentleman riche et beau pour un homme de cinéma... »

Après la mort de Lex, en 1973, Tita refait sa vie avec un Vénézuélien, mais la relation est mouvementée et le couple finit par divorcer. Elle vit seule avec sa mère et son fils Borja, né de père inconnu. Pas vraiment le curriculum vitæ d'une future baronne ! Mais c'est compter sans l'élégance de Heini : il épouse la mère et adopte l'enfant.

« Il disait que c'était celui qu'il avait le mieux connu. » Comme les autres enfants, le garçon grandit à *La Favorita*, mais son père adoptif, retiré des affaires, lui consacre beaucoup plus de temps. À partir de 1988, la petite famille se partage entre Lugano et l'Espagne, où plusieurs maisons sont à sa disposition : celle de Madrid, celle de Tita sur la Costa Brava, une à Marbella, une à Majorque. Si Tita a envie de vacances plus exotiques, elle a aussi la possibilité de partir pour la Jamaïque où

Heini possède depuis les années 1940 une villa, *Alligator Head*. Enfin, il y a les pied-à-terre de New York, Londres, Paris...

Une vie de voyages, de rendez-vous officiels, de dîners mondains, une vie où l'organisation doit être méticuleuse, et où finalement il y a peu de place pour le repos. Car Tita ne quitte jamais un instant son mari et a fait sienne sa passion pour la peinture. Lorsqu'elle est entrée la première fois à *La Favorita*, elle est restée ébahie. «J'aimais l'art comme tout le monde, j'allais visiter des musées, des expositions, mais je n'avais jamais vu une telle concentration de tableaux. À un moment, Heini m'a demandé si je savais qui avait peint une toile, et par chance je connaissais le peintre : Diego Rivera. Je crois qu'il a été agréablement surpris. »

Tita ayant réussi ce premier test, elle participe au grand projet de son mari : la création d'une fondation, dont elle devient la vice-présidente. Ce qui n'est pas une mince affaire, car il faut trouver des arrangements avec les héritiers. Les enfants ne sont pas ravis de voir partir les tableaux. Ils ne veulent pas renoncer à leur part et demandent des compensations. Certaines toiles leur sont rachetées pour éviter leur dispersion, comme le fameux Gauguin, *Mata Mua*. Sans parler de la méfiance que Tita leur inspire ! Il faudra de nombreuses années pour qu'un accord soit signé.

À partir de 1992, les choses sont plus claires : dorénavant, les toiles achetées par le couple appartiennent à Tita. On pourrait penser que cette collection est plus modeste, puisque les œuvres maîtresses sont au musée, mais c'est mal connaître Heini. Il a continué à acheter et a formé sa femme à en faire autant. « Quand on a fait la répartition de l'héritage, Heini m'a dit : " Ne prends que des tableaux, je sais que toi, tu vas continuer... " » De deux cents toiles, Tita est passée aujourd'hui à huit cents. Quasiment tous les jours, elle reçoit des catalogues de ventes aux enchères et décroche souvent son téléphone.

Elle avoue avoir tout appris de Heini, et si elle suit son cœur, elle pense, comme lui, en termes de qualité, d'importance de l'œuvre pour l'histoire de la peinture. Une connaissance qu'elle a pu aiguiser en se frottant elle-même à la création. Depuis quelques années, elle ose poser son chevalet à côté des toiles illustres et peint sans complexe de jolies compositions, qui rappellent l'univers d'un Gauguin ou d'un Douanier Rousseau. Loin de se moquer, Heini a inventé pour elle un nouveau courant : le sensitivisme...

Mais Tita n'aime pas trop parler de son jardin secret. Elle préfère évoquer sa collection personnelle, où l'on trouve des Canaletto, des Guardi, un Van Gogh, un Monet, un Braque, et un fonds d'impressionnistes espagnols qu'elle juge trop méconnus. Des œuvres qui ne sont pas à négliger. Le gouvernement l'a compris et lui a très vite fait savoir que si elle était disposée à les prêter, il se ferait un plaisir d'agrandir le musée Thyssen pour les exposer ! Tita a accepté l'offre et, très prochainement, une nouvelle aile présentera cinq cents de ses tableaux. Quant à les vendre... Une première estimation a été avancée : de cent cinquante à cent quatre-vingts millions d'euros. Tita a jugé la somme dérisoire. Selon la presse espagnole, un autre argument la fera peut-être changer d'avis : déjà décorée de l'Ordre d'Isabelle la Catholique, elle accepterait volontiers, en guise de remerciement pour sa générosité, le marquisat de Valladolid, qui appartenait à son grand-père Marcelino Fernandez de la Guerra. Sacrée Tita !

Alors que nous passons au salon, je m'approche d'une photo de Heini, posée bien en évidence sur une console. « Il était beau, n'est-ce pas ? » Je regarde Tita et lui souris. Je suis certaine qu'elle l'a aimé et, quand elle me dit : « On s'est trouvés, c'est une chose de peau, on ne peut pas l'expliquer », je la crois. Je lui demande si elle a hésité à un moment avant de l'épouser. Elle me répond qu'une nuit, alors que le divorce avec Denise était sur le point d'être prononcé, elle a eu conscience de toutes les complications qui allaient arriver et du style de vie que cela signifiait : la sécurité avec laquelle il fallait compter, particulièrement en Espagne, le changement d'attitude des gens, le syndrome Rothschild, comme elle l'appelle. « Je disais toujours à Heini : tu as une tête de dollar ! »

Mais Heini l'a rassurée. Par sa maîtrise – « il n'avait peur de rien » – et par des gestes tendres, comme de faire disposer des roses rouges dans les pièces de la maison et de lui adresser de petits mots en français ou en anglais. Quand je pense que c'est la gouvernante qui devait rappeler à Edmond la date de notre anniversaire de mariage !

Heini savait aussi se montrer très généreux. Un exemple ? Pour son dixième anniversaire de mariage, Tita reçoit un Toulouse-Lautrec... C'était peut-être un peu convenu venant d'un collectionneur, mais cela fait toujours plaisir. Tout au long de leur vie commune, ils se sont ainsi offert, à tour de rôle, des tableaux. Et comme dit Tita, ce qui comptait c'était la surprise, parce que la source était toujours la même. Edmond avait un jour fait preuve de plus d'originalité : sachant que je rêvais d'une piscine, il avait profité des travaux de restauration de notre maison à Paris pour faire transformer l'ancienne salle de bal de son père en piscine tropicale !

Outre les tableaux, Tita s'est vu offrir de très beaux bijoux. Le plus fameux d'entre eux reste la *Estrella de la Paz* ou *Star of Peace*, un diamant jaune de 169 carats. Les pierres de cette taille ont toujours des histoires incroyables. Comme on l'a vu, Tita connaissait Horowitz avant Heini. Un jour, elle se trouve à Genève avec son mari Lex Barker et le joaillier leur montre un diamant brut extraordinaire. Tita le prend dans ses mains et rêve quelques minutes en le contemplant... Dix ans passent, Tita est fiancée avec Heini et Horowitz leur présente le même diamant à présent taillé. Les deux hommes sont amis depuis toujours, Horowitz étant né à Lugano.

Thyssen l'achète non pas pour le lui offrir, mais comme investissement. Ce qui est assez cruel, quand on connaît la passion qu'éprouvent la plupart des femmes pour les diamants. D'autant que Heini pousse le sadisme jusqu'à demander à Tita de le porter pour une fête à Saint-Moritz ! Tout le monde parle du bijou et Heini remarque fort justement : « J'ai des tableaux plus chers que ce diamant et on n'en parle pas autant ! » Kashoggi veut l'acheter, un autre client fait une offre, Tita doit se séparer du diamant, la larme à l'œil, mais ce n'est qu'un au revoir... Finalement, le client se désiste et renvoie la pierre. Cette fois, Heini retrouve son esprit chevaleresque et déclare à Tita que le diamant semble bien lui être destiné. Ouf !

Auprès de lui, Tita a vécu dix années de bonheur intense, puis l'âge et ses maux ont assombri les joies du couple. En 1994, Heini fait une attaque, il s'en sort, mais reste paralysé d'un bras. Son esprit est toujours là, vif, brillant, tendre. Chaque jour, il remercie Tita de tout ce qu'elle fait pour lui. Malgré les épreuves traversées, elle s'emploie à rester légère et gaie. Elle plaisante avec lui, s'excuse à son tour de ne plus être celle qu'il a connue des années auparavant, mais Heini en gentleman lui assure qu'elle est toujours aussi belle. Leur attachement est intact. Les problèmes de santé s'enchaînent. Heini est opéré, une première fois avec succès, une deuxième fois moins brillamment. Il sombre dans le coma. Tita l'accompagne à l'hôpital de la Salpêtrière, « la chose la plus déprimante que j'aie vue dans ma vie ». Durant quinze jours, elle le veille, dort à ses côtés, va même prier à la chapelle de la Médaille miraculeuse... Tandis qu'elle me raconte ces souvenirs douloureux, je crois revoir ce que j'ai enduré avec Edmond. Et je sais ce qu'il faut de courage, de patience, de force, pour affronter ces moments.

Heini s'est éteint le 27 avril 2002. Il a été enterré dans le caveau familial en Allemagne, près de Düsseldorf. Deux mois auparavant, il signait un ultime accord pour mettre fin à une bataille juridique qui l'opposait à son fils aîné, Georg, depuis 1997. Après l'avoir nommé à la tête du groupe en 1983, il contestait sa façon de faire et jugeait qu'il ne respectait pas ses engagements. Les histoires d'argent classiques dans cet univers... Mais avant de mourir, il a voulu que les choses rentrent dans l'ordre, afin que Tita ne soit pas obligée de continuer la procédure.

Depuis, elle n'a pas encore eu le temps de réaliser vraiment ce que signifie la perte de son mari. Ce n'est qu'après un an ou deux, quand le tourbillon des affaires à régler s'est calmé, que le vide s'installe. Tita en a conscience. Dans cette maison de Madrid, elle le voit partout. Un malaise encore plus tangible dans la villa de la Costa Brava où il est mort. Elle a mis *La Favorita* en vente. Certains pourront penser que c'est un crime, mais Heini de son vivant souhaitait déjà s'en défaire. « Il ne s'attachait pas aux maisons, c'était son côté " Hollandais volant ", toujours en mouvement. » C'est vrai qu'Heini était né en Hollande et non en Allemagne. Et il est exact qu'il avait une passion pour la mer et qu'il avait construit son propre bateau, comme Edmond. La maison de la Jamaïque et l'appartement de New York sont revenus aux enfants. Quant aux résidences de Londres et de Paris, elles avaient été vendues après 1994.

La solitude, on la découvre progressivement, au détour d'une pensée, d'une phrase qu'on ne peut pas communiquer. Tita en fait chaque jour le douloureux apprentissage : « C'est très dur de ne plus pouvoir lui parler. » De quoi sera fait son avenir, elle n'en sait rien. Mais elle est certaine d'une chose : « J'ai eu assez d'amour pour le restant de mes jours. »

Elle avoue ne pas avoir beaucoup d'amies, elle lui était totalement dédiée et n'avait pas le loisir de s'organiser une vie à *elle*. Elle sort peu dans les dîners, elle n'a jamais eu une passion pour la vie sociale et elle l'a tellement fait avec Heini. Quand vous avez été la femme d'un des hommes les plus en vue qui soit, avec ce que cela veut dire de commentaires, de jalousies, de rapports hypocrites et intéressés, une fois seule, vous n'avez pas envie de continuer ce jeu mondain et futile.

Sa mère est morte en 1992, son frère cette année, plus on avance en âge et plus on doit affronter de drames, c'est la vie qui veut ça, mais il faut continuer. Tita avoue avoir peur de vieillir, comme toutes les femmes, cependant elle dit une chose très juste : « Quand on est jeune, on a peur de ne plus être jeune, mais quand on vieillit, on a peur de ne plus être forte. La beauté, c'est moins important que la force. » Car seule la force intérieure permet de dédramatiser la solitude.

Tita n'est toutefois pas totalement isolée : elle peut compter sur la présence de son fils Borja, qui lui témoigne beaucoup d'affection. Dans un autre genre, elle vit entourée d'une colonie de petits chiens, qui sont aussi très présents, et accessoirement de quelques avocats... Les affaires sont les affaires.

Elle n'a rien perdu de son enthousiasme et se dépense à présent sans compter pour sa collection de tableaux. « Quand je vois une œuvre importante sur le marché et qu'elle est accessible, je tremble à l'idée de la posséder. Et j'ai toujours le même plaisir, si j'arrive à l'obtenir. Je suis fière, car je sais que Heini, là-haut, me voit. C'est comme un cadeau que je lui fais. »

Dans la voiture qui me conduit à l'aéroport, je me dis que lui aussi peut être fier. Tita l'a aidé à bâtir son œuvre et maintenant, elle entretient sa mémoire. Le nom de Thyssen sera à jamais synonyme d'art et de générosité. Alors laissons de côté les histoires d'argent, les bagarres entre héritiers qui existent dans toutes les familles. On a coutume de dire qu'une famille unie est une famille qui n'a pas encore hérité. La jolie belle-mère épousée sur le tard a rarement bonne presse. Seul le résultat compte. Tita me fait penser à la dernière femme de Picasso, Jacqueline. Ne lui a-t-on pas reproché d'avoir coupé le peintre de sa famille ? De l'avoir totalement isolé ? Mais son attitude était commandée par sa totale dévotion à Picasso.

Les histoires d'amour sont toujours une énigme pour qui les voit de l'extérieur. Qui peut savoir ce qui se passe entre deux êtres ? Qui peut comprendre ce qui les lie ? Heini a aimé Tita, elle l'a rendu heureux, a adouci ses derniers jours, n'est-ce pas la seule chose qui compte ? « *If I rest, I rust.* » « Si je me repose, je rouille », aimait dire Heini. Avec Tita, il n'y avait aucun risque.

Muntaz Mahal et le shah Jahan
Taj Mahal

Vendredi 6 décembre

L'année s'achève et il me reste à accomplir le plus beau des voyages. Le plus symbolique, le plus féerique, le plus lointain... J'ai toujours rêvé de partir pour l'Inde et de visiter son célèbre monument de l'amour, je veux bien sûr parler du Taj Mahal. Avec Edmond, je crois être allée quasiment dans tous les pays du globe, mais je n'ai jamais réussi à l'amener ici. Ce livre me donne enfin l'occasion de découvrir une des plus belles merveilles du monde. Hélas, sans lui.

Qui ne connaît pas cet endroit magnifique et l'histoire qui est à l'origine de sa construction ? Mausolée de marbre d'un raffinement extrême, il a été bâti par amour pour une femme, ou plus exactement pour honorer sa mémoire. Cela se passait au XVIIe siècle. Le shah Jahan régnait sur la région d'Agra, à deux cents kilomètres de Delhi. Il était très amoureux de son épouse, Muntaz, et sa mort prématurée le bouleversa. Inconsolable, il lui fit élever un tombeau à l'architecture sublime de beauté, où il vint la rejoindre trente-cinq ans plus tard.

Après huit heures de vol, j'arrive à Delhi. Contrairement à ce que je craignais, je ne suis pas plongée dans un tumulte étourdissant. Il est minuit et sans doute est-ce pour cette raison que l'agitation n'est pas frénétique. Il y a foule à la douane, mais les gens massés derrière les barrières sont étonnamment silencieux. Je passe lentement devant eux, essayant de distinguer mon nom sur les nombreuses pancartes qui se dressent çà et là. Je suis censée être accueillie par une jeune femme que m'a recommandée l'ambassade de France.

La voici qui me sourit. Vineeta est une jolie Indienne, aux longs cheveux noirs et aux yeux pétillants. Elle m'accueille avec le traditionnel collier de bienvenue, composé exclusivement de fleurs orange, des œillets d'Inde comme il se doit ! Je lui demande si cette couleur a une signification particulière et elle me répond qu'effectivement l'orange symbolise le renoncement au monde matériel. Le cheminement vers le spirituel, comme les moines bouddhistes qui se drapent de tissu safran, c'est la couleur de la purification, de l'élévation, de la félicité... Vais-je enfin accéder au nirvana ?

Autre signe distinctif, Vineeta porte au milieu du front ce petit rond qui m'a toujours intriguée. Que signifie-t-il exactement ? « C'est un *bindi*. Autrefois, il était réservé aux femmes mariées, maintenant c'est devenu une coquetterie à la mode, les jeunes femmes le portent pour le plaisir. D'ailleurs, le rond n'est pas obligatoire, il peut être remplacé par un minuscule dessin réalisé au crayon, comme un motif au henné, et parfois même par un autocollant ! » Tellement plus pratique que la poudre ou le fard. Joli exemple de tradition adaptée au monde moderne.

Nous montons en voiture. Après la surprise de découvrir qu'ils conduisent toujours comme en Angleterre, je fais connaissance avec le code de la route indien. Impressionnant ! C'est bien simple : il n'existe pas. À part les feux rouges qui sont respectés, tout le reste est anarchique. On double n'importe où, n'importe comment, dans un retentissement continu de klaxons et en se frôlant le plus possible, les voitures zigzaguant entre des triporteurs que l'on appelle ici des *rickshaws*, et des camions surdimensionnés, aux couleurs chatoyantes et décorés de guirlandes de Noël. C'est de saison ! Comme nos Galeries Lafayette, mais chez eux, c'est toute l'année.

J'ai réservé à l'Imperial, hôtel mythique de Delhi étroitement lié à son histoire. Construit au début des années 1930, il a été récemment restauré, mais il a conservé son parfum d'autrefois, du temps de la splendeur britannique, quand Edwin Lutyens et Howard Baker dessinaient le *new Delhi*. Sa décoration de style colonial mêle mobilier victorien, canapés Chesterfield, gravures orientalistes, sols en marbre, patios agrémentés de fontaines. « Calme, digne, serein et élégant », annonce la direction, et c'est tout à fait juste.

Il est une heure et demie du matin et je commence à ressentir la fatigue du voyage. Avant de me coucher, je veux ouvrir la fenêtre, impossible ! Je panique, moi qui ne peux dormir que les fenêtres grandes ouvertes. Pas question de supporter cet air conditionné qui me tombe dessus, je donne un grand coup sur la fenêtre qui finit par céder. Sans doute ai-je un peu cassé le mécanisme, mais c'était ça ou dormir dans le couloir...

Samedi 7 décembre

Petit déjeuner dans la chambre. Un grand et bel Indien enturbanné apporte mon plateau. Il a un chic fou. Je saisis mieux pourquoi ce pays a tellement fasciné des générations de *ladies*... C'est un peuple très beau, au maintien extraordinaire, aux yeux de braise et à la gentillesse désarmante.

Ce matin, je décide d'aller faire un peu de shopping. Je dois acheter quelques saris pour des amies. À la réception de l'hôtel, on me dit qu'il y a un marché juste en sortant... À peine ai-je fait quelques pas dehors que je suis assaillie par les conducteurs de *rickshaw*. Ils me proposent de m'emmener dans le « *shopping center* » de mes rêves. « *Ten roupies! Five roupies!* » Je me crois très maligne et décide d'y aller à pied. Bien évidemment, je n'ai aucune idée de la direction à suivre, mais je fais confiance à mon instinct et à ma bonne étoile...

Un quart d'heure plus tard, je suis assise dans un *rickshaw* et me laisse conduire dans le « *shopping center* » de son choix. Je sais : c'est tout ce qu'il ne faut pas faire. Mais comment imposer ma volonté, j'ignore ce que je cherche! Et puis, pourquoi ne pas lui faire confiance? L'aventure, c'est l'aventure. Toutefois, toutes les trois minutes, je lui tape sur l'épaule : « *Not too far! Not too far!* » À quoi il répond par un invariable :« *Yes, Madam! Yes, Madam!* »

Après dix minutes de course, le garçon me dépose devant un magasin qui n'a guère de charme, sorte de galerie marchande éclairée aux néons, où sur trois étages sont exposés des rouleaux de tissus, des bijoux, des meubles, des bibelots considérés ici comme des « antiquités »... Une sorte de bazar moderne, semblable à ceux du Caire ou d'Istanbul.

Je demande à voir les saris. On m'entraîne à travers un dédale de pièces, me fait descendre un escalier et entrer dans une salle garnie de grandes vitrines remplies d'étoffes. La présentation commence. Une jeune fille, assise sur un large coussin, déplie l'un après l'autre les longs morceaux de soie dont les couleurs me séduisent. J'ai besoin d'un sari pour Ariane, ma belle-fille, un autre pour mon amie Line Muhl, la femme du peintre, et un troisième pour Chantal, la responsable de mes golfs. Je choisis un turquoise pour Ariane, un vert pour Line et un noir pour Chantal. Je me laisse aussi tenter par quelques modèles. Mais attention : je ne vais pas les porter de la façon traditionnelle. Je ne suis pas la princesse Salimah Aga Khan et je n'ai pas sa silhouette ! Je me sers de ces cinq mètres cinquante de tissu brodé pour confectionner des djellabahs que je porte comme robes d'intérieur.

Les prix ? Aucune idée. De toute façon, on n'y comprend rien aujourd'hui, de l'euro au dollar, du dollar aux roupies, c'est à perdre la tête. Quand on fait du shopping à l'étranger, il faut partir du principe qu'on ne fera pas d'affaires. Une fois cette évidence acceptée, tout devient plus agréable. Je suis une touriste de rêve, car j'ai horreur de marchander, je ne sais pas le faire et rien ne m'exaspère plus que de jouer à ce jeu. Diviser la somme par deux, faire semblant de ne plus être intéressé, attendre qu'on me rattrape et qu'on me propose cinq roupies de moins, hausser les épaules et recommencer le même manège, je n'ai pas le courage. J'ai des amies qui adorent ça, elles s'y livrent avec zèle, mais finalement elles ressortent souvent sans avoir cédé, alors que moi, je repars avec sept saris ! C'est tout ce qui compte, non ? Le but est de se faire plaisir. Par contre, je suis consciente que j'aurais pu trouver les mêmes porte de la Chapelle !

Mes saris emballés, j'essaie de regagner la sortie, malgré les sollicitations de mes hôtes qui me proposent à présent pashminas, bijoux, tapis brodés... « *Look, Madam, look !* » Dehors, le conducteur du *rickshaw* m'a attendue. Il a repéré la bonne cliente. Il doit toucher une commission de la boutique, mais après tout, pourquoi pas ? Cela fait marcher le commerce.

Je rentre déjeuner à l'hôtel. Plutôt que de m'installer dans la très belle salle à manger, qui était auparavant une salle de bal, je préfère la véranda qui s'ouvre sur le jardin. Quatre hectares de verdure entourent l'Imperial et contribuent à son cachet. Je retrouve mes serveurs en costume avec leur turban et leur service diligent. Je décide de rester dans la couleur locale et commande un des plats indiens les plus traditionnels, le *tandoori chicken.* C'est un poulet qui a macéré dans le yaourt et les épices, et qui est cuit dans un four spécial, le tandoor. J'aime les plats relevés, cela m'évoque mes séjours en Afrique. Il est servi accompagné d'une grande galette de pain appelée *roti.* Fascinée par le turban du serveur, je lui demande de m'expliquer comment il s'y prend pour le nouer. J'ai droit à une véritable démonstration que je serais incapable de reproduire !

Dans l'après-midi, je vais faire quelques longueurs dans la piscine. L'eau est à 22 degrés, l'air à 25 degrés, il fait beau et sec, un vrai temps de Côte d'Azur. Je somnole sur mon transat, avec derrière moi la rumeur de la rue, les klaxons qui n'arrêtent pas, et par instants le cri strident d'un oiseau qui saute d'un palmier à un autre. Devant moi s'élève la façade de l'hôtel, massive et blanche, sorte de fortin avec ses fenêtres en forme de meurtrières, pur produit du style Art déco.

Après la piscine, je me fais masser, mais ce n'est guère concluant : ma masseuse a la délicatesse d'un rouleau compresseur ! J'aurais mieux fait de demander une heure de yoga. De quoi apaiser mes tensions, canaliser mes émotions et ouvrir mes *Chakras*... Car ce soir, je dois être en pleine forme. Je suis invitée à dîner à l'ambassade de France.

À huit heures et demie, j'arrive devant le bâtiment où je suis accueillie par M. Bernard de Montferrand et son épouse. Le dîner est donné en l'honneur d'un peintre indien et je me retrouve plongée dans la société artistique et mondaine de Delhi. Les femmes portent le sari, les hommes une longue chemise sans col, et tout le monde se montre très sympathique avec moi. Le fait que je sois venue trois jours en Inde simplement pour voir le Taj Mahal les étonne et les enchante. Mon sujet de livre les passionne. Les Indiens adorent les histoires d'amour. Voilà un nouveau marché de lecteurs, il faudra que j'en parle à mon éditeur...

L'ambassade est belle, de construction récente, décorée de tableaux contemporains. Elle s'ouvre sur un vaste jardin dans lequel nous dînons. « Un jardin moghol », m'explique Catherine de Montferrand. Les arbres se répondent de part et d'autre des cours d'eau, dans une parfaite symétrie qu'illuminent une multitude de bougies, l'effet est magique. Nous allons nous servir à un long buffet, en toute simplicité, mais on sent la grande maison : le chef, qui fait une apparition, est français et le personnel tout habillé de blanc porte des épaulettes tricolores !

À ma table, je sympathise avec une parente de la maharani de Baroda que j'ai bien connue à Paris. Nous évoquons son célèbre collier de perles, son fils Princy, mort tragiquement, et elle m'apprend qu'elle avait eu une aventure avec Orson Welles ! Je fais également connaissance de la nouvelle star du cinéma indien, Mademoiselle Nandita Das, qui m'explique qu'elle ne travaille pas à Bombay mais à Delhi, grande différence. Les studios de Bombay, qu'on appelle ici « Bollywood », produisent des centaines de films par an, à la qualité discutable. Ma jeune actrice appartient à un cinéma plus intellectuel, plus international, la Nouvelle Vague indienne, en somme. D'ailleurs, elle a été récemment invitée à un festival du film à Deauville.

À onze heures, je m'éclipse. Je dois me lever tôt demain pour rejoindre le Taj Mahal. En rentrant à l'hôtel, je fais un crochet par le bar que je n'ai pas encore vu. Avec ses photos de maharadjahs et d'officiers de l'armée des Indes, il pourrait servir de plateau de tournage. Seule touche moderne, mais qui est tout de même dans le ton, posé sur le grand comptoir en fer à cheval, un écran de télévision diffuse un match de cricket.

De l'autre côté se trouvent un patio et le restaurant gastronomique de l'hôtel, The Spice Route, réputé pour la qualité de ses plats et son décor unique. Je glisse un œil. On y dîne dans une pénombre savamment entretenue, sur fond de façades de temple, de fresques, de colonnes et de bas-reliefs de pierre. Les styles indien, thaïlandais, indonésien s'y marient dans une parfaite symbiose. Hélas, je n'aurai pas le loisir de le tester, car demain je pars sur une autre route... Celle de l'amour, et sans épices.

Dimanche 8 décembre

À l'origine, je devais partir pour Agra en avion. Or, il y a deux jours, le vol a été annulé. Je n'ai pas très bien saisi pour quelle raison, mais nous sommes en Inde et mieux vaut vite chercher une solution de remplacement plutôt que de perdre du temps à comprendre. Vineeta m'a donc commandé une voiture avec un chauffeur et je me prépare à rouler pendant quatre heures au lieu de la demi-heure d'avion prévue... Au moins, je vais voir du pays ! J'aurais aussi pu prendre le train, mais bien qu'étant une grande aventurière, j'ai remis à plus tard cette expérience sans doute passionnante.

Mon chauffeur s'appelle Guddu, il est très sympathique, avec cependant un petit inconvénient : une forte odeur de patchouli règne dans sa voiture. Heureusement, grâce à la climatisation, je n'y fais bientôt plus attention. Nous sortons de Delhi et je trouve que la route n'est pas si mauvaise. Guddu me précise tout de même que dans le pays il n'y a pas plus moderne et qu'elle est considérée ici comme une autoroute. C'est vrai que nous circulons sur deux voies de chaque côté et qu'il y a des péages, mais la comparaison s'arrête là. Nous dépassons les gros camions bariolés qui sont tous de la marque Tata, des *rickshaws* bourrés à craquer, des mobylettes « familiales » : l'homme conduit et porte un casque, l'enfant est au centre et la femme est derrière, assise en amazone, dans des flots de sari qui volent au vent. Sur les bas-côtés, des milliers de gens s'activent et peuvent traverser à tout moment, quand ce ne sont pas les vaches sacrées qui s'avancent nonchalamment. Les voitures les évitent d'un coup de volant, sans aucun état d'âme. Il y a aussi des dromadaires qui tirent des carrioles en bois, des ânes, et j'ai même vu un éléphant ! Aux feux rouges, les mendiants viennent frapper à la vitre... On imagine ce que doit être une simple route.

Après la sortie de Delhi, ce sont des kilomètres de faubourgs sans charme, des bâtiments d'un étage en béton armé, à moitié ruinés, rongés par la poussière, la saleté, l'abandon. Aux croisements, des tentes semblent abriter des marchés, je distingue des étals de fruits, mais tout est vieux, usé, miséreux. Et au milieu de cet univers anarchique déambulent des femmes drapées de rose, de bleu ciel, de vert amande, avec une grâce incroyable, comme indifférentes à la laideur alentour. Comment font-elles pour être aussi raffinées ? Et de quelle hygiène disposent-elles ?

La route devient plus belle ensuite, nous traversons des champs à perte de vue, Guddu m'explique que pendant la saison des pluies ils cultivent du riz et que maintenant c'est la pomme de terre, le colza, la canne à sucre. Nous dépassons des usines, sans doute n'ont-ils pas encore réussi à toutes les délocaliser comme ils en ont le désir depuis qu'ils se sont aperçus, dans les années 1980, que les fumées attaquaient le Taj Mahal.

Mais je ne me soucie bientôt plus du paysage. Au *shopping center* où nous nous sommes arrêtés, j'ai trouvé un petit livre formidable. Un livre très connu que je n'avais jamais eu l'occasion de parcourir. Comme beaucoup de monde, j'en connaissais le titre, mais pas le contenu. Et ce livre s'appelle le Kama Sutra... On y apprend des choses passionnantes et tout d'abord que c'est un traité de philosophie érotique, écrit il y a deux mille ans par un sage hindou, du nom de Vatsyayan. Il souhaitait par son enseignement apporter à chacun d'entre nous le bonheur sexuel. Car le sexe est une chose sacrée dans l'hindouisme, l'acte charnel étant considéré comme l'accomplissement d'un sacrement, le renouvellement de l'union divine entre les dieux et les déesses. Ce n'est donc pas un péché, mais quelque chose de beau, de spirituel, qui unit l'homme et la femme dans une parfaite harmonie.

Ce livre, qu'il était de tradition de s'offrir entre amants, est illustré de miniatures explicites. Certaines demandent une souplesse hors du commun et me semblent ne s'adresser qu'à des gymnastes professionnels. On devrait en rendre la lecture obligatoire dans toutes les salles de sport... Rien de mieux pour la motivation ! Ces dessins sont accompagnés de textes pleins de bon sens. Je vous laisse juges : « Si une épouse se sépare de son mari et se trouve en détresse, elle pourra facilement gagner sa vie, même dans un pays étranger, grâce à la connaissance de ces arts. » Ou encore : « La conscience du plaisir est différente chez l'homme et chez la femme... L'homme se dit : Cette femme s'est unie à moi, alors que la femme se dit : Je suis unie à cet homme ».

On y apprend aussi que l'acte d'amour, c'est quand le *lingam* est dans la *yoni*, qu'il vaut mieux ne pas proposer la « balançoire » à n'importe qui et que la « ruse de la jument » n'a rien à voir avec le coup de pied de l'âne ! Et je n'ai là qu'une version résumée du Kama Sutra, le livre de poche, celui qu'on range dans sa table de nuit. Ce que je vais m'empresser de faire... Malheureusement, c'est un peu tard !

Nous arrivons à Agra. Enfin ! Quatre heures de route, c'est un maximum. Plus, ce serait trop. Ici, pas de béton armé, mais de vieux bâtiments coloniaux en ruine, des restes d'entrepôts, des porches sculptés, des devantures de boutiques à la peinture écaillée, des façades de maisons décorées de moucharabiehs. Je passe devant une forteresse de grès rouge, « *the Red Fort* », me commente Guddu, le palais des empereurs moghols, édifié au milieu du XVIe siècle. Vestige de la puissance de ces princes musulmans venus d'Afghanistan, ce fut entre autres la résidence de notre shah Jahan.

La route serpente et brusquement, après un virage, la silhouette du Taj Mahal apparaît derrière les arbres. Il se trouve en face du *Red Fort*, au bord de la rivière, dominant des champs où paissent des bœufs. La vision est fugitive, mais j'ai le cœur serré. Je touche au but de ce voyage. Et de ce livre.

Vineeta m'a réservé une chambre dans un hôtel qui vient de s'ouvrir, l'Amarvilas. Il paraît qu'il est très beau et que toutes les chambres donnent sur le Taj Mahal... La voiture s'arrête au pied d'un porche et je découvre un palais des *Mille et Une Nuits* ! Le contraste est dur : après avoir contemplé pendant des heures la plus triste des misères, j'entre dans la demeure d'un maharadjah, une oasis de raffinement, mais n'est-ce pas ce qui caractérise l'Inde, cette confrontation permanente des deux extrêmes ?

Une fois le porche franchi, je pénètre dans un gigantesque patio avec, au centre, quatre bassins animés de jets d'eau. Sans doute une mise en scène d'inspiration moghole. Sous les colonnes, à droite, la porte d'entrée de l'hôtel. Je tends l'oreille, de la musique classique flotte dans les airs, on dirait du Vivaldi ! Ce sont les grandes eaux de Versailles ! À l'intérieur, même démesure. Le hall est surmonté d'une monumentale coupole bleu et or, d'où descend un très beau lustre de cristal. Le sol est une patinoire de marbre. Les ascenseurs sont plaqués d'argent martelé. Pour mon enregistrement, je ne patiente pas derrière un comptoir, mais on m'invite à m'asseoir à un petit bureau. Une armée d'Indiens à turban m'entoure de mille attentions.

Après la démonstration grandiose de l'entrée, le raffinement des chambres. Tout est pensé dans les moindres détails et il n'y a pour ainsi dire aucune faute de goût : le bureau incrusté d'ivoire, la tête de lit en lin brodé, les coussins en soie turquoise, le guéridon incrusté de pierres dures, les tapis tissés à la main.

Et par-dessus tout, il y a la vue... sublime, à couper le souffle, directement sur le Taj Mahal qui surplombe les arbres à cinq cents mètres de là. Je sors sur la terrasse pour pouvoir mieux le contempler. Je distingue parfaitement le dôme du mausolée et les minarets qui l'encadrent. La blancheur de son marbre se découpe sur le ciel azur. Il est quatre heures de l'après-midi, pas un moment à perdre. Le soleil aura bientôt disparu. En Inde, il se couche à cinq heures et demie.

La piscine que j'aperçois à mes pieds est aussi bien tentante, après ce long voyage. Agrémentée de jardins en espalier, avec à chaque niveau des bassins, des arbres, des fleurs et de petits pavillons tout à fait dans le goût des jardins de Babylone, du moins l'idée que je m'en fais, elle mérite le détour. Même les parasols sont choisis avec goût, ils ne sont pas bêtement blancs comme partout, mais pareils à de grandes ombrelles roses et vertes, bordées de franges. Je résiste à la tentation. Je dois d'abord aller me recueillir au pied du temple de l'amour.

Un Indien suprêmement élégant dans sa redingote bleue et son turban rouge me conduit en voiture électrique à la porte du site. Devant l'entrée, je suis assaillie par des enfants qui espèrent tous me vendre des cartes postales, des pellicules photo, de petits jouets. Je me fraie un passage, grâce au guide que m'a envoyé Vineeta. Il s'occupe de prendre mon billet et, après avoir été fouillée par des militaires – une fouille minutieuse qui exclut toute nourriture ou téléphone portable –, je pénètre dans une première cour. Elle est entourée de bâtiments qui ressemblent à des communs, mais très beaux, en grès rouge et à la façade ouvragée. « C'est le caravansérail, m'explique-t-il, là où les caravanes faisaient halte. »

Nous nous dirigeons ensuite vers l'entrée proprement dite du Taj Mahal. Mon Dieu, des centaines de personnes font la queue ! Les femmes d'un côté, les hommes de l'autre. Le guide m'explique que c'est toujours le cas le dimanche. Le Taj Mahal est à l'Inde ce que le Louvre est à la France, une visite obligée, un musée et non un endroit religieux, même si c'est un tombeau et qu'il doive sa survie au grand respect des Indiens pour leurs morts.

Je ne sais pas si c'est très convenable, mais mon guide me fait passer devant tout le monde et, après une nouvelle fouille, nous entrons directement sous le vaste porche, lui aussi en grès rouge... Et là, c'est le choc ! Le Taj Mahal se découpe dans l'encadrement de la porte, majestueux, aérien, immaculé. Il se trouve à trois cent cinquante mètres de là, sur une large terrasse qui donne l'impression qu'il flotte dans les airs. Son dôme se dresse à plus de soixante-dix mètres de hauteur. Les quatre minarets qui l'entourent assoient son équilibre et lui confèrent plus de force. Tout le monument semble jaillir du sol.

Pour s'y rendre, il suffit de remonter le long d'un bassin central, situé exactement dans l'axe du mausolée. À mi-chemin, ce canal en croise un autre au milieu d'une pièce d'eau surélevée. Ces bassins symbolisent les « quatre Fleuves du Paradis » mentionnés par le Coran. Ils sont entourés de pelouses et d'arbres dans lesquels bruissent des oiseaux. Malgré la foule qui accomplit ce pèlerinage, l'atmosphère est très sereine, chacun étant touché par tant de beauté et cherchant à l'immortaliser au mieux.

L'agitation devient plus palpable à mesure que l'on se rapproche de la pièce d'eau, car juste devant se trouve un banc... Le fameux banc sur lequel la princesse Diana a été photographiée, et avant elle Jackie Kennedy. Passage obligé de tout bon pèlerin de l'amour. En ce qui concerne nos deux héroïnes, cela ne leur a pas vraiment porté chance... Il faut un peu jouer des coudes pour se faire une petite place, mais tout le monde est là pour la même chose, alors chacun attend patiemment son tour. Je fais de même. Puis je me mets un peu à l'écart avec mon guide et l'écoute me raconter en détail l'histoire de cet admirable édifice.

C'est donc le shah Jahan qui en décide la construction en 1631. Il est le cinquième empereur moghol et la puissance de son empire est immense. Il descend de Gengis Khan, et un siècle avant lui, son ancêtre Babur s'est rendu maître de l'Afghanistan, du Pendjab et du sultanat de Delhi. Agra est la capitale de ce royaume et Jahan en est le roi depuis 1628.

Seize ans plus tôt, il a épousé la ravissante Muntaz-uz-Zamani, la petite-fille du Premier ministre de l'empereur Jahangir, le père de Jahan. L'héritier du trône a vingt ans, la jeune fille dix-neuf. Leur amour est sincère, ce n'est pas un mariage arrangé, ils s'aiment depuis leur première rencontre, lorsqu'ils étaient encore adolescents. Durant leurs dix-neuf années de vie commune, ils forment un couple uni, traversant ensemble les épreuves, les rébellions, les complots et l'exil. Muntaz suit son mari dans ses expéditions militaires, le conseille avec sagesse et perspicacité, prend même part aux décisions politiques. Intelligente et profondément religieuse, elle le seconde avec efficacité. Le shah Jahan n'est pas un homme de guerre comme le conquérant Babur, il préfère se consacrer aux arts, à la littérature, à la peinture, à la musique et à l'architecture, sa passion.

Un raffinement que partage son épouse. Surnommée Muntaz Mahal, ce qui signifie la lumière, la gloire du palais, elle est la plus belle des reines mogholes. Une miniature conservée à Lahore en témoigne. Elle y est représentée la tête inclinée avec un regard très doux, couverte de perles et de rubis, et tenant une fleur d'un geste gracieux. On peut s'étonner de cette représentation humaine chez les musulmans, mais le règne de Jahan était d'une grande tolérance en ce domaine.

Épouse dévouée et influente, elle est aussi une mère admirable : quinze enfants scellent leur union. Hélas, la dernière naissance lui sera fatale. Elle a trente-huit ans. Accouru à son chevet, le shah Jahan recueille son dernier soupir et lui fait la promesse de bâtir en sa mémoire un monument funéraire dont le raffinement sera le témoignage éternel de son amour. La construction du Taj Mahal va demander vingt-deux ans.

Profondément affecté par la disparition de sa bien-aimée, le shah Jahan n'écoute plus de musique, ne s'habille plus fastueusement et se désintéresse plus encore des affaires du royaume. Seule compte à présent la réalisation de son vœu. Deux mille artisans travaillent sous la direction de l'architecte turc Mohamed Isa Affendi. En étroite collaboration avec l'empereur, celui-ci érige un mausolée de marbre blanc, seulement décoré de très fins motifs floraux, réalisés à l'aide de pierres semi-précieuses incrustées. Cette technique fait encore la réputation des artisans d'Agra. Après dix-sept années d'efforts, le bâtiment principal est achevé et Jahan peut ensevelir en son centre le corps de Muntaz. Trente-cinq ans plus tard, il viendra l'y rejoindre.

Le guide m'invite à poursuivre notre visite et à gravir l'escalier qui mène au cœur du mausolée. Mais je décide de le voir demain. Je préfère profiter encore quelques instants d'un spectacle extraordinaire : le coucher du soleil sur le Taj Mahal. J'en ai rêvé depuis si longtemps. Les derniers rayons donnent à la façade une teinte orangée. Autour de moi, des Indiens défilent en procession. Je me laisse griser par le sentiment de dépaysement, cette joie que l'on éprouve à être au bout du monde, hors du temps, loin de toute agression du monde moderne.

Retour à l'hôtel. Je vais tester leur spa, ils proposent des massages de toutes sortes, du *Spirit of Ayurveda* au *Noor-E-Taj* en passant par le *Mughal Mystique*, je devrais trouver de quoi relaxer mon corps. Pour mon âme, tout va bien, je suis en état de grâce ! Cet environnement où la beauté et le spirituel se mêlent me procure un bonheur serein. Je remonte dans ma chambre. En mon absence, on a préparé le lit et je trouve sur les draps un long étui. D'habitude, on vous offre un carré d'un mauvais chocolat. Trop vulgaire pour cet endroit. J'ouvre la boîte : ce sont des bâtonnets d'encens pour la relaxation...

Lundi 9 décembre

Cinq heures et demie ! Je me fais réveiller à cinq heures et demie pour revoir le Taj Mahal en toute tranquillité. Le site ouvre dans une heure. Il paraît que sa façade sortant de la brume dans les premiers rayons du soleil est aussi une vision unique. J'y vais un peu en titubant, mais il faut dire que je n'ai pas beaucoup dormi. J'ai été réveillée dès quatre heures par le muezzin.

Pour ce moment historique et combien symbolique pour mon livre, j'ai décidé de jouer le grand jeu : c'est vêtue d'un de mes saris que je me rends sur les tombes de ce couple de légende. Je dois avouer que j'ai un peu hésité au début, comment allait-on me regarder ? Avec dédain, avec ironie, avec méchanceté ? Je suis occidentale et je ne suis pas bégum ! Mais après cinq minutes, je retrouve toute mon assurance : ce ne sont que sourires, regards bienveillants, petits gestes amicaux. Les femmes me dévisagent avec envie, certaines n'hésitent pas à venir voir de plus près le tissu vert émeraude, les broderies dorées. J'aurais dû prendre des cartes de visite, je pourrais peut-être monter un commerce : « fait par la baronne », « *made by Rothschild* »... Quant aux hommes, ils me sourient avec une étincelle dans l'œil. J'ai un succès fou !

Le soleil commence doucement à percer derrière les arbres. Avec le guide, nous marchons en direction du banc de Diana, vide à cette heure. Seules quelques Anglaises se prennent en photo à tour de rôle. La façade du Taj Mahal est encore un peu grise, mais je la vois rosir progressivement. C'est une image irréelle, d'une grande poésie. Je m'approche du sanctuaire. Au pied de la terrasse, un vieil homme nous invite à enfiler par-dessus nos chaussures des chaussons de coton blanc. Puis je gravis l'escalier qui mène au mausolée.

Après avoir traversé un vestibule, je pénètre dans une vaste salle octogonale entièrement vide. La tombe de Muntaz est placée exactement au centre, dans l'axe du dôme. Celle de Jahan, bien que plus grande et plus haute, est placée sur le côté. Le guide m'en explique la raison : à l'origine le Taj Mahal était uniquement dédié à la mémoire de Muntaz. Son mari avait le projet de se faire bâtir pour lui la réplique du mausolée, mais en marbre noir et de l'autre côté de la rivière. On imagine la beauté de l'édifice s'il était parvenu à concrétiser son rêve ! Mais son fils, Aurangzeb, ne lui en laissa pas le loisir. Aussi fanatique que son père était tolérant, il fit assassiner ses deux frères, emprisonna le shah et prit le pouvoir. Durant huit ans, Jahan a contemplé de sa cellule du *Red Fort* le mausolée qu'il avait mis tant de temps à construire. Lorsqu'il est mort, son fils l'a tout simplement fait reposer au côté de son épouse.

Aurangzeb a respecté le monument funéraire voulu par son père, à une exception : autour de la tombe de Muntaz, Jahan avait fait réaliser une grille en or massif et pierres précieuses. Son fils a récupéré l'or et l'a remplacée par une cloison de marbre ajourée. Un travail d'une telle finesse qu'on lui pardonne son geste. L'or n'aurait pas traversé les siècles, alors qu'aujourd'hui on peut encore admirer cette dentelle de marbre appelée *jali*.

Je m'approche pour voir les deux tombes par les interstices. Pour être précise, ce sont des cénotaphes, car les corps reposent en fait exactement en dessous, dans une crypte à laquelle on n'accède pas. Ils sont faits selon la même technique que le mausolée : leurs parois de marbre sont ornées de minuscules bouquets, réalisés grâce à l'incrustation de pierres dures. Les empereurs moghols avaient une passion pour les fleurs. Ils cultivaient des roseraies et composaient des herbiers. Un savoir qu'on retrouve dans les miniatures et qui est ici flagrant. Lotus, jasmins, tulipes, fuchsias, chrysanthèmes sont minutieusement reproduits.

En ressortant sur la terrasse, je remarque que sur les murs courent des inscriptions quasi géométriques. Ce sont des calligraphies de textes coraniques, tellement stylisées qu'on dirait des dessins. Elles sont soulignées de filets de marbre noir, de frises et de panneaux floraux. Quand l'islam rencontre l'art... À méditer, par ces temps troublés. Deux bâtiments en grès rouge, surmontés de coupoles blanches et absolument symétriques, encadrent la terrasse. D'un côté, une mosquée, et de l'autre, une maison pour accueillir les hôtes de marque. À l'extrémité de la terrasse, une balustrade et au loin, la rivière Yamuna qui prend sa source dans l'Himalaya, traverse Delhi et se jette dans le Gange non loin de Bénarès...

Mon esprit vagabonde. Je pourrais rester ici des heures. Aucun sentiment de tristesse, alors que je visite un tombeau. J'en aurai beaucoup vu au cours de mon périple ! Mais celui-ci ne fait pas penser à la mort. Il est empreint de douceur. Est-ce de connaître l'histoire d'amour qui est à l'origine de sa construction ? Sans aucun doute. C'est un tombeau comme celui-là qui aurait dû réunir Roméo et Juliette. Ici, on a l'impression que l'amour est plus fort que la mort. Que le sentiment peut être éternel. Et n'est-ce pas ce que se souhaitent les amoureux au plus fort de leur passion ? Le poète Rabindranath Tagore avait trouvé la plus belle des formules pour définir le Taj Mahal : « une larme d'amour sur la joue du temps ».

Au fil des siècles, combien d'hommes ont été capables de verser cette « larme d'amour » ? Et demain, combien seront-ils ?

En guise de conclusion

Il y aurait encore beaucoup d'autres maisons à découvrir, beaucoup de voyages à effectuer sur les chemins de l'amour... Mais à la fin de cette année de pérégrinations, je suis déjà très heureuse de mes découvertes. En allant sur place, j'ai pu pénétrer dans la vie de mes courtisanes, de mes maîtresses royales, de mes grandes amoureuses. Leurs caractères sont devenus plus faciles à saisir, leurs bonheurs plus flagrants, leurs échecs plus terribles. À présent, elles me sont proches. Aussi proches que des amies avec lesquelles je partage bien des points communs.

À travers les siècles, nous nous rejoignons toutes dans notre manière de séduire, d'espérer et de vivre une histoire d'amour. Sans doute les formes ont-elles un peu évolué, on ne porte plus guère nos couleurs dans les tournois de chevalerie et les lettres vibrantes de lyrisme se font rares de nos jours, mais finalement l'homme que l'on a en face de soi a-t-il tellement changé ? Toujours aussi dominateur, égoïste, infantile, mais dans le même temps capable de gestes imprévus, délicats, touchants.

Et que l'on s'appelle Diane de Poitiers ou George Sand, Joséphine ou la Païva, nous tremblons toutes à l'idée de le perdre. Et il n'est pas question ici de train de vie et de bijoux ! Enfin, juste un petit peu... Le plus important, c'est surtout l'amour qu'il nous inspire et qui nous porte.

Plonger dans ce passé nous donne une leçon pour l'avenir : ces femmes avaient placé l'amour au centre de leur vie. C'est pour cette raison qu'elles ont connu une existence romanesque qui les rend aujourd'hui encore uniques. Bien sûr, les hommes qu'elles ont côtoyés étaient, dans leur domaine, des personnages de premier plan, mais sans elles, ils ne seraient pas entrés dans la légende. Tâchons de prendre exemple sur elles. Pour que dans un siècle ou deux, d'autres femmes puissent à nouveau partir sur les chemins de l'amour...

Bibliographie

Aimer, un siècle de lieux amoureux, Florence Montreynaud, Le Chêne, 1997.

Mémoires de l'assassin de Sissi, Santo Cappon, Le Cherche-Midi éditeur, 1998

Sissi l'impératrice anarchiste, Catherine Clément, Gallimard, 1992

Sur les pas de Sissi, Jean des Cars, Perrin, 1998

Lolette, Louise de Vilmorin, Le Promeneur, 1999

Lola, Catherine Hermary-Vieille, Plon, 1994

Les Courtisanes, Sylvie Dervin et Dominique Marny, Jean-Claude Lattès, 1994

Lola Montes, Thomas Weidner, Münchner Stadtmuseum, 1998

La Païva, Frédéric Loliée, Jules Tallandier, 1920

La Païva, Janine Alexandre-Debray, Perrin, 1986

Diane de Poitiers, Michel de Decker, Pygmalion, 2002

Les Grandes Favorites royales, baron Armel de Wismes, Artaud Frères

Diane, Henri, Catherine, le triangle royal, André Castelot, Perrin, 1997

L'ABCdaire de Victor Hugo, Patrick Besnier, Flammarion, 2002

Victor Hugo, Juliette Drouet, dans l'ombre du génie, Albine Novarino, Acropole, 2001

Correspondance de Juliette Drouet et de Victor Hugo, Fayard, 1985 et 2001

George Sand ou le scandale de la liberté, Joseph Barry, Le Seuil, 1982
Sand et Musset, le roman de Venise, José-Luis Diaz, Actes Sud, 1999

Roméo et Juliette, William Shakespeare, Flammarion, 1992
Roméo et Juliette, Anne Berthelot, Nathan, 1996

Vita, la vie de V. Sackville-West, Victoria Glendinning, Albin Michel, 1987
Portrait d'un mariage, Nigel Nicolson, Stock, 1985

Antibes, l'Éden retrouvé, Pierre Joannon, La Table Ronde, 2002
Les Années Fitzgerald, Xavier Girard, Assouline, 2002
Les Grandes Passions amoureuses, Françoise Ducout, Filipacchi, 1996
Tendre est la nuit, F. Scott Fitzgerald, Belfond, 1985

La Véritable Ingrid Bergman, Bertrand Meyer-Stabley, Pygmalion, 2002
Quelque chose de moi, Isabella Rossellini, NiL éditions, 1999
Roberto Rossellini, Éditions de l'Étoile / Cahiers du Cinéma, 1990

Douce et incomparable Joséphine, Bernard Chevallier, Payot, 1999
Correspondance de l'impératrice Joséphine, Payot, 1996
L'Art de vivre au temps de Joséphine, Bernard Chevallier, Flammarion, 1998
L'ABCdaire des châteaux de Malmaison et de Bois-Préau, Bernard Chevallier, Flammarion, 1997
Madame du Barry, Jacques de Saint-Victor, Perrin, 2002
Madame du Barry, de Versailles à Louveciennes, catalogue d'exposition, Flammarion, 1992

L'Art de l'islam en Orient, Henri Stierlin, Gründ, 2002

Remerciements

Mme Ingeborg Millet
Mme Ines de Bonnechose
Mme Petra Engl-Wurzer

Mme Beatrix Haun
Mme Hedda Manhard
Mme Christine König
Mme Christine Graf-Eckhard
Mme Marianne Deubler
Mme Evelyn Wiedenmann

Mme Josette Lopez
M. Claude Foussier

M. et Mme Jean de Yturbe

Mme Danielle Molinari
Mme Constance Allard
Mme Véronique Bascoul
Mme Céline Micout
Mr and Mrs Richard Soar

Mme Francesca Forni

Mr Nigel Nicolson
Mr and Mrs James Stearns

Mme Marianne Estène-Chauvin
M. Jean-Claude Irondelle

M. Vito Russo
Mme Anne Lefèvre

M. Bernard Chevallier
Comte Czarnecki

M. Pierre Arizzoli-Clémentel
M. et Mme Jean-Claude Gonneau

M. et Mme Bernard de Montferrand
Mme Laurence Laude
Mme Vineeta Sinha

Table

Cet ouvrage a été composé et imprimé par

FIRMIN DIDOT

GROUPE CPI

Mesnil-sur-l'Estrée

pour le compte des Éditions Robert Laffont
24, avenue Marceau, 75008 Paris
en avril 2003

Imprimé en France
Dépôt légal : mai 2003
N° d'édition : 43779/01 – N° d'impression : 63573